艺术品拍卖机制
与衍生问题研究

周玮佳 ◎著

吉林出版集团股份有限公司
全国百佳图书出版单位

图书在版编目（CIP）数据

艺术品拍卖机制与衍生问题研究 / 周玮佳著 .

长春 : 吉林出版集团股份有限公司 , 2024.8. -- ISBN
978-7-5731-5680-8

Ⅰ . F768.7

中国国家版本馆 CIP 数据核字第 2024Y292E2 号

YISHUPIN PAIMAI JIZHI YU YANSHENG WENTI YANJIU

艺术品拍卖机制与衍生问题研究

著　　者	周玮佳	
责任编辑	于　欢	
装帧设计	铭典文化	

出　　版	吉林出版集团股份有限公司	
发　　行	吉林出版集团社科图书有限公司	
地　　址	吉林省长春市南关区福祉大路 5788 号　邮编：130118	
印　　刷	长春新华印刷集团有限公司	
电　　话	0431-81629711（总编办）	
抖 音 号	吉林出版集团社科图书有限公司 37009026326	

开　　本	787 mm×1092 mm　　1 / 16	
印　　张	16.25	
字　　数	300 千字	
版　　次	2024 年 8 月第 1 版	
印　　次	2024 年 8 月第 1 次印刷	

书　　号	ISBN 978-7-5731-5680-8	
定　　价	78.00 元	

如有印装质量问题，请与市场营销中心联系调换。0431-81629729

目 录

目录

绪　论

　　艺术品市场是一个由艺术家、收藏家、艺术顾问、画廊、拍卖企业、艺术品交易平台等多个角色共同构成的复杂生态系统。艺术家作为艺术品市场的源头，直接影响市场趋势和价格的形成。收藏家，包括个人和机构，通过他们的需求和收藏偏好，对艺术市场有着直接的影响。在全球艺术市场中，拍卖企业和画廊是最主要的销售渠道。画廊属于艺术品一级市场，主要负责促进新兴艺术家的作品销售，而拍卖则属于二级市场，主要负责已经流通的艺术品的再次销售。顶级拍卖企业如苏富比、佳士得在艺术品拍卖市场中占据领导地位，每年的高价拍卖成交纪录频频被刷新，反映了顶级艺术品市场的强劲需求。

　　艺术品拍卖在艺术交易领域中起着至关重要的中介作用，主要是提供一个专门的场所供交易双方进行艺术品的买卖活动。在拍卖过程中，如果艺术品的成交价格高于或等于底价，拍卖公司将向委托人收取成交价的一定比例作为佣金，并额外收取保险费和可能产生的其他费用。而拍卖的历史在西方至少可以追溯到罗马时期，随着历史的发展，拍卖逐渐成为艺术品市场中的一个重要组成部分。在现代社会，拍卖不仅是艺术品交易的重要方式，也成为一种社会活动，吸引了众多收藏家和艺术爱好者的参与。在中国，艺术品市场的发展也有其独特性，如"唱衣"活动和"拍卖"词汇的早期出现等。随着经济的发展和国际交流的增加，中国的艺术品市场也日益成熟，出现了更多的艺术品拍卖公司和交易方式，促进了艺术品的流通和艺术市场的繁荣。

一、艺术品市场层级解析

艺术品市场是一个复杂的生态系统，由多个组成部分共同构成，包括艺术家、收藏家、艺术顾问、画廊、拍卖企业、艺术品交易平台、博物馆及展览空间等。其中，艺术家为艺术品市场的源头，属于艺术品的生产者，他们的作品和创作活动是市场的基础。收藏者包括个人或机构，为购买和收藏艺术品的主体，他们的需求和收藏偏好直接影响市场趋势和价格的形成。

在全球艺术市场中，拍卖企业和画廊是最主要的销售渠道，其中，画廊被划分为艺术品一级市场，拍卖则属二级市场。顶级拍卖企业如苏富比、佳士得和菲利普斯在全球艺术品拍卖市场中占据领导地位，每年的高价拍卖成交纪录频频被刷新，反映了顶级艺术品市场的强劲需求。画廊则在促进新兴艺术家和中级市场艺术品销售中发挥着关键作用。此外，随着互联网和数字技术的发展，艺术品在线交易平台为艺术品市场带来了新的增长点，拓宽了交易渠道，吸引了更多的年轻收藏家参与艺术品收藏和投资。

（一）艺术品一级市场

艺术品一级市场（Primary Art Market）指的是艺术作品首次销售的市场，即艺术家直接或通过代理如画廊、艺术代理人将其创作的艺术作品出售给收藏家、投资者或艺术爱好者的市场。艺术作品在一级市场中进行首次公开交易，作品通常直接从创作者或其代理人手中转移到藏家或投资者手中。

1. 画廊与画店

在一级市场中，艺术作品的价格通常是由艺术家与代理画廊协商确定的，这个价格反映了艺术家的声誉、作品的艺术价值、创作难度以及市场对艺术家和其作品的需求等多种因素。一级市场对艺术家而言至关重要，因为它不仅提供了艺术家经济收入的主要来源，也是艺术家声誉建立和发展的基础。一级市场第二个重要功能是筛选和推广新的艺术创作和艺术家。画廊和艺术代理人通过展览、出版和各种宣传活动，帮助艺术家建立市场地位，吸引收藏家和投资者的注意，从而推动艺术市场的多样化和发展。此外，一级市场也是艺术作品价值形成的起点，艺术作品在一级市场的销售记录为其后续在二级市场（即艺术品再次销售的市场，如拍卖）的价值评估提供重要参考。画店与画廊作为艺术品市场中的重要销售渠道，各自承担着不同的市场职能，并展示出各自独特的经营特点。

在中国艺术品市场中，书画类美术品的交易量占据了市场总量的 50% 至 60%，这一需求催生了大量画店与画廊的兴起。虽然在国际视角下，画店与画廊之间存在明显区别，但在中国市场中这一区别则相对模糊。然而，基于经营模式和市场定位的差异，仍可从以下两个方面区分二者：

画店如北京荣宝斋、上海朵云轩等，通常根植于中国明清以来的传统商业模式，特点为采用买断制经营。这类店铺购入的艺术品归店所有，依据市场需求调整库存，商品种类繁杂，客户群体广泛。相较之下，近年从国外引进的画廊模式更倾向于代理制，即画廊作为特定艺术家的代理机构进行经营，不直接购买艺术品，而是通过营销策划和艺术家"包装"进行推介[1]。在此模式下，画廊与艺术家之间建立契约关系，销售分成比例相对固定。

此外，画廊在经营门类上表现出更高的专业化和特色化，往往倾向于服务于特定的小圈子。例如，某些画廊可能专注于西方绘画，或者仅销售几位特定画家的作品。这种经营方式导致客户群体相对较窄，更注重营造特定的购买氛围和品位。

从市场实践来看，中国成功运用代理制的画廊并不多见，因此，许多画廊开始转向收购制或采用代理制与收购制相结合的方式经营。与此同时，传统画店亦在逐步引入寄销制，允许艺术家或物主将作品寄售于店内，销售后依据协议分成。这些变化反映了中国艺术品市场的适应性与灵活性，为投资者提供了多样化的购买和销售渠道。

2. 私人交易

与其他类型的市场相比，艺术品私人交易模式主要基于现金交易，无需发票，但必须建立在个人诚信的基础上。目前，艺术品市场的私人交易主要涉及两种形式：

---

① 刘晓丹. 中国的画廊业缺位了吗?[J]. 东方艺术,2008（01）：122-127.

直接向艺术家购买艺术品构成了一种独特的交易模式，这在一定程度上被视为具有"中国特色"。与西方市场中收藏家通常通过画廊购买艺术品的方式形成鲜明对比，在中国，收藏家或购买者经常直接与艺术家面对面洽谈价格和数量，而不借助任何中介机构。这种直接交易方式强调了个人关系和直接沟通的重要性，反映了中国艺术市场的特有文化和交易习惯。

物主（收藏家）之间或任何购买者之间的直接交易也十分普遍。由于这类交易通常不在固定的场所进行，因此多依赖于通过朋友介绍朋友的方式来建立联系。在这个过程中，个人的信誉和社交网络成了交易成功的关键。长期在艺术圈内活动，建立广泛的私人关系网络，被视为交易能力和市场熟练度的标志。对于市场新参与者而言，初始阶段可通过正规渠道（如拍卖公司、画店、文物公司等）进行交易，随着时间的积累和社交网络的扩展，私人交易机会将逐渐增多。

然而，私人交易的非正式性和缺乏官方记录（如发票）也意味着交易双方必须更加谨慎，因为一旦发生纠纷，缺乏正式证据将难以通过法律途径有效解决问题。因此，私人交易不仅要求参与者在艺术市场中具备丰富的经验和良好的社交网络，也需要高度的诚信和谨慎态度以维护交易的顺利进行。

3. 艺术博览会

艺术博览会作为一种艺术品交易的机制，通常由专门的组织委员会负责启动，该委员会公布艺术博览会的具体时间、地点、艺术品类别、参展条件及参展主体等关键信息。此后，画廊、艺术品公司、收藏家以及艺术家本人便可向组委会提交参展申请。一旦完成合同签署并缴纳场地租赁费或预付款，合同即生效。为了确保博览会的广泛宣传和信息传播，组委会要求参展者提供艺术品的图像和文字描述，以便编制成精美的图录，该图录随后向国内外相关人士广泛分发[①]。展览前夕，参展商需要自行布置指定展位，并在展会期间进行艺术品展示及交易活动。

艺术博览会的特征主要体现在规模通常较大、批量订单、信息交流便捷等方面。近年来，上海和北京的艺术博览会已逐渐成熟，成为连接国内外买卖双方的重要桥梁。对

① 胡柳.中国当代艺术博览会研究[J].艺术百家,2013,29(A02):47-49.

于独立艺术家和单一画廊而言，博览会提供了发现新客户、将艺术品销售至更广泛地域的机会。对于某些收藏家而言，博览会提供了扩展收藏视野、获取心仪艺术品的机遇；对于画商来说，则是寻找潜在价值高、尚未被市场广泛认知的艺术家和作品的良机。

（二）艺术品二级市场

拍卖交易属于典型的艺术品二级市场范畴。艺术品二级市场（Secondary Art Market）指的是艺术作品在首次销售之后的再次交易市场。这里的交易通常发生在已经拥有艺术品所有权的个人、公司或机构之间，而不是直接从艺术家或其代理如画廊购买。二级市场的主要交易渠道包括拍卖企业、艺术品经销商、私人销售以及在线艺术交易平台。

在二级市场中，艺术作品的价格受多种因素影响，如艺术家的市场声誉、作品的稀缺性、历史成交记录以及市场对特定艺术流派或时期作品的需求等。与一级市场相比，二级市场提供了艺术作品价格变动的直接数据，反映了艺术市场的动态和艺术品的投资价值，它不仅为收藏家提供了出售手中藏品的机会，同时也为新的收藏家和投资者提供了获取已有市场评价的艺术品的渠道。此外，二级市场的成交记录为艺术市场提供了重要的价格信息和市场趋势分析，是艺术品价值评估的重要参考。值得注意的是，艺术品在二级市场的交易并不直接为艺术家带来经济收益，这一点与一级市场有所不同。因此，某些国家和地区已经引入或正在考虑引入艺术家的再销售权（亦称"追续权"），以确保艺术家能从其作品的后续销售中获得一定比例的收益。

艺术品拍卖公司在艺术交易领域中起着至关重要的中介作用，其运作模式与证券交易所有着类似之处，主要是提供一个专门的场所供交易双方进行艺术品的买卖活动，而拍卖公司本身不直接参与买卖。依照现行的拍卖法规以及业内惯例，艺术品拍卖公司不进行艺术品的直接购买和再销售业务。所有参与拍卖的艺术品均为委托人即卖家所有，拍卖公司的一般做法是首先进行拍品的征集，邀请拥有文物、书画等艺术品的个人或机构前来拍卖公司，由公司的专家团队对艺术品进行真伪鉴定、评估其艺术价值及市场潜力，随后与委托人协商确定一个出售的底价（保留价）。在这一过程中，双方将签订一份详尽的合同，以明确双方在法律和经济上的权利与义务，委托人随后将艺术品委托给拍卖公司进行拍卖。

在拍卖过程中，如果艺术品的成交价格高于或等于底价，拍卖公司将向委托人收取成交价的 10% 作为佣金，并额外收取 1% 的保险费。在中国，还需向委托人额外收取 1% 的文物管理费。此外，如果艺术品成功拍卖，还将收取图录费（即广告费），费用一般在 1000 至 3000 人民币不等，拍卖成功后扣除上述费用的最终成交金额归卖家所有。[①] 如果拍卖未能成交，艺术品将退还给委托人。

征集结束后，拍卖公司会对征集到的艺术品进行分类，常见的分类包括中国书画（进一步细分为古代、近代及当代）、古董瓷器、油画、古书、钱币、邮票以及珠宝等。通过对艺术品的详细研究和鉴定，每件艺术品都将被精心拍照并编入拍卖图录中，配有图片和详细的文字介绍，包括尺寸、材质、年代、作者及估价等信息。图录编制完成后，拍卖公司进入拍卖招商阶段，潜在的买家在浏览图录和广告后，可以在预定日期（通常在正式拍卖前 2 至 3 天）参加拍卖预展，亲自观察艺术品，评估其价值和竞投的可能性。许多买家在这个阶段通常不愿透露自己的购买意图，以避免引发激烈的竞争。

鉴于近年来部分买家在竞投成功后未能及时付款的情况，当前拍卖公司普遍要求买家预付一定数额的保证金（通常根据拍卖标的价值高低设定，从几千元到几百万元不等）并出示有效身份证件，以便在出现纠纷时能够追讨货款或通过法律手段解决。买家完成登记后，拍卖公司将发放号牌，凭此号牌买家才有资格进入拍卖现场参与竞投。艺术品拍卖普遍采用英格兰式的递增竞投方式，即从低价开始，逐步加价，当出价超过底价且无其他竞争者时，竞投者便被视为竞投成功。此时，拍卖公司将要求买家签署一份竞投成交确认书。按照行业惯例，低价位的拍品一般要求在一周内付款并提货，而正规的高价位艺术品拍卖则通常规定 35 天内完成付款并提货。付款金额包括成交价及佣金总和（在国内拍卖公司一般加收 10%~15% 的佣金，境外拍卖公司则有可能收取至多达成交价 25% 的佣金），佣金由买家支付给拍卖公司作为服务费用。

---

① 虽然不同国家、地区和拍卖企业的佣金收取比例不同，但"零佣金"在经营性及公益拍卖中的弊端明显，可参考刘双舟《零佣金不是公益拍卖的最佳模式》[中国拍卖，2017（01）：45-45]。文章指出，拍卖企业在筹划组织拍卖过程中所付出的基础成本若无法回收，将在一定程度上影响其拍卖活动的可持续性发展。

（三）艺术品三级市场

"艺术品三级市场"这一概念指的是艺术品市场更加细分化和专业化的层面。相较于传统的一级市场（艺术家直接销售给收藏者）和二级市场（通过拍卖企业、画廊等中介机构进行买卖的市场）来说，三级市场着重于艺术品的金融化和投资价值，涉及艺术品作为资产进行的各种金融活动。从这个角度来看，包括艺术品基金与信托、艺术品质押与典当、艺术品租赁在内的活动，可以被视为艺术品三级市场的组成部分。

1. 艺术品基金与信托

作为一种创新的投资载体，艺术品基金代表了艺术与金融领域的融合。这类基金的核心理念是将艺术品视为一种可投资的非传统资产，利用其潜在的价值增长实现资本增值。艺术品基金通常由具备艺术市场专业知识和投资管理能力的顾问团队管理，其操作模式涉及艺术品的筛选、购买、持有以及销售，目的在于通过艺术品的价值增长为投资者带来回报。这种模式不仅为投资者提供了新的资产配置选项，也推动了艺术市场的发展和艺术品的流通。

艺术品信托是指将艺术品交给信托公司管理，以艺术品作为信托财产的一种形式。这种方式可以为艺术品的持有者提供专业的管理和保护，同时也能通过信托安排实现艺术品的传承或是投资目的。艺术品信托作为一种资产管理和规划工具，提供了艺术品的专业化管理和保护机制。通过将艺术品置入信托，所有者能够确保其珍贵艺术品的安全、维护以及合理利用，同时实现财富传承或投资目的。在西方收藏界，常有著名收藏家通过建立艺术品信托，将其私人收藏永久捐赠给公共博物馆的案例。此类信托规定，收藏品在捐赠者生前可由其家族享有展示权，而在其过世后，整个收藏将转移给指定的博物馆。此外，信托还规定了对作品的保养和展示要求，确保艺术品的长期保存和公众的访问权。

2. 艺术品质押与典当

艺术品质押和典当是指将艺术品作为质押物，从金融机构或典当行获得贷款的行为。这种方式为艺术品提供了即时的流动性，使得艺术品持有者能够在不出售艺术品的情况下，利用其价值获得资金。艺术品质押和典当提供了一种将艺术品转化为流动资金的途径，而无须永久出售艺术品。在这种模式下，艺术品持有者可以将其作品作为质押物，向金融机构或专业典当行获得短期贷款。[①]这种方式特别适用于需要临时资金支持但又不愿意出售艺术品的收藏家。艺术品质押和典当的过程中，评估艺术品的真实性和价值至关重要，这通常需要专业的鉴定人员和艺术顾问的参与。

3. 艺术品租赁

艺术品租赁是一种将艺术品作为租赁物的商业模式，它允许个人或企业在一定时间内租用艺术品，而无须承担购买艺术品的高昂费用。这种模式为艺术品的流通和欣赏提供了一种新的途径，同时也为艺术家和艺术品所有者带来了新的收益模式。

对于想要装饰办公空间或住宅但预算有限的个人和企业来说，艺术品租赁是一种效益高的选择。租赁艺术品的费用远低于购买原作，使得租赁者可以以较低的成本享受到高质量的艺术作品。艺术品租赁还提供了极大的灵活性，租赁者可以根据自己的喜好和需求，定期更换艺术品，这样既能保持空间的新鲜感，也能让租赁者接触和了解更多样的艺术风格和作品。

二、艺术品拍卖的发展沿革

在现代社会的背景下，高度流动性的经济体制促使了传统定价和分配方式的重构，为全球拍卖业的快速发展提供了强劲动力。通过拍卖这一交易形式，人们在买卖关系上实现了新的构建。拍卖的历史悠久，跨越了两千多年的时间跨度，其发展历程贯穿整个世界贸易史，显著地展现了其与时俱进的时代性特征。自 20 世纪 90 年代初中国艺术品拍卖市场的兴起以来，围绕拍卖的质疑、批评和误解一直未曾停歇，这反映了当代社会的多元和变化。

---

① Stokes-Casey J. Art Race Violence: A Collaborative Response[J].Visual Arts Research, 2020, 46(2): 48-67. 艺术品质押和典当作为提供艺术品即时流动性的手段，首先产生于美国当代艺术品市场，艺术品持有者能够利用其所持有的艺术品评估价值获得资金的便利。在我国，曾有潍坊银行等金融机构尝试过艺术品质押等业务，但仅作为实验性业务，并未成功进行推广，究其原因，与艺术品鉴定与估值标准无法统一有关。

（一）西方拍卖发展简述

拍卖的最早记载可追溯至古希腊历史学家希罗多德的著作《历史》，其中描述了伊里利亚埃涅托伊人的婚姻习俗，即通过集中拍卖方式，将达到婚龄的女孩集中展示并出售作为正式的妻子。尽管从现代视角来看，这种将人当作商品出售的行为不能被接受，但在当时的历史文化背景下，这种做法却被视为一种聪明的安排，反映了当时社会对婚姻买卖的普遍接受和特定的文化认同。

在罗马共和时期，拍卖活动已经用于艺术品类的战利品公开销售，其中包括一次因成交价达到 23000 金币的绘有酒神巴克斯的油画拍卖纪录，展示了拍卖在当时社会中的重要性和艺术品的高价值认可。不过，罗马当局因认为该画具有魔力而拒绝让画出境，反映了当时人们对艺术品的神秘和超自然的认知。公元 193 年，罗马皇位的拍卖更是一次前所未有的事件，展现了拍卖机制在特殊历史情境下的应用及其带来的社会影响。尽管这位通过拍卖获得皇位的老人最终遭到罗马军团的处罚，但此事件无疑成为拍卖历史上的一个独特案例，显示了拍卖机制在权力更迭中的潜在作用。

随着罗马帝国的衰落和欧洲进入封建社会，拍卖业经历了长期的萧条和停滞。直至 16 世纪中叶，欧洲文艺复兴时期，拍卖活动才开始重新出现于历史文献之中，标志着商品经济的复苏和拍卖业的逐渐复兴。拍卖作为一种经济活动和文化现象，不仅在历史上扮演了重要角色，也在现代社会中继续发挥着其独特的功能和价值。通过拍卖，不仅可以实现商品和艺术品的有效流通，还能反映出人们对价值的认知、文化的交流与传承，以及社会经济结构的变迁。

在 17 世纪初，《巴黎时报》的报道中描述了拍卖如何渐渐融入人们的生活，反映出经济繁荣背景下拍卖活动的兴起和发展。这段描述不仅揭示了拍卖活动的社会性和经济性特征，还表达了人们对于拍卖这一活动独特魅力的认识。[①]据报道，拍卖会现场的喧嚣和活跃氛围，以及人们对于艺术作品如鲁本斯画作的竞相追逐，体现了拍卖不仅是一种经济交易方式，也是一种社会文化现象。

此外，17 世纪英国出现的"燃烛式拍卖"作为一种特殊的拍卖形式，其独特性在于

---

① 郑鑫尧. 世界拍卖史 [M]. 上海：上海财经大学出版社，2010：56.

通过一根蜡烛的燃烧时间作为竞拍的限制，这种方式虽然考验了竞买人的判断和反应能力，但由于其操作的烦琐和效率的低下，最终被更加高效的拍卖模式所替代。这一变化反映了拍卖活动随着社会经济发展和人们需求的变化而不断演进和优化的过程。[①]

进入 17 世纪末，伦敦的拍卖活动已经非常普及，拍卖地点也从传统的交易场所转移到了更为时尚的咖啡屋等公共空间。拉尔夫·杰尔斯记录的在咖啡屋进行的拍卖交易，不仅展示了拍卖作为交易方式的普及，也反映了拍卖活动对社会公共生活空间的影响和利用。同时，这一时期拍卖规则的制定、拍卖预展的组织以及拍品目录的提供，标志着拍卖活动朝着更加规范化和专业化的方向发展。[②]

在探讨全球艺术品拍卖市场的脉络中，苏富比（Sotheby's）和佳士得（Christie's）作为行业的两大巨头，无疑占据了核心地位。这两家跨国公司的名声和地位是如何构建的，便成为艺术市场历史研究中的一个重要话题。18 世纪的欧洲，尤其是英国伦敦，见证了苏富比和佳士得的诞生与崛起。苏富比的创立可以追溯到 1744 年，当时由塞缪尔·贝克（Samuel Baker）主导的一次书籍拍卖标志着该公司的诞生。与苏富比相比，佳士得从一开始便展现出了强烈的开拓意识。1766 年，由詹姆士·佳十得（James Christie）创立的同名拍卖公司，很快便以其对高档艺术品的专注和创始人的能言善辩赢得了市场的认可。然而，1789 年法国大革命对佳士得的影响深远，大量的艺术品因革命而流入市场，导致贵族阶层的收藏习惯发生变化，佳士得被迫调整其业务策略，转向珠宝拍卖等其他领域。

19 世纪，随着工业革命的推进，新兴的资本家阶层开始进入收藏市场。苏富比抓住这一机遇，逐渐在高端艺术品拍卖领域确立了自己的市场地位。特别是 1861 年佳士得为一位收藏家举办的专场拍卖，引发了媒体的广泛关注，进一步证明了艺术品拍卖能够作为一种社会事件，吸引公众的目光。进入 20 世纪，尽管世界经历了两次世界大战，

---

① "燃烛式"拍卖从本质上看，与"荷兰式拍卖"有共同之处，主要表现在竞买人的出价行为及确认成交方式均以一次性竞价行为实现，没有增价拍卖中的竞价过程。因此，对"燃烛式"拍卖参与者而言，其最优出价策略同荷兰式拍卖，竞买人需要确认私人估价，并在蜡烛熄灭的一刹那举牌应价（或按动按钮表示应价），否则将失去买受机会。

② 此时的拍卖规则与工作流程已经与现代拍卖极为相似。拉尔夫·杰尔斯旨在避免竞买人恶意串通而制定的拍卖规则虽然并不能从根本上解决该问题，但无疑是如今法律法规制定者的参照。有关竞买人恶意串通（尤其是 18 世纪英国最著名的"商圈"问题），可参见本书第二章。

苏富比和佳士得依然保持了其在艺术品拍卖领域的领先地位。这两家公司不仅在拍卖方法和策略上不断创新，还成为全球艺术品流通的重要渠道，促进了艺术品市场的国际化和全球化发展。

随着第二次世界大战的终结，全球经济开始步入复苏之路，财富的逐步积累使得社会从战争的阴影中缓缓恢复，人们开始重新审视与追求精神文化生活的深度与广度，艺术品消费因而再度成为生活中的重要组成部分。这一时期，商业的蓬勃发展与国际交流的增加为艺术品拍卖行业带来了新的机遇与挑战，促使众多拍卖公司开始打破仅限于本土市场的经营模式，积极探索和拓展国际艺术品征集与交易的空间。

然而，值得注意的是，直至 20 世纪中叶之前，拍卖行在艺术品市场中的角色并未被广泛认可。许多艺术家对于拍卖行的态度颇为冷漠，甚至贬低，因为在他们眼中，几乎所有价值显著的古典艺术品都是通过商人的私下交易完成的。这一现象在 20 世纪 50 年代发生了根本性的转变，这一拍卖行业的历史性转折归功于 1936 年接手苏富比拍卖行的关键人物彼得·威尔逊。在威尔逊的领导下，苏富比拍卖行在 20 世纪 50 年代推出了"卖方最低保证金"制度①，这一创新举措显著提升了卖家对拍卖行的信任和合作意愿。

除了在拍卖本业中不断创新外，这两大拍卖行业巨头还致力于艺术教育和文化推广，通过设立艺术教育机构和艺术馆进一步扩大了其业务范围和社会影响力。②值得注意的是，私下交易或私洽成为国际艺术品拍卖中的一种常见交易方式，这种模式为委托人提供了更为灵活的销售选择，同时也为拍卖行开辟了新的利润增长点。

---

① "卖方最低保证金"制度，又称为"不可撤销的保证金"或"卖方保证金"，是苏富比拍卖行在 20 世纪 50 年代推出的一项创新举措，旨在为艺术品和收藏品的拍卖提供更多的确定性和保障。具体来说，这项制度要求卖方在拍卖前向拍卖行支付一笔保证金。这笔保证金的数额通常是卖方对拍品最低估价的一定比例，这个比例根据拍品的价值和市场情况而定。如果拍卖最终成交价低于卖方设定的保留价（即卖方愿意接受的最低成交价），卖方可以放弃拍品，而拍卖行则将保证金支付给卖方，作为未能达到保留价的一种补偿。如果拍品最终成交价高于保留价，卖方则会按照拍卖前的协议，支付一定比例的佣金给拍卖行。这样，卖方最低保证金制度既保护了卖方的利益，也促进了拍卖行与卖方之间的合作关系，提高了拍卖的整体效率和成功率。

② 佳士得与苏富比分别设有以其公司命名的艺术学院，并开设包括艺术史在内的各类线上线下课程，其主要目的在于培养潜在需求方。人们对艺术品的接受是一个漫长的过程，对高净值人群尤其如此。如今，我国多家知名艺术品拍卖公司，如中国嘉德、北京保利等，也已将艺术课程、艺术期刊及预展期间专家讲座等纳入其工作范围。客观来说，这些活动在培养潜在客户的同时，也逐渐成为大众美育的途径。

（二）中国拍卖发展简述

拍卖作为一种历史悠久的商业交易形式，其在中国的历史脉络中也占有一席之地。中国古代的拍卖活动，虽然与今日的拍卖有所不同，却同样展现了一种商品和资产流转的机制。早期的拍卖形式之一，被称为"唱衣"，主要是佛教寺院中的一种特殊拍卖活动，主要售卖的是去世僧人的衣物等私人所有物。这种流程与现代拍卖的操作有着惊人的相似性，展现了古代中国社会中拍卖机制的早期形态。[①]

自 1840 年起，中国历史步入了动荡不安的时期。在这漫长的一百多年间，中国经历了多次战乱和社会变革，同时也见证了西方商业文化，尤其是引入的拍卖交易方式。西方的商人不仅将大量的工业产品倾销到中国市场，也将他们熟悉的拍卖方式带入中国，特别是在上海、广州等沿海开放城市，形成了几个较为活跃的拍卖中心。在上海出现了如鲁意斯摩拍卖洋行、英国怡和洋行、罗森泰洋行、法国三陆洋行、日本新泰洋行、丹麦宝和洋行等多家拍卖机构。这些拍卖机构最初主要涉及进出口商品的纠纷处理，通过鉴定、估价和拍卖来解决货物争议。随后，它们的业务范围扩大到海关罚没物品、水渍货物、银行抵押品以及保险公司和法院的物资处理，均采用拍卖的方式进行。

这一时期，中国商人开始逐渐接受并学习拍卖这种交易形式，自行开设拍卖行，并处理各种不同类型的拍品。拍卖活动的具体过程被晚清文人葛元煦在其《沪游杂记》中生动记录。按照描述，拍卖活动前会通过悬挂公告牌公布活动的具体时间，当天在拍卖地点挂上外国旗帜以吸引顾客。活动开始时，有人摇铃号召，拍卖师站立在高处，手持拍品并引导竞买人出价，竞价过程中不断有人加价，直至无人再出价，拍卖师则敲下木槌，表示成交，此时出价最高的买家便获得拍品。这一过程不仅体现了拍卖的基本规则，也展现了当时拍卖活动的热烈氛围。

拍卖作为一种典型的市场经济活动，在新中国成立初期并未得到广泛的应用，但随着改革开放的推进，拍卖作为市场经济中的一种交易方式再次得到了发展的空间。特别是在 20 世纪 80 年代，拍卖行业在中国重新兴起，成为推动经济发展和文化交流的重要力量。1985 年举办的"北京鼓楼集邮研究会"邮品拍卖会标志着中国拍卖行业的复苏。

---

① 刘进宝.从敦煌文书看唐五代佛教寺院的"唱衣"[J].南京:南京师大学报(社会科学版),2007(04):54.

虽然这场拍卖的规模不大，成交额也较低，但它的成功举办对于当时的市场环境来说，无疑是一次大胆的尝试和创新。①此后，上海、武汉、南昌等地相继举办邮品拍卖，拍卖行业逐渐在民间获得了认可和发展。

随着民间拍卖活动的成功，国营拍卖行也开始成立，1986年11月广州拍卖行的建立，标志着新中国拍卖业的正式恢复。而北京市拍卖市场的挂牌以及随后的文物专场拍卖会，虽然成交率不高，但这些活动对于探索拍卖行业的发展路径，特别是在文物和艺术品领域，具有重要的意义。这一时期，中国拍卖行业的发展不仅体现了市场经济体制下经济活动的多样性和活力，也反映了改革开放以来中国社会对于传统文化遗产的重新认识和价值重估。

自1992年北京国际拍卖会的举办以来，中国艺术品拍卖业迅速引起了国内外的广泛关注，标志着中国拍卖行业进入了一个新的发展阶段。这次拍卖会的盛况，不仅仅是通过广告公司和旅游公司的联合策划组织，还成功吸引了包括央视、人民日报等数百家国内外媒体的关注与报道。拍卖会征集到的2020件拍品中，不仅包括拍卖市场自身征集的物品，还有直接向北京市政府申请的文物。其中，西周时期的"云纹青铜爵杯"以2.8万美元的价格成交，彰显了此次拍卖会在拍品数量和质量上的空前规模。②最终，902件拍品成交，成交总额达到235万美元，这一成果显著提升了中国艺术品在国际市场上的地位和价值认知。

随着中国经济的快速增长和国际地位的提升，中国买家在全球艺术品拍卖市场中的活跃程度日益提高，特别是在中国艺术品专场拍卖中，中国买家的积极参与成为常态。这一转变标志着中国正在从一个文物输出国逐渐转变为文物回流的主要力量，昔日流失的宝贵文物正逐步返回祖国的怀抱。进入21世纪，中国艺术品拍卖行业不仅在国际上占据了重要地位，而且其服务方式和交易模式也更加多样化和亲民化。与此同时，每年春秋两季的大型拍卖预展，不仅为拍卖行业的专业人士提供了交流的平台，也向普通公众开放，成为一场免费的艺术博览会，让更多的人能够近距离接触和欣赏艺术品。此外，艺术品拍卖的品类也日益丰富，通过"雅昌拍卖"等在线平台，公众可以轻松发现和竞

① 季涛.当代北京拍卖史话[M].北京：当代中国出版社,2009:78.
② 季涛.当代北京拍卖史话[M].北京：当代中国出版社,2009:90.

拍数十甚至上百类艺术品。

拍卖行业的亲民化趋势还体现在大拍卖公司在预展期间组织的各类文化活动，如主题展览、论坛和讲座等，这些活动不仅丰富了市场的文化内涵，也提升了公众对艺术品收藏的兴趣和认识。

拍卖业的发展史充分体现了人类社会经济活动的演进和文化价值的转变，从古代的婚姻拍卖到罗马时期的艺术品和权力的拍卖，再到现代社会中艺术品拍卖的繁荣，每一个阶段都深刻影响着人们的生活方式和价值观念。随着全球化进程的加速和信息技术的发展，未来的拍卖业将继续以其独有的方式，促进文化交流和经济发展，成为连接过去与未来的重要桥梁。拍卖作为一种交易形式经历了从简单的买卖方式到成为社会文化活动的演变。这一过程不仅体现了拍卖活动在经济、社会和文化多个层面的功能和意义，也反映了拍卖业随着时间的推移而不断演进和完善的历程。

第一章

艺术品拍卖的概念与功能

相较其他拍卖活动，艺术品拍卖常因拍品的"天价"成交而引起社会关注。作为拍卖企业的重要组成部分，艺术品拍卖的交易方式、交易当事人、组织形式及其实现的经济功能与其他种类的拍卖活动大致相同。因此，在分析艺术品拍卖具体机制之前，有必要先厘清"拍卖"这一经济活动的基本概念与功能。

一、拍卖的概念与特征

在探讨拍卖这一经济行为的概念时，不可忽视的是，不同国家及历史时期的文化背景和经济结构对其含义和实践方式有着深刻影响。

在古代文明，如罗马帝国和中国，拍卖已被用作分配资产和战利品的一种方式，其中包含了对社会地位、财富分配及权力关系的诠释。这些早期拍卖的形式和目的，反映了当时社会的经济状况、法律框架和文化价值观。文艺复兴时期随着商业活动的增加和市场经济的发展，欧洲的拍卖开始呈现出更加复杂的形式，不仅限于物质商品，还包括了土地、权利甚至债务的交易。而在现代社会，拍卖已发展成为一个高度专业化和国际化的市场活动，尤其是在艺术品、古董和珍稀物品的交易中占据重要地位。现代拍卖的形式多样，从传统的现场拍卖到在线拍卖平台，不仅体现了技术进步和全球化的影响，也反映了现代消费者的多样化需求和审美趣味。

由此可见，拍卖作为一种跨越时代和地域的经济活动，其变迁和发展不仅揭示了经济交易方式的演进，也反映了人类社会、文化及法律观念的深刻变化。不同国家、不同时代的人对"拍卖"一词的诠释各有差异，这种差异不仅体现在拍卖的具体实践上，更深层次地反映了人类文明在不同历史阶段的经济和文化特征。

（一）西方典籍及经济学领域的拍卖概念

在西方，英国国王查尔斯一世曾最早将拍卖定为商业行为，并宣布："除拍卖人之外，任何人都不得以大声吆喝的方式进行商品买卖活动。"1595 年版《牛津英语词典》是最早解释"拍卖"（auction）的国外典籍，其释义为："拍卖是一种将物品售予出价最高者的公卖方式。"《美国百科全书》的释义与此类似，为"拍卖是将财产出让给出价最高者的公卖方式。"两部典籍在释义中均出现了"公卖"一词，指在公众监督之下进行的，通过集体竞价，并有公认的成交方式和标准的交易。"公卖"是拍卖区别于普通交易的特征之一，我们将在后文详解"公卖"与"私卖"的差异。

此外，《英国牛津法律大辞典》还将"拍卖"诠释为："拍卖是一种出售或出租的方式，买主不断地出高价竞相购买或租取。拍卖通常是在做过广告后，由一位特许的拍卖师公开进行，以落槌形式接受最后报价。"

拍卖理论的快速发展从 20 世纪 70 年代后期才真正开始。其中，经典著作包括米尔格罗姆、威尔逊、梅尔森[①]等人的研究成果，他们迅速把该领域的研究推进到了前沿水平。作为微观经济学研究领域的重要分支，拍卖理论在资源分配、价格形成及不完全信息博弈论等方面的研究价值吸引了大量经济学者的关注。英国经济学家保罗·柯伦伯（Paul Klemperer）在其《拍卖：理论与实践》中提出："拍卖是一种日益重要的经济资源配置方式。"美国博弈理论专家克里斯纳（Vijia Krishna）将拍卖诠释为"通过竞争性投标进行采购"的过程，经济学家麦卡菲则认为："拍卖是一种市场状态，此市场状态在市场参与者标价基础上具有决定资源配置和资源价格的明确规则。"

（二）中国典籍及法律中的拍卖概念

我国魏晋时期即已出现类似拍卖的"唱衣"活动。此类活动以去世僧侣遗物为拍品，以"竞买"方式实现物品的公平分配[②]。但是，与现代意义上的拍卖不同，这种活动最终往往以麦粟、绢帛等实物作为兑换物，而非金银钱财。此外，唐代典籍曾提及"拍卖"一词，如唐代杜佑《通典》记载，唐玄宗二十五年曾诏令："诸以财物典质者，经三周年不赎，即行拍卖。"此处"拍卖"行为以典当行为依托，其拍品收集方式与现代拍卖

---

　　①　米尔格罗姆（Paul R.Milgrom）与威尔逊（Robert B.Wilson）曾于 2020 年 10 月因在"改进拍卖理论和新拍卖形式"方面做出的贡献而被授予诺贝尔经济学奖；梅尔森（Roger B Myerson）则是 2007 年诺贝尔经济学奖获得者。

　　②　刘进宝.从敦煌文书看唐五代佛教寺院的"唱衣"[J].南京：南京师范大学报（社会科学版），2007（04）：53.

企业常用的征集方式差异较大。

现代意义上的拍卖于百年前由西方传入中国，而我国对拍卖定义的理解曾经存在着鲜明的时代性特征。在计划经济体制下，拍卖曾被视作资本主义交易模式，1979年版《辞海》将拍卖释义为"亦称'竞买'，是资本主义商业中的一种买卖方式"。改革开放后，我国社会主义市场经济体制得到不断发展，体现至1989年版《辞海》，便是将拍卖阐释为"商业中的一种买卖形式"。这一改动体现出了改革开放对人们思维方式的一种革新，也预示着国家经济腾飞的未来。

现在国内通用的"拍卖"定义通常以《中华人民共和国拍卖法》（以下简称《拍卖法》）为准。该法自1997年实施，其中第三条规定："拍卖是指以公开竞价的方式，将特定物品或财产权利转让给最高应价者的买卖方式。"我们可以通过拍卖与普通买卖的比较来理解该定义。

（三）拍卖区分于普通商品交易的特征

拍卖同一般对手交易均属商品交易方式，但拍卖有其无法替代的诸多特征。

1. 拍卖通过公开竞价方式达成交易

在拍卖过程中，拍卖人起到一个"牵红线、搭鹊桥"的作用，把委托人和竞买人的利益联结到一起。与其他中介服务行业一样，拍卖公司靠抽取佣金维持经营，而各个公司会根据所拍标的特点制定不同的佣金比例规则，而艺术品拍卖公司之间也往往以服务是否更加优质、藏家资源是否更多、上拍作品是否精品等要素相互竞争。

在艺术品拍卖中，所有竞买人在同一时间公开竞价，且竞价情况实时公开，虽然竞价地点可能会有所差异，如通过网络、电话或其他代理方式竞价，但其本质并无不同。此外，在资质相同的前提下，所有竞买人均公平享有竞价权利，拍卖人亦应本着公正原则接受任意符合资格竞买人的出价请求。简单地说，即拍卖活动需要遵循"三公"原则。"三公"原则在对手交易中并非必要条件。譬如在民国时期北京的"鬼市"[①]上，常有用"大

---

① "鬼市"亦称"夜市""晓市""黑市"，其开市时间大约在每日天未明时，以出售旧货为主，包括旧衣服、古玩、首饰、钟表、杂项等，其中杂陈许多来路不明的商品。由于不收摊位费，也不必纳税，彼时"鬼市"生意异常繁盛。具体可参见邹典飞《民国时期的北京书画销售市场与"鬼市"交易》一文。

围巾、大口罩把脸蒙得严严实实，只剩下两只眼睛"①的贵胄高官后人，他们因为生活所迫而变卖家财，却碍于面子无法去当铺、古玩店兜售，对他们而言，"公开"显然是不可接受的交易方法。

就交易的性质而言，拍卖的整个过程通常是在公众的监督之下进行，当事人受交易规则及相关法律法规的约束，交易价格通过集体竞价决定，有公认的成交方式和标准，因此，拍卖这种交易方式在法律上被称为公卖。而普通的商品交易方式中，买卖双方可以私下商量甚至讨价还价，无须公众参与，没有竞价过程，因此，法律上一般称之为私卖。此外，相较于公开拍卖，"私卖"方式价格评价方式相对单一，且更容易受到信息不对称的影响，在文物艺术品等难以用统一标准定价的商品交易中，更容易引发损害当事人利益的风险。

2. 交易当事人及交易标的的适用性差异

从交易的当事人来看，拍卖活动中有委托人、拍卖人和竞买人（买受人），三方缺一不可。其中拍卖人是交易双方的中介人，由他组织拍卖会，通过竞价决定谁是最终买主。而普通的商品交易中当事人通常只有两方，即卖方和买方。在一般情况下，只要双方在价格上能达成合意，买卖即可直接成交，不需要中介人的参与。由此可见，拍卖活动中参与的当事人数量与对手交易不同。

理论上讲，不论何种商品，无论其为动产还是不动产，是有形财产还是无形财产权益，但凡可以采用普通方式进行交易的物品或财产权利，都可以采用拍卖的方式进行交易。但有些价格难以确定的物品，因为买卖双方分歧较大，很难达成交易，艺术品就是其中最典型的一类商品。由于带有强烈的精神价值属性，艺术品的价值和价格无法制定统一衡量标准，而交易双方会因自身眼力、学养等素质的差异最终得出不同的判定结论。实践证明，越是价格难以确定的物品，越适合采用拍卖的方式进行交易，在艺术品拍卖中，"价高者得"往往能够测试出真正懂行或真正需要某件拍品的竞买者。

3. 对交易当事人的资质要求不同

从对买方的要求来看，拍卖与普通商品交易有较大不同。在拍卖方式交易中，竞买

---

① 王纪仪. 当代北京百姓收藏史话 [M]. 北京：当代中国出版社，2008：8-9.

人必须向拍卖人公开其真实身份，参与竞买前必须出示身份证明及办理竞买手续。比如苏富比就在"竞买细则"中规定："苏富比拍卖企业要求所有希望参与竞拍的买家必须先行注册，并提供有效的身份证明文件。这个过程包括了对买家身份的核实以及必要的财务审查，以确保竞买人具备足够的购买能力。"[1] 这种做法与普通商品交易的开放性形成鲜明对比，后者通常不对买家的资质做出如此严格的要求。同样地，艺术品拍卖国际巨头佳士得也有类似条款，规定在某些特定的定向拍卖中，会对竞买人的资格设定限制，如只允许具备特定条件的收藏家参与竞拍。例如，在拍卖某些历史文物或特定艺术家作品时，可能要求买家具有相应的收藏背景或专业知识，这种做法确保了拍卖的专业性和目标买家群的精确性，与普通商品交易的无限制性形成对比。

此外，在某些定向拍卖的情况下，拍卖人还会对竞买人的购买资格做出相应的限制性规定。普通交易通常对买者不限国籍、年龄，任何人购买商品均无须出示身份证明，但对于文物艺术品交易而言，有潜在的海外流失风险。

4. 价格形成方式不同

从价格形成上比较，在拍卖方式中，交易标的的出售价格是通过竞价决定的，即买方集体决定价格。委托人作为真正的卖方，只是对标的物的保留价有决定权，拍卖成交的唯一条件是必须达到或超过保留价。而普通交易中标的成交价格通常卖方单方定价（标价）或者由买卖双方共同决定价格（议价）。此处以安迪·沃霍尔《银色车祸（双重灾难）》拍卖为例，可以论证拍卖在艺术品价格认定方面的关键作用。

该作是安迪·沃霍尔1963年"死亡"和"灾祸"系列的代表作，通过重复使用新闻照片来探讨死亡和灾难的主题，反映出当时社会对于死亡的麻木和媒体对灾难的商业化。2013年11月14日，这幅画在苏富比纽约的一场拍卖中以1.05亿美元的价格成交，刷新了沃霍尔作品的拍卖纪录。这一事件不仅展示了沃霍尔作品在艺术市场上的极高价值，也反映了当代艺术品投资和收藏的热潮。该成交记录引发了关于艺术价值、市场炒作和艺术投资策略的讨论，也为全球艺术市场提供了重要的价值参考。这一价格同样是通过买家之间的竞价过程确定的。尽管拍卖企业对这幅作品有一个预估价，但最终价格

---

[1]　苏富比拍卖公司官方网站"竞买须知". https://www.sothebys.com/en/buy-sell#buying-basics.

是由参与竞拍的买家集体决定的，体现了拍卖中的价格形成机制。[1]

5. 拍卖具有更复杂的法律关系

从全球范围来看，为拍卖企业制定专门法律的国家和地区并不常见，如美国、英国等国家通常将拍卖活动依附于商业活动之中，它们所遵循的亦是商业相关法律。以英国为例，该国没有一部专门囊括各项拍卖法律事项的拍卖法案。英国拍卖业涉及了不同范围、不同领域的多项法律，其中最重要的包括《1967 年反虚假陈述法》《1977 年不公平合同法》《1979 年货物买卖法》以及《1999 年消费者合同不平等条款规章》。这些法案均在各大拍卖企业制订有关拍卖责任条款，如拍卖企业与买家和卖家分别签订的责任条款时用作借鉴。因此，在没有专属拍卖法案的情况下，各大拍卖企业自行订制的拍卖责任条款在整个英国拍卖业的日常经营中起着至关重要的作用。布莱恩·哈维在其《拍卖法与实务》中提出，一项拍卖销售所发生的特定条件与环境可以充实并完善拍卖相关法律的制定。[2]

我国在 1997 年开始实施专门的《中华人民共和国拍卖法》，以独立法律的形式规范拍卖企业发展，这与改革开放后拍卖企业的兴起与繁盛关系密切，也从侧面反映出我国致力于在法律层面规范和维护多方利益的初衷。

二、艺术品拍卖的经济功能

曾有学者将拍卖定义为一种市场状态，并认为此市场状态在市场参与者标价基础上，具有决定资源配置和资源价格的明确规则。与普通商品交易相比，拍卖是一种特殊的交易方式，而资源配置和资源价格又恰恰是经济学的核心问题。拍卖可以视为是一种在不完全信息条件下进行资源配置的机制，与经济学领域中的博弈论、不对称信息经济理论等关系密切。拍卖之所以成为一种被广泛接受的交易模式，与它能够实现的经济功能有很大的关系。下文将主要从三点阐述拍卖在艺术品交易中的经济功能：

---

[1] 见罗宾·帕格里宾 "沃霍尔'银色车祸'以 1.05 亿美元成交"《纽约时代》2013.11.14.C1 版 .（Pogrebin, Robin. "Warhol's 'Silver Car Crash' Sells for \$105 Million".The New York Times,14 Nov. 2013,pp. C1.）

[2] Brian Harvey.Auctions Law and Practice[M].Oxford University Press；3rd edition，2006:156.

（一）价格发现功能

价格发现（Price Discovery），指拍卖通过竞争性的竞价过程，帮助市场确定商品（在本例中为艺术品）的当前市场价值。这是拍卖最基本的功能之一，因为最终的成交价反映了市场上买家对艺术品价值的集体评估。在商品流通过程中存在不同性质的交易标的，然而，并非所有商品均可按照传统计价方式制定价格。所谓传统计价方式，指具有量化标准并可以通过计算公式进行换算的商品计价方式。比如要计算一栋房屋的成本价格，就会从土地费用、设计费用、工程劳动费用、建筑装饰材料等等物质性成本出发，再综合地理位置、周边环境等外部因素进行整体核算，最终得出相应估值。

艺术品作为人类精神产品，其定价机制更为复杂，尤其是综合了历史、文化等多元价值的文物艺术品更是如此。如果单纯以物质性成本来计算艺术品价格，就会发生严重的价值偏离。以李可染 1964 年创作的一幅《万山红遍》为例，该作品曾于 2015 年中国嘉德秋季拍卖会上以含佣金 1.84 亿的价格成交，假如我们仅仅以其物质成本来计算，可以得出以下结果：

以 1964 年物价水平粗略计算，一张上好的四尺宣纸约为 3 元。由于这件作品尺寸为 75.5×45.5 厘米，约合四尺三开，以 1 元成本计；另外，该作品所用朱砂颜料较为上乘，不妨将其与墨和其他颜料的消耗成本大致折算为 100 元；毛笔的折旧大约可以算 0.2 元，所占比重极小。假若以上述损耗成本来计算，那么这幅作品总共的物质成本只有 101.2 元，即便考虑上货币贬值等因素，其物质成本与 1.84 亿的成交价相比仍然可以忽略不计。

这幅作品的拍前估价为 6800—8000 万元人民币，其成交价格的形成固然有诸多因素，但主要原因在于众多竞买人在拍卖前对作品进行了充分了解，清楚它的价值及潜在价值，预测该作品的价格走势并展开公开竞争。作品价格在这样的过程中不断更新，最终由出价最高者决定成交价格，这也是艺术品价值的直观体现。拍卖作为一种"最高出价者得"的交易方式，能够在价格竞争过程中筛选出对标的购买意向最高的竞买人，从而使拍品价值能够最大限度地得以体现。需要注意的是，利用拍卖的价格发现功能需要根据标的形制选择最合适的拍卖模式。

（二）提高艺术品市场流动功能

市场流动性（Market Liquidity）指市场上的资产能够在没有显著影响其价格的情况下迅速买卖的能力。具有高流动性的市场意味着资产可以快速且以接近市场价格出售，因为总是有足够的买家和卖家活跃在市场中。相反，低流动性市场中的资产可能难以快速出售，或者出售时会导致价格大幅波动。艺术品作为一种精神产品，其价值判断在很大程度上依赖市场接受度、交易量等条件。高交易量通常意味着某类艺术品的高流动性，因为交易活动频繁，买卖双方容易找到交易伙伴，从而更容易实现买卖差价，达到艺术品投资的目标。

拍卖作为一种交易机制，为买卖双方提供了一个集中的时间和地点，有效地促进了交易的快速完成，显著降低了搜索成本和谈判成本。在接受委托后，拍卖公司通过积极发布公告和广泛进行招商活动，确保了信息的快速、全面、公开传播，从而提高了市场效率。这种信息传播的效率不仅有利于提升交易的速度和成交量，也直接关联到拍卖公司的经济利益，因为高价成交意味着更高的佣金收入。进一步地，拍卖的进行通常遵循既定的规则和程序，这种规范化操作减少了人为因素的干预，保证了交易过程的公正性和透明性。拍卖在公开竞争的环境中进行，为所有参与者提供了平等的竞争机会，这种机制的设计强化了市场的价格发现功能。[①]

相比其他营销手段，拍卖能够在极短的时间内实现资产的快速转移和成交，这一特性使得拍卖成为当代国际市场上一种流行的流通方式。该机制的效率和速度是其他交易方式难以比拟的，艺术品拍卖公司通常把持着卖家、买家、艺术机构、画廊等多方资源，熟悉市场参与者特征与需求，在拍卖活动的刺激下，参与市场的买家和卖家数量多，市场参与度高也会提高市场的流动性。拍卖会通常伴随着大量的宣传和营销活动，这有助于提高艺术品的知名度和吸引力，增加艺术品的商业价值，这些行为还能极大提高艺术品的流动性，允许艺术品所有者将其资产转换为现金，同时也为潜在的买家提供了购买机会。

---

① 拍卖能有效降低交易成本，加快交易速度，从而提高市场流动性。此外，拍卖的公开透明性是提升艺术品流动性的关键因素。高端艺术品市场中更易呈现出拍卖机制显著提高艺术品流动性的特性。

（三）风险分散与信息揭示功能

拍卖活动在艺术品投资风险方面起到风险分散的积极作用，它涉及将潜在的负面影响分散到多个项目、资产或个体上，以减少任何单一风险事件对总体的影响。对于艺术品拍卖委托人而言，拍卖为其提供了一种快速变现的途径，可以减少持有艺术品所带来的价格波动等风险。此外，拍卖过程中的竞价可以揭示买家对艺术品的评价和需求信息，这些信息对于市场参与者和其他潜在的卖家都是有价值的。在拍卖过程中，拍卖人会通过各种渠道发布拍卖公告和招商，避免了委托人逐个寻找潜在买家所花费的时间与精力，减少中间流通环节和不必要的开支，大大降低流通费用。[①]

拍卖的信息揭示功能可从传统文物交易模式与现代交易模式的对比中得到验证。20世纪80年代，中国文物艺术品市场处于较为落后的状态，销售渠道相对单一，主要依赖于文物商店的直接销售，其中价格机制较为固定，以明码标价为主，偶尔在特定节日期间提供折扣。这一时期的市场特征是供需信息的不对称性较高，买卖双方难以获得全面的市场信息，导致文物艺术品的价值很难得到充分的认知和评估，市场活力不足，价格波动较小，整体呈现出低迷状态。随着拍卖企业的兴起，文物艺术品市场迎来了重大转变。拍卖过程中的信息公开和透明度高，拍卖公司通常会提供详细的艺术品描述、历史背景、真伪鉴定等信息，降低了买家在信息搜索和评估方面的成本。此外，拍卖的结果，包括成交价格、购买者和销售历史，都为市场参与者提供了宝贵的信息资源，有助于提高市场的信息效率。

（四）社会和文化价值传播功能

艺术品拍卖不仅仅是经济活动，还在传播艺术审美、艺术品历史和文化价值等方面对社会文化有着积极的影响。在艺术市场中，促销和营销活动是交易成功的关键因素之一，比如苏富比（Sotheby's）和佳士得（Christie's）等世界知名拍卖公司，即是通过长期的营销和品牌建设，建立了自己的声誉和信任度。这种品牌效应吸引了全球的买

---

① 对于投资者而言，有效进行风险管理和风险分散是决定投资能否成功的关键因素。在具体研究中通常使用案例分析和市场数据比较法，探讨拍卖通过增加市场透明度和提供及时的市场信息，而为投资者提供风险评估工具的功能。

家和卖家，因为他们相信这些拍卖企业能够提供高质量的服务和保证艺术品的真实性。这些活动不仅提高了艺术品的知名度和公众的兴趣，而且通过构建艺术品的叙事和价值，增加了艺术品的商业价值。

艺术品拍卖通过公开透明的方式确定艺术品的价格，有助于市场对艺术品价值的认识和评价，促进了艺术品价值的社会广泛认可。拍卖作为艺术品流通的重要形式，极大地促进了艺术品的交易，加快了艺术品在市场中的流转速度，提高了艺术市场的活跃度。[①]艺术品拍卖活动往往伴随着艺术展览，吸引了大量的公众参与和媒体关注，通过这些活动，大众能够接触到更多的艺术品，有助于提高人们的艺术鉴赏能力和文化素养。艺术品拍卖的历史记录为研究社会文化历史提供了珍贵的资料，通过分析艺术品的流传和拍卖价格的变化，可以反映出一定时期内社会文化的发展趋势和人们的审美变化。[②]

艺术品拍卖的社会作用主要体现在以下几个方面：

1. 有利于文化遗产保护

随着全球信息技术的迅猛发展和信息传播速度的显著提升，以及传统投资渠道面临的不稳定性，共同促成了艺术品投资热潮的兴起。中国艺术品在国际舞台上频频创下新高的拍卖价格，不仅提升了中国艺术品的国际地位，同时也加深了全社会对文化遗产保护的意识。艺术品拍卖对文化遗产保护的作用，可以从多个层面加以分析。

高价值艺术品的拍卖有效提升了中国文化遗产在全球范围内的认知度和影响力。这种现象不仅展示了中国丰富的文化底蕴和历史传承，还在全球范围内增强了对中国文化遗产的尊重和保护意识。

艺术品拍卖市场的活跃，为流失海外的文物艺术品的回流提供了有力的平台。通过拍卖这一机制，许多历史悠久、文化价值高的艺术品得以返回其原始文化环境，艺术品拍卖的公开性和透明性，在一定程度上阻断了文物走私的渠道，有助于减少非法交易行为，保护那些可能被私下交易或非法出口的文化财产。

---

① Bolz A. A Regulatory Framework for the Art Market[J].Authenticity Forgeries and the Role of Art Experts. Switzerland: Springer, 2022: 107-253.

② Kharchenkova S, Velthuis O. How to become a judgment device: valuation practices and the role of auctions in the emerging Chinese art market[J].Socio-Economic Review, 2018, 16(3): 459-477.

随着艺术品投资者对文化传承和遗产保护意识的增强，公开展示和交易成为保证艺术品质量和真实性的有效手段。众多民间博物馆和私人藏家通过参与艺术品拍卖，不仅为自己的收藏增添了珍贵的文化财产，同时也促进了文化遗产的保存和传播。①

2. 有利于扩大艺术受众，提高民众审美素养

艺术品拍卖市场的活跃促使了艺术品跨越国界和文化的传播，这对于提高人们的艺术修养和审美水平具有重要意义。通过拍卖，来自不同文化背景和历史时期的艺术品得以进入公众视野，使得普罗大众不仅有机会近距离接触和欣赏到这些艺术精品，还能通过艺术家的创作背景、艺术品的创作历程等深入了解艺术作品的文化内涵和历史价值。这种艺术与文化的交流无疑有助于拓宽人们的文化视野，提升民众的艺术修养和审美能力。中国艺术品在国际拍卖市场上屡创新高，不仅提升了中国艺术品的国际影响力，也激发了国内对于传统文化和艺术遗产的保护意识。这种文化自信的提升，不仅促进了艺术收藏的热潮，更加深了社会对文化遗产价值的认识和尊重。

此外，艺术品拍卖对于促进艺术教育和文化传承也具有重要意义。拍卖企业为即将上拍的艺术品编撰的背景故事和创作历程，以及拍卖前的预展活动，如艺术品展示、主题讲座等，不仅增加了艺术品的情感价值和文化深度，还为公众提供了丰富的艺术教育资源。这些教育活动不仅提高了公众的艺术鉴赏能力，还促进了艺术知识的普及和文化素养的提升。

艺术品拍卖的兴盛同样推动了企业和个人对于艺术作品的收藏热情。不少企业通过收藏艺术品、创办博物馆和艺术馆，不仅展示了企业的文化形象和品牌价值，也为社会公众提供了欣赏艺术的机会，进一步促进了艺术文化的传播和艺术教育的发展。这种由企业推动的艺术收藏和展示，不仅丰富了社会的文化生活，也为公众提供了提高审美素养的平台。

3. 有利于国际的艺术交流

艺术品拍卖作为一种综合性的文化和经济活动，在促进国际艺术交流方面发挥着至关重要的作用。通过展览与交易的双重功能，艺术品拍卖不仅促使艺术品的全球扩散与

① Jora O.D., Ap ǎ v ǎ loaei M.A, Iacob M. Cultural heritage markets: are traders traitors? Winners and losers from cross-border shifts of historical artefacts[J].Management & Marketing, 2018, 13(2): 897-912.

传播，还加深了不同国家、地区和民族之间的艺术文化交流，为世界各地的艺术爱好者提供了一个欣赏和收藏全球艺术精品的平台。

艺术品拍卖作为艺术品跨国界流通的重要渠道，使得各国艺术作品能够走出本土，进入更为广阔的国际受众空间。这种跨文化的艺术交流不仅增加了艺术作品的国际可见度，还促进了文化多样性的互相理解与尊重。艺术品的全球流通借助拍卖平台的广泛网络，使得地理和文化的界限变得模糊，为全球艺术爱好者提供了无限的探索和学习机会，从而丰富了全球艺术生态。艺术品拍卖通过与新闻媒体、艺术杂志和在线平台等的合作，以及利用现代社交媒体和网络营销策略，有效扩大了艺术品的宣传范围。

由此可见，艺术品拍卖在促进国际艺术交流方面发挥着重要作用。通过将艺术品呈现给全球受众，拍卖活动不仅加深了不同文化之间的理解和交流，还促进了全球艺术市场的发展和文化多样性的保护。艺术品拍卖通过各种现代营销手段，如社交媒体推广和全球预展等，有效地扩大了艺术品的国际影响力，为艺术家提供了国际舞台，同时也为全球艺术爱好者提供了丰富的艺术资源，从而推动了全球文化艺术的繁荣发展。

三、小结

艺术品拍卖，一种历史悠久且形式多样的特殊市场交易形式，不仅是艺术品流通的重要渠道，而且随着全球化和数字技术的发展，已成为艺术交流、文化传播、和市场预测的重要平台。从古代战利品的分配到现代高端艺术市场的繁荣，拍卖一直是物品和资产流转的关键方式。现代艺术品拍卖通过公开、透明的竞价过程，不仅为艺术品价值提供了公认的评价标准，反映了市场对其艺术价值、历史价值和稀缺性的综合评估，还通过集中的竞价和交易，大幅降低了买卖双方的信息搜索成本，促进了市场流动性，增强了艺术市场的活力。

艺术品拍卖的设计和应用，体现了微观经济学中的市场供需、价格机制、信息不对称和博弈论等原理，推动了拍卖理论的发展。它在价格发现、资源配置、风险分散、和信息揭示等方面发挥着重要的经济功能，使艺术品的市场价值得以体现，同时促进了艺术品的合法流通和文化价值的传播。此外，拍卖活动不仅促进了文化遗产保护，扩大了艺术受众，提高了公众的审美素养，还对促进艺术创作、推动社会经济发展以及国际艺术交流产生了积极影响。

通过拍卖活动的举办，艺术品不仅得以公开展示，为公众提供了接触和学习不同文化的机会，还通过艺术品高价成交为艺术家提供了物质回报和创作激励，推动了艺术创新。艺术品拍卖市场的健康发展，需要拍卖企业、艺术家、收藏家、学者和政府等所有市场参与者的共同努力，通过完善拍卖规则、保障交易的公正性和透明性，共同推动艺术市场的繁荣和文化产业的发展。

随着全球化的进程和信息技术的发展，艺术品拍卖市场呈现出更加开放和国际化的特征，为艺术品的国际流通提供了便利，搭建了不同文化之间艺术交流的平台，促进了艺术品的物质价值和文化价值的双重提升，推动了社会文化素质的整体提升和文化生活的多元化发展。

第二章

艺术品拍卖的基本机制

一、拍卖模式分类及特点

在国内外拍卖市场中，英格兰式拍卖和荷兰式拍卖采用最广泛的竞价方式，以适应市场需求及拍卖理论的持续进化。随着拍卖领域对电子技术的融合，密封竞价拍卖以及电子竞价等新型拍卖方式亦相继涌现。

在探讨拍卖活动的结构与机制时，必须首先明确三个核心角色：拍卖人、委托人和竞买人。这些参与者在拍卖过程中扮演着不可或缺的角色。根据《中华人民共和国拍卖法》以及《中华人民共和国公司法》，拍卖人被定义为经法定程序设立，专门从事拍卖活动的企业法人。因此，从法律角度解析，拍卖人并非指某一具体的个体。同理，委托人和竞买人的概念也超越了单个个体的界限，委托人指的是委托拍卖人进行物品或财产权利拍卖的自然人、法人或其他组织；竞买人则指参与竞购拍卖标的的自然人、法人或其他组织。在此过程中，最终以最高价竞得拍卖物的竞买人成为买受人。了解了拍卖活动的参与主体后，对于拍卖模式的探讨将更为透彻。

（一）英格兰式拍卖

1. 英格兰式拍卖的基本规则

英格兰式拍卖，国内亦称之为增价拍卖，采取一种价格逐步上升的报价机制。在此过程中，为了达成"价高者得"的目的，参与者交替提出自己的最新报价，以此将价格层层推高，直至无人继续出价并得到拍卖师的确认，此时的最高出价者将依其报价获得拍卖物品。[①]

英格兰式拍卖，得名于英国在全球拍卖业历史上的显著地位及其广泛采用的拍卖模式。尽管如今伦敦仍然是世界艺术品拍卖的重要中心之一，但它已不再是唯一的中心。

---

① 维嘉·克利斯纳（Vijay Krishna）.拍卖理论 [M]. 罗德明译 . 北京：中国人民大学出版社,2010:156.

英格兰式拍卖，亦称为"增价拍卖"或"低估价拍卖"，是一种竞价上涨的报价方式。[①]
在这一模式下，拍卖过程中竞买人通过不断提高出价来相互竞争。当价格达到一个相对
较高的区间，大部分竞买人选择退出，此时，最后仍然竞价的、出价最高的竞买人便成
为该拍品的获得者。

英格兰式拍卖的特点在于它的开放性和动态性，允许竞买人根据自身对拍品的估值
和欲望进行出价，通过市场机制自然形成最终成交价格。这种拍卖方式不仅促进了拍卖
市场的活跃交易，还增加了市场的透明度和公平性。竞买人的每一次出价都是对拍品价
值的直接反映，确保了市场对艺术品及其他物品价值的有效评估。

（1）竞价阶梯

英格兰式拍卖特别强调按预定的增幅进行竞价，不论是买方报价拍卖（亦称有声拍
卖）还是卖方报价拍卖（亦称无声拍卖），均设定有递增的加价幅度（即竞价阶梯）。
拍卖师或参与者在报价时，须遵循既定的竞价阶梯逐步加价，直至最终仅剩一位出价最
高的参与者。此种竞价过程的直观特征为价格"低开高走"，竞价无上限。在该过程中，
每位参与者均清楚当前的最高报价，并可多次提出新的报价，最终的获胜者以其最终报
价支付成交价（未考虑买方佣金）。

在英格兰式拍卖中，拍卖师采用的竞价阶梯制度是该拍卖模式中的一个关键组成部
分，尤其是在艺术品拍卖场合中，通常会设定具有固定模式的竞价阶梯，如"258"和"250"
竞价阶梯。这两种竞价阶梯各有其特定的递增规律，对拍卖过程中的出价速度和策略有
着显著影响。

以"258"竞价阶梯为例，假设某艺术品的起拍价格定为200元，则首位竞买人的
出价为200元，随后的出价依照200元、500元、800元、1200元、1500元、1800元、
2000元、2200元等顺序递增，呈现出2、5、8三个数字交替出现的特点。相较之下，"250"
竞价阶梯则是以200元起拍，后续出价以200元、400元、600元、800元、1000元、
1200元、1400元、1600元、1800元、2000元、2200元等二的倍数进行递增。这两种
递增模式的共通之处在于"逢五进五"的规则，即当出价达到5000元时，后续的出价

---

① 维嘉·克利斯纳（Vijay Krishna）. 拍卖理论 [M]. 罗德明译. 北京：中国人民大学出版社,2010:160.

不会按照原有模式递增至 5200 元，而是直接跳至 5500 元、6000 元、6500 元、7000 元、7500 元、8000 元等，直到达到一定阈值后再次回归原先的"258"或"250"递增模式。这一规则的设计旨在加快拍卖进程，提高交易效率。

对于竞价阶梯可能引发的担忧，如在高价位拍品上的大幅度加价可能会对竞买人的热情造成影响，实践中拍卖师会根据拍卖现场的具体情况灵活调整竞价阶梯。如果现场竞价情绪高涨，维持原有的竞价阶梯无疑有助于维持竞争活力；然而，如果竞买人出价犹豫，或提出低于标准阶梯的加价请求，拍卖师可能会酌情接受较低的出价以促成交易。这种做法旨在平衡拍卖活动中各方的利益，即通过尽可能提升成交价格来满足委托人、拍卖人和竞买人的共同利益。

（2）英格兰式拍卖报价方式

在探讨英格兰式拍卖的过程中，需首先识别和分析拍卖中的基础元素与机制，特别是针对拍卖的报价方式，及其对整个拍卖过程的影响。在英格兰式拍卖中，报价方式主要分为两种：有声报价和无声报价。有声报价涉及竞买人通过口头表达出价意向，而无声报价则通过肢体语言或预定信号进行，这两种方式各有其适用场景与特定的策略意图。

有声报价中，竞买人直接口头表达加价金额，这种方式的直接性和即时性允许竞买人根据现场竞争态势灵活调整出价策略。此外，有声报价也容许"跳价"现象的出现，即竞买人基于对拍品价值的判断和获取拍品的决心，选择比正常加价幅度更高的出价，以此加速拍卖进程或减少竞争对手。无声报价，尽管较为隐蔽，却要求拍卖师对竞买人的特定信号高度敏感和准确理解。这种方式能够在一定程度上保护竞买人的隐私，避免直接暴露出价意图，但同时也对拍卖师提出了更高的专业要求。

在英格兰式拍卖中，根据起拍价格的设置，拍卖又可分为有底价拍卖和无底价拍卖。有底价拍卖为拍品设定了一个最低的起拍价，保障了委托人的利益不会因起拍价过低而受损。相对而言，无底价拍卖从 0 元起拍，虽然看似增加了拍卖的不确定性，实则是一种有效的市场营销策略，能够激发潜在买家的兴趣，吸引更广泛的参与，进而通过市场竞争达到合理的成交价格。

蔡元培作为我国近代史上的杰出学者，其书法作品在艺术品拍卖市场上频繁亮相，引起了广泛关注。以 2015 年为例，两幅蔡元培的书法作品在不同拍卖条件下呈现出显著的成交价差异，为我们提供了一个探讨无底价拍卖效应的绝佳案例。

在 2015 年 6 月，北京匡时拍卖公司的春季拍卖会上，一幅蔡元培六尺对裁的行书七言联立轴作品，以 40 万元的起拍价亮相拍场，最终以 74.75 万元的价格成交。相较之下，同年 12 月 4 日举行的匡时秋季拍卖会中，另一幅与之相似的蔡元培行书七言联作品，虽然尺幅较小，仅为四尺对裁立轴，却在无底价拍卖的条件下，以 126.5 万元的价格成交。这种显著的价格差异引发了市场与学界的深入思考。一些人可能会质疑，这仅是个别案例，无法代表普遍现象。然而，细致回顾 2015 年该无底价拍卖会的整体成交情况，可以发现大部分作品均以市场合理价格成交，并未出现广泛的"捡漏"现象。这表明，无底价拍卖作为一种市场营销策略，具有显著的效果，它能有效激发潜在买家的参与热情，吸引更多人投入竞买过程。

无底价拍卖之所以能够取得如此效果，一方面源于其能够激发消费者的好奇心和参与欲，另一方面则是因为无底价拍卖并非简单地以低价出售为目的。在实际操作中，拍卖师会根据拍场氛围和竞买人的反应灵活调整竞价阶梯。例如，在蔡元培作品的拍卖过程中，首次出价可能远高于传统意义上的起拍价，如从两万元开始，随后按照特定的竞价阶梯递增，这种策略旨在通过营造紧张的竞拍氛围，促进价格的合理上涨，最终实现作品的市场价值。[①]

在英格兰式拍卖中，各参与者通常会在拍卖前或现场根据获取的信息对拍卖物进行主观价值评估。只要当前报价未达其对拍品价值的评估，其最优策略便是在报价未超出对拍品价值的评估时继续参与竞价。每位参与者在其报价达到或超过自我评估的价值后退出竞争，因继续参与将导致成本超出收益。过早退出可能错失获胜机会，而过晚退出

---

① 有底价拍卖为卖家提供了一定的安全保障，避免拍品被严重低估；但可能限制了拍卖的竞争性，尤其是在底价设置过高时，可能导致潜在买家的参与度下降。无底价拍卖不设定最低成交价格，这种方式看似增加了拍卖的不确定性，但实际上是一种有效的市场营销策略。无底价拍卖通过激发潜在买家的参与热情和竞争，往往能促进更高的成交价和更大的市场活跃度。然而，这也要求卖家和拍卖机构对市场情绪和拍品价值有准确的判断。相比之下，有底价拍卖虽然为卖家提供了一定的安全网，但在市场活跃度和成交价的最大化方面，可能不如无底价拍卖灵活有效。尤其是在艺术品市场，买家对艺术价值的主观评估差异较大，无底价拍卖更能引发买家之间的情感投入和价值竞逐，从而推动成交价向上。

则可能导致获胜但收益为负。拍卖理论中，这种以超出个人评估价值的报价获胜的现象被称为"赢者的诅咒"。

英格兰式拍卖因其适用性广泛而成为最常见的拍卖形式，其能有效激活现场的竞价氛围。此方式常与有声拍卖或无声拍卖、有底价拍卖或无底价拍卖等不同形式结合实施。对于文物艺术品、稀缺资源等供不应求的拍卖物而言，英格兰式拍卖或许是最为合适的拍卖模式。

2. "赢者的诅咒"现象

探讨竞买人在拍卖过程中如何实现收益最大化的问题，关键在于理解竞买人的最优策略及其决策背后的心理机制。竞买人在参与拍卖前，通常会依据已有的信息资源和个人经验对拍品进行初步估价，然而，由于信息的不对称性，不同竞买人对同一拍品的价值评估往往存在差异。

以一件明代神农式古琴为例，假设存在两位对此琴感兴趣的竞买人，其中竞买人A的估价为50万元，而竞买人B则估价达到200万元。对于竞买人A来说，其最优策略理应是在拍卖过程中的报价未超过其估价（50万元）时，积极参与竞价；一旦报价超过此估价，则应及时退出竞价过程。现实拍卖场景中，竞买人A可能面临两种典型情况：一种是当报价超过50万元时，他能够决断地停止竞价；另一种则是在观察到仍有其他买家竞价超过50万元后，开始质疑自己的初步估价是否有遗漏或误判，进而在担心错失机会的心态驱使下继续参与竞价。

这种现象在拍卖过程中并不鲜见，尤其是当场内出现知名收藏家或文化界人士竞价时，会引起其他竞买人的跟风竞价行为。许多竞买人会认为，若某位有影响力的人士也参与竞拍，则该拍品必有其独特之处，继而认为与之竞争可能获得未来更高的价值回报。这种心理预期驱动下的竞价行为，反映了人们对于文化资产价值认知的复杂性以及对市场认可度的高度敏感。因此，许多经验丰富的收藏家或投资者会选择通过电话委托或代理人参与竞拍，以避免自身出面造成的潜在价值扭曲，旨在通过更为隐蔽的方式参与竞价，确保以相对合理的价格获得心仪的拍品。这种策略的采用不仅反映了拍卖市场的策略多样性，也凸显了竞买人在追求收益最大化过程中所需权衡的心理因素与市场动态。

在拍卖市场上，尤其是在高度竞争性的英格兰式拍卖中，存在一种现象被称为"赢者的诅咒"，其本质反映了竞拍胜出者在支付高于自身估值和物品实际价值的价格后所面临的风险与后悔。该概念最初源自石油开采权拍卖的实践中，由于石油油田的储量预估存在不确定性，各竞拍方基于不同的信息和评估标准做出各异的估价，结果往往导致出价最高的竞买方后续发现实际收益远不及预期，从而陷入利润的损失。

经济学家理查特·泰勒在其著作《赢者的诅咒》中对此现象进行了深入探讨，将其分为两种情况：一种是赢得拍卖的公司发现实际收益远低于预期投资回报，造成直接的经济损失；另一种则是虽然最终获得了盈利，但盈利水平低于拍卖前的预期，从而感到不满。[①] 在现实拍卖过程中，竞买人的决策往往不仅受到客观信息的影响，更多地会被个人的情绪、心理预期以及场内的竞争氛围所驱动。人的情绪变化和个体差异意味着在高压和竞争激烈的环境下，即便是理论上的最优策略也难以完美执行。如同金融投资界的现象所示，理论与实际操作之间往往存在差距，知识与行动的一致性（"知行合一"）在实际情况中难以做到。

尽管如此，并不是所有竞买人都会在拍卖中表现出冲动行为。当竞买人对某类艺术品有足够深入的研究，对其市场价值有充分了解时，给出的估价更可能接近实际价值。在这种自信和明确的心态下，竞买人更能保持理性，避免在激烈的拍卖过程中做出冲动的决策。因此，深入的行业知识和对市场的准确理解是避免"赢者的诅咒"并实现收益最大化的关键。

对拍卖公司而言，激烈的竞价和热烈的拍卖场面无疑是其所期盼的景象。然而，这种表面的盛况背后，可能潜藏着后期结算的风险。2013 年 11 月 13 日，重达 59.6 克拉的"粉红之星"钻石在苏富比日内瓦的拍卖会上亮相，并以包括佣金在内的 8300 万美元高价成交，刷新了当时全球最昂贵钻石拍卖的纪录。竞拍成功的买家伊萨克·沃尔夫随后将该钻石更名为"粉色的梦"，并将其镶嵌于戒指之上。然而，令人未料的是，沃尔夫不到四个月后便暴露出实际上并没有足够的资金来完成这笔交易。作为纽约知名的钻石切割商，沃尔夫在一次采访中透露，自己之所以能够竞拍成功，是因为背后

---

① 理查德·H·泰勒（Richard H. Thaler）. 赢者的诅咒：经济生活中的悖论与反常现象 [M]. 陈宇峰译. 北京：中国人民大学出版社，2013:45.

有一群投资者支持他参与竞拍，这些投资者将此视为一次"投资机遇"，期望能够实现丰厚的回报。遗憾的是，当拍卖成交后，这些背后的投资者却因资金问题未能兑现支付承诺。

苏富比曾对"粉红之星"实行了卖方保证金制度，充满信心地认为这将是一笔确定无疑的交易。然而，现实的发展却令人失望，苏富比最终不得不自掏腰包购得这颗钻石。沃尔夫在失去"粉色的梦"同时，根据拍卖协议规定，还将面临苏富比规定的若干处罚。这包括苏富比对拒付买家的所有财产享有留置权，并可在14个工作日内安排其财产的公开拍卖，所得款项归苏富比所有。此外，沃尔夫还需负责两次拍卖间的价差、交易费用、佣金、6%的年化利率、诉讼费用和保管费等。虽然这颗钻石在2017年再次拍卖，最终由香港珠宝商周大福以7100万美元购得，但沃尔夫因此事件被列入苏富比的黑名单，其多年积累的买家信誉亦随之受损。

此案例充分展示了在拍卖市场中，"赢者的诅咒"现象及其后果的严重性。竞买人及其背后的投资者在缺乏充分准备和评估的情况下冲动参拍，最终可能导致经济损失和声誉受损，这对于拍卖市场的参与者来说，是一个重要的警示。

面对诚信缺失问题，一些拍卖行开始采取措施以增强交易的诚信度，例如苏富比拍卖行规定竞买保证金不能通过信用卡支付，只接受具有银联标识的储蓄卡支付，国内的拍卖公司也提高了普通拍品的保证金要求，并且中国拍卖行业协会提议建立一个行业共享的买家"黑名单"。尽管这些措施在一定程度上有助于遏制不诚信行为，但它们并不能从根本上解决问题。

真正能够根治拍卖市场诚信缺失问题的，是法律的完善与执行力度。以欧洲为例，拍卖行可通过法律手段迅速冻结拒付买家的资产，这种严格的法律保障机制在中国尚待建立和完善。当前，国内艺术品市场在法律法规建设方面仍然存在较大的空间，需要进一步加强相关法律的制定和实施，以确保市场交易的公正、公平与诚信。对于有志于法律职业的人士，关注并参与到艺术品市场法律保障体系的建设中，无疑是一个具有重要社会价值和专业挑战的领域。

3. 托价现象与卖家诚信

在英格兰式拍卖中，竞买人在出价过程中可能会遇到一种特定的竞争现象，即拍品价格被人为地推高，这种行为背后的驱动力可能是有人在拍卖场中故意托举价格，我们通常称这些行为的参与者为"托儿"。面对"托儿"的存在，竞买人需要更为谨慎地制定自己的出价策略，并明确自身的价格底线。

托价现象主要分为两种情况。首先是所谓的"假拍"行为，该情况下，部分机构可能为了提升旗下艺术家作品的市场价值，故意在拍卖中推高作品价格，从而为该艺术家创造一个市场上的"价格纪录"。这种行为的直接后果是拍卖成交价格成为公众知晓的信息，进一步影响市场对该类艺术品的定价，为机构后续的市场操作提供便利。

第二种情况涉及拍卖中的保留价设置。保留价是指委托人所能接受的最低售价，而这一价格通常不会在拍卖现场公开。在某些情况下，为了确保拍品能够以不低于保留价的价格成交，委托人可能会亲自或通过代理人参与竞价，以抬高价格到达保留价之上。然而，需要注意的是，从法律的角度看，此类行为是被明确禁止的。

以《拍卖法》为例，第三十条明确规定了委托人不得参与竞买，也不得委托他人代替竞买。此外，第六十四条规定了对违反上述规定的委托人的处罚措施，即可以处以拍卖成交价的百分之三十以下的罚款。这些法律条文旨在维护拍卖市场的公正性和透明度，防止因不正当的市场操纵行为损害竞买人及其他市场参与者的合法权益。因此，在拍卖市场中，无论是竞买人还是委托人，都应遵循法律规定，以诚信为本。

在拍卖过程中，识别和阻止"托儿"行为的确存在重大的实践挑战，其中最为困难的一环便是取证问题。委托人通常会选择一个能够隐藏自己身份的可信代理人进行竞价，而拍卖企业出于保证保留价成交和确保卖方佣金的考虑，往往对"托儿"的存在采取默认态度。在这种机制下，最终受损的往往是竞买人，因为他们为了竞得拍品不得不支付更高的价格。

此外，艺术机构通过"假拍"人为制造价格记录，以抬高艺术家身价的做法，其实质是损害了市场多方的利益。对于艺术家而言，如果其作品价格被人为推高到远超实际价值的水平，当市场回归理性，不再有人愿意为这样的价格买单时，就可能导致艺术品大量流拍。这种现象对艺术家的创作热情是一个重大打击，并且也会削弱艺术家在社会上的影响力和声誉。实际上，近年来中国当代水墨画市场的波动，尤其是在政府加强反腐败斗争、艺术礼品市场萎缩的背景下，已经明显展现出市场对价格虚高的反应，导致一些曾经价格高企的作品跌幅惊人。价格的下降不仅影响了艺术家的社会地位，也对那些投机的画商构成了灾难。

然而，从艺术品市场健康发展的角度来看，这一现象应当引起行业的深刻反思。越来越多的艺术家开始认识到，作品价格的稳健增长是一个长期且需努力的过程，而依靠"假拍"短期内推高价格的做法，虽然可能暂时获得高价，但却会损害自身的长期发展和诚信。这种以短视角追求即时利益的行为，犹如揠苗助长，虽得一时之快，却误了长远的发展。[①] 因此，对于艺术家而言，真正的发展之路在于坚持自身的艺术追求和质量提升，只有这样，才能在艺术市场中获得持久且稳定的认可和价值。

（二）荷兰式拍卖

荷兰式拍卖，亦称减价拍卖，在我国拍卖领域内实施为一种价格向下调整的竞价机制。在该拍卖模式下，拍卖师首先宣布拍品的起始价格。若初始价格未引起竞买人的应价，拍卖师则逐步下调报价，直至某一价格点吸引到竞买人的应价，此时拍卖即宣告成交，应价的竞买人依其出价购得该拍品。荷兰式拍卖的典型特征为价格"高开低走"，即拍卖过程中价格自高而低逐步递减，直至触发成交。

荷兰式拍卖，作为一种独特的拍卖模式，其运作机制与英格兰式拍卖截然不同，主要体现在其价格下行的特性上，因而也被称为"减价拍卖"。在这种拍卖方式中，拍卖师会从一个预设的最高估价开始，随后按照既定的阶梯逐步降低价格，直至有竞买人通过举牌表示愿意以当前价格购买该拍品。此时，第一个出价的竞买人即成为该拍品的买受人，拍卖便宣告成功。乍一看，荷兰式拍卖似乎缺乏了英格兰式拍卖中的竞价激烈程度，因为成交往往只需要一个竞买人的参与。然而，这并不意味着竞争的缺失，而是竞

---

① 　McCannon B.C., Minuci E. Shill bidding and trust[J].Journal of Behavioral and Experimental Finance, 2020, 26: 100-279.

争以一种更为内在和隐性的方式存在。竞买人必须在拍卖过程中做出判断，决定在何时、以何价位介入，这要求他们对拍品的价值有准确的判断，并且需要预测其他潜在竞买人的心理和行为。[①] 因此，尽管表面上看似只需一个人的单方面决策，荷兰式拍卖实则涉及一场无形的心理博弈，每位参与者都在权衡何时出手才能既保证成交又不过度支付。

荷兰式拍卖的这种特点使其在某些场合下更为适用，特别是在那些需快速完成交易、商品标准化程度高的情境中。例如，在花卉、农产品等快速消费品的拍卖中，荷兰式拍卖能够有效地加速交易过程，减少时间成本，同时保持了市场价格的动态平衡。此外，这种拍卖方式也对竞买人提出了更高的要求，他们需要具备快速判断和决策的能力，这不仅考验了竞买人对市场的敏感度，也增加了拍卖的策略性和参与的挑战性。

荷兰式拍卖根据实施方式的不同，可分为人工式拍卖与电子钟拍卖两大类。人工式拍卖作为一种传统的减价拍卖模式，由拍卖师在公开场合宣布拍品起始价格，若无竞买人应价，拍卖师将按既定顺序降低价格，直至有竞买人表示愿意以当前价格购买，拍卖即告成交。而所谓的电子钟拍卖，则是指利用电脑控制的报价系统（亦称为拍卖钟）来代替人工报价，通过显示拍品价格并逐步降低，待竞买人按下电钮表示接受当前价格，拍卖即达成交易。

在荷兰式拍卖中，价格减少的幅度依据事先约定，竞买人在拍卖师（或拍卖钟）宣布的价格上应价，表明其接受成交。该拍卖方式主要适用于农业、牧业、渔业市场，其显著优势在于交易过程的高效率。尤其是采用电子钟进行拍卖时，交易速度得以显著提升。荷兰式拍卖由于其"无限减价"机制，总能找到愿意成交的买家，从而相较于英格兰式拍卖具有更高的成交概率，特别适合于易腐败变质或难以长期保存的商品，如花卉、果蔬及鲜鱼等。此外，对于估价较高的资产如企业股权、债权拍卖，荷兰式拍卖也能在确保合理价格的前提下快速完成交易。例如，北京某拍卖企业便长期采用荷兰式拍卖方式，协助委托方完成企业股权、债权以及信托资产包等复杂交易的成交。

在艺术品市场的实践中，荷兰式拍卖作为一种独特的减价拍卖方式，曾被北京保

① Adam M.T.P., Eidels A, Lux E, et al. Bidding behavior in Dutch auctions: Insights from a structured literature review[J].International Journal of Electronic Commerce, 2017, 21(3): 363-397.

利拍卖于 2011 年的"亚洲私人藏中国写实油画"和"中国私人藏中国油画"两个专场中采用。这两个专场均使用纯荷兰式拍卖模式，其成交率达到了令人瞩目的 96.88%。尽管成交率高，但进一步审视成交额及详细情况揭示了一些洞见。在这两个专场的 201件作品中，最昂贵的一幅作品是常天鹄 2001 年的布面油画《小区阳光》，成交价为一百七十二万五千元人民币，超出估价七十二万五千元。然而，除此之外的 200 件作品成交价格均低于一百万元。溢价率较低，仅 31 件作品的成交价格超过了估价，大约三十几幅作品以低于估价的十分之一价格成交，超过半数的作品成交价格低于五万元，而 6 件作品未能成交。

荷兰式拍卖中，竞买人需要在价格逐步下降中决定何时出价，这种机制与英格兰式拍卖的持续竞价相反，后者通过价格上升激发竞争。荷兰式拍卖虽然提高了成交率，但由于其不够充分的竞争，导致了场面相对冷清，竞买风险增大。

对比英格兰式拍卖，后者通过价格的递增和竞买人之间的竞争，能够更有效地提高拍品的最终成交价格。"赢者的诅咒"现象，即竞买人可能因对手的出价行为调整自己的出价，虽可能导致某些竞买人支付高于自己估价的价格，但这正是促成较高成交额的关键动力之一。

虽然荷兰式拍卖在艺术品领域的适应性存在局限，尤其是在重视作品价值发现和拍卖现场活跃度的环境下，但它在特定场合下展现出独有的优势。例如，生鲜商品、奢侈品及特定的公司并购等领域，荷兰式拍卖通过加快交易进程，减少时间成本，展示了其特殊价值。因此，合理选用拍卖模式，既要考虑成交效率，也要兼顾市场的公平性与活跃度。

（三）投标式拍卖

投标式拍卖，亦称为密封竞价拍卖，是一种拍卖过程中，拍卖人接收竞买人密封的报价，并由拍卖师在公开场合确认最高报价后决定成交的竞价机制。该拍卖形式因其操作过程类似于招投标活动，采纳以最高出价者获得拍卖物的交易规则，故归类为正向拍卖的一种。在投标拍卖的过程中，报价活动是秘密进行的，每位参与的竞买人仅有单一机会提交其报价，且报价一旦提交便无法更改。这种拍卖方式与英格兰式拍卖有显著的区别，因为在投标式拍卖中，由于信息的不对称性，竞买人仅知晓自己的出价，不知道他人的报价，往往为了确保竞得拍卖物，参与者会倾向于提交较高的报价。在具体操作中，根据拍卖公告和程序规定，竞买人在规定的时间内填写投标书，密封后投入投标箱中。投标截止后，根据出价的高低，由出价最高者获得拍卖物。若出现报价相同的情况，则采用"先提交的优先"（或编号靠前者优先）原则来决定最终的中标者。

根据拍卖规则的不同，投标式拍卖可分为第一价格密封拍卖和第二价格密封拍卖两种模式。

1. 第一价格密封拍卖

第一价格密封拍卖是一种独特的竞价拍卖方式，它通过一个非公开的出价过程来确定物品的最终买家。在这种拍卖模式中，竞买人在没有了解其他竞买人出价的情况下，提交自己的最高出价。这种出价被密封在信封中，并在拍卖结束时同时公开，拍卖师根据"价高者得"的原则确定中标者。若出现报价相同的情况，一般会采用"先提交者优先"原则来决定胜出者，从而保证了整个拍卖过程的公正性和透明度。第一价格密封拍卖的设计考虑到了多方面的因素，包括竞争公平性、信息的私密性以及拍卖过程的效率性。与传统的公开出价拍卖相比，第一价格密封拍卖具有独到之处。首先，它通过密封投标的方式，最大限度地保护了竞买人的出价策略，避免了因竞争对手的出价而影响自身决策的情况。此外，这种拍卖方式在一定程度上防止了恶意串通的发生，因为竞买人无法预知其他人的出价，从而减少了操纵拍卖结果的可能性。

从经济学的角度来看，第一价格密封拍卖对于理解和分析竞买人的出价行为提供了一个有趣的视角。每位竞买人在出价时必须权衡自己对物品的估值与赢得竞标的可能性之间的关系。这要求竞买人不仅要对拍卖物品有一个准确的价值评估，还要对其他竞买人的行为进行推测。这种策略性的决策过程是第一价格密封拍卖的一个重要特点，也是经济学研究中一个重要的研究领域。

在实际应用中，第一价格密封拍卖广泛应用于多种场景，包括政府采购、矿产资源的出让、频谱拍卖等领域。它不仅能有效地发现物品的市场价格，还能在一定程度上确保拍卖的公平性和效率性。尤其是在处理高价值、影响重大的物品拍卖时，第一价格密封拍卖能够吸引更广泛的参与者,通过一个相对公正和透明的过程确定最优的拍卖结果。然而,第一价格密封拍卖也面临着一定的挑战和限制。竞买人的出价行为可能受到自己对市场信息理解的限制,有时可能会导致出价过高或过低,从而影响拍卖的效率。此外,这种拍卖模式对于竞买人的信息分析能力和市场判断力提出了较高的要求,可能会导致一些不具备充足信息的参与者处于不利地位。

2. 第二价格密封拍卖

第二价格密封拍卖,亦称为维克里拍卖,是一种独特的拍卖机制,由美国经济学家威廉·维克里于 1961 年提出。这种拍卖形式因其创新性的拍卖理念和对经济学理论的贡献,使维克里荣获 1996 年诺贝尔经济学奖。与第一价格密封拍卖的主要区别在于,第二价格拍卖的成交价格不是最高报价,而是第二高的报价。这一机制巧妙地激励了竞买人按照自己对拍卖物品的真实估值进行出价。①

在第二价格密封拍卖中,所有竞买人同样需要在密封的信封中提交自己的出价,而最终的中标者将以次高价成交。这种机制有效地减少了竞买人在出价时的战略性负担,因为最高出价者无需支付其实际报价,而是支付次高价。因此,竞买人被鼓励提交一个等同于其对商品真实价值的评估,这样无论结果如何,竞买人都不会因出价过高或过低而造成不必要的损失。维克里拍卖的理论基础强调了真实性和效率性的结合,即在理想状态下,每位竞买人都会根据自己对拍卖物的真实估价出价。这不仅降低了信息不对称的问题,还确保了拍卖过程的公平性和透明度。更重要的是,维克里拍卖鼓励了真实的市场价值发现,从而使得资源分配更为高效。

维克里拍卖已广泛应用于多种经济领域,包括但不限于国库券发行、再融资信贷分配以及外汇拍卖等。在这些领域,第二价格密封拍卖作为一种有效的资源分配机制,不仅提高了资金的使用效率,还增强了市场的竞争性和活力。例如,在国库券发行中,通过第二价格密封拍卖可以确保国库券的发行价格更加公正合理,反映了市场对国库券的

①　李宝良,郭其友. 拍卖市场设计的理论发展与新拍卖形式的创新 [J]. 外国经济与管理,2020, 42(11). 维克里拍卖(第二价格密封拍卖)在现代市场中的应用特别是在国库券发行和电信频谱分配等领域的效率分析发现,维克里拍卖通过鼓励竞买人按照真实估值出价,有效地解决了"赢者的诅咒"问题,提高了资源分配的效率。然而,在实践中需要注意防止潜在的信息不对称和市场操纵行为,以确保拍卖过程的公平性和透明度。

真实需求和估值。

（四）衍生拍卖方式

衍生拍卖方式指的是在基本拍卖模式基础上发展出的新型拍卖方式，即将一种拍卖模式与另一种模式结合的变异形态。这些方式中有些已在实践中得到应用，而有些仍处于理论探讨阶段。常见的衍生方式主要包括以下两种：

1. 荷兰式-英格兰式拍卖

这种拍卖方式基于荷兰式拍卖的基础上发展而来，采取的是先降价后升价的拍卖策略。即在拍卖师的报价逐渐降低并有人应价后，并不立即结束拍卖，而是允许其他竞买人继续加价。这种模式考虑到了荷兰式拍卖可能忽视了部分反应稍慢的竞买人的竞争意愿，使他们在突然间失去竞价机会。因此，该方式允许其他仍有意向的竞买人通过英格兰式拍卖继续增价竞拍。在实际操作中，拍卖师通常允许在降价过程中稍微迟缓应价的竞买人参与随后的英格兰式竞价，而之前未表示意愿的竞买人则无权参与。这种模式的优势在于，它既可以促使竞买人在较高价格位应价，又能通过随后的英格兰式竞价产生更高的价格。

这种拍卖方式曾在我国艺术品拍卖中尝试过，但效果差强人意，这与艺术品本身的特性有关，彼时这种形式被称为"复合式拍卖"。通过这种方式，拍卖师首先报出起拍价，若此时吸引了竞买人的应价，则会逐步提升报价；反之，若无人应价，拍卖师则会按一定幅度降低价格，直至引起竞买人的兴趣，随后再次逐步提高价格，直到最终确定买受人。这种拍卖模式因其价格调整方式类似电梯的上上下下，故而被业界戏称为"电梯式拍卖"。

以2009年11月北京保利拍卖"美国私人艺术机构藏中国油画及书画"专场为例，中央财经大学拍卖研究中心的季涛研究员对该次拍卖进行了详细的观察与分析。他指出，与其他拍卖模式相比，"复合式拍卖"占用时间较多、易于暴露保留价，并且拍卖师难以有效控制现场氛围，几乎不具备显著优势。

在该次拍卖过程中，拍卖师从较高的价格开始报价，逐渐降低至无人应价的较低价格层次，最终不得不将拍品价格下调至 1000 元以吸引竞买人。此举虽然在短期内刺激了竞买参与度，但同时也培养了市场上等待"捡漏"的心态，导致参与者普遍采取观望策略，希望以最低价格竞得拍品。这种现象不仅延长了拍卖会的时间，也大大削弱了拍卖师的场控能力，降低了拍卖的效率与活力。

此外，使用"复合式拍卖"容易导致一些敏感信息，如保留价的无意间暴露，这不仅影响了拍卖的公正性，也可能对拍品的真实市场价值造成误导。因此，虽然"混合式拍卖"在某些情境下可能具有一定的实用价值，从长远看，其在艺术品市场中的应用应当更加审慎，以避免对市场秩序和拍卖文化的潜在负面影响。

2. 第一价格密封——英格兰式拍卖

这是一种基于第一价格密封拍卖衍生出的新型拍卖方式，采用的是先投标后加价的策略。即在拍卖师开标确认最高报价后，允许其他有竞价意愿的竞买人以英格兰式拍卖方式继续竞价。这种方式旨在解决投标式拍卖中的信息不对称问题，即竞买人在开标前仅知道自己的报价，一旦开标后报价信息公开，无法修改，从而可能忽略了竞买人的竞争意愿和失去更多的竞价机会。因此，该方式允许其他仍有意向的竞买人在开标后通过英格兰式拍卖继续竞价。在我国拍卖实践中，国土资源部《招标拍卖挂牌出让国有建设用地使用权规定》要求的挂牌程序中，就采用了第一价格密封——英格兰式拍卖的规则："挂牌期限届满，挂牌主持人现场宣布最高报价及其报价者，并询问竞买人是否愿意继续竞价。有竞买人表示愿意继续竞价的，挂牌出让转入现场竞价，通过现场竞价确定竞得人。"[①]

（五）网络拍卖

网络拍卖是 20 世纪 90 年代从美国兴起的一种电子商务形式，其最大特点在于将现场拍卖的方式利用互联网的特点，变成非现场式的交易，从而突破了现场拍卖所特有的时间、地点、空间的限制。网络拍卖是传统拍卖在互联网上的延伸，是现代信息技术在

---

① 中华人民共和国国土资源部令第 39 号《招标拍卖挂牌出让国有建设用地使用权规定》，2002 年 4 月 3 日国土资源部第 4 次部务会议通过，2007 年 9 月 21 日国土资源部第 3 次部务会议修订版本。参见中央人民政府门户网站 https://www.gov.cn/ziliao/flfg/2007-10/09/content_771205.htm。

拍卖业中的应用，是拍卖的一种特殊类型。eBay 的创始人奥米德亚可谓这场影响深远的"商业革命"的缔造者。1995 年 eBay 成立后，短短数年间就吸引了 770 万注册用户，对近 300 万件商品进行了网上竞价。eBay 的成功不仅造就了一家市值数百亿美元的互联网拍卖巨头，更为重要的是开辟了一个全新的市场，一个完全建基于互联网的几乎无边无际的超级大市场，让这种古老的交易形式和竞价机制在网络时代重现了独特魅力。

自 1999 年以来，国内网络拍卖活动如火如荼。多家中文网站纷纷开设拍卖专区，但由于当时法律法规建设滞后，加之受《拍卖法》的规范约束，由拍卖企业主导的网上拍卖受到诸多限制。2009 年 8 月，中国拍卖企业协会在哈尔滨市召开研讨会，首次将网络拍卖问题列为重要议题。与此同时，国内部分拍卖企业因势利导调整战略，积极行动起来开发和实施网上拍卖。纵观我国网络拍卖的发展历程，其主要格局由两种模式构成：一是以互联网公司为代表的网络拍卖，二是由拍卖企业主导的网络拍卖。中国互联网的飞速发展为网拍营造了广阔空间，网民数量的激增为其提供了庞大潜在市场，而互联网技术的快速进步则为网拍提供了可靠的技术保障。

网络拍卖的方式大多数是在传统拍卖方式的基础上演变而来的，但与传统拍卖相比，网络拍卖更加多样。拍卖企业曾经和正在采用的拍卖方式主要有以下几种。

1. 现场电子竞价

电子竞价方式通过局域网技术实现，允许参与者在现场的不同区域通过电子信息传输方式进行报价竞争，从而使得拍卖过程更加高效、透明。在电子竞价拍卖中，操作流程被设计得尽可能简洁高效。拍卖会设置多个竞价终端，让竞买人可以在没有拍卖师主持的情况下参与竞价。每一件拍品的名称、数量、起拍价格以及加价幅度等关键信息都会在电子显示屏上清晰展示，参与者通过简单地点击键盘或触摸屏就可以出价。这种方式最大的特点是，最高出价者最终获得拍卖品。

电子竞价可以提高交易效率，它去掉了传统拍卖中的物理举牌环节，使得出价过程更加迅速和直接。所有的出价信息都通过电子屏幕实时公开，每位竞买人的出价都是可见的，这减少了暗箱操作的可能性。由于竞买人在相对独立的环境中出价，能有效预防人为干扰，如恶意串通和拍卖垄断等不正当竞争行为。参与者不必长时间等待某一件拍品的竞拍,可以实时看到竞价状态,根据自己的判断进行出价,大大提升了拍卖的便捷性。

然而,电子竞价并非没有缺陷,一旦参与某一拍品竞价的人数过多,可能会超出现场设备的容纳能力,导致一些竞买人无法参与,影响拍卖的公平性。整个拍卖过程高度依赖技术支持,任何技术故障都可能导致拍卖流程的中断,增加了风险。虽然电子竞价可以减少人为的不正当竞争,但同时也增加了数据泄露的风险,特别是在网络安全措施不足的情况下。

此外,电子竞价在某种程度上与荷兰式拍卖有相似之处,尤其是在提高拍卖效率和透明度方面。荷兰式拍卖通常是价格从高到低降低直至有人接受成交,而电子竞价则是在提供一种平台,通过电子方式实现快速出价和成交。尽管两者在操作细节上有所不同,但都体现了现代拍卖中追求效率和公平的趋势。

2. 互联网线上拍卖

线上拍卖模式允许参与者无须身临其境,仅通过网络连接即可参与竞价,有效地突破了传统拍卖在时间、地点上的限制,从而为全球范围内的买卖双方提供了一个交流和交易的平台。在线上拍卖中,拍卖平台的服务器扮演了至关重要的角色,它不仅接收和记录下每一次的出价,还根据既定的交易规则和时间限制确定最终的成交者。这个过程完全自动化,保证了交易的公正性和透明度。

线上拍卖具有地理和时间的灵活性,竞买人可以跨越地理限制,随时随地参与竞拍,极大地扩展了市场的范围和参与者的多样性。第二是信息透明度高,拍卖过程和结果对所有人开放,有效预防了不正当行为,如恶意串通和围标等。第三是能够提高竞买人参与度,简便的参与方式吸引了更广泛的竞买人,增加了市场的竞争性,有助于提升拍品成交价。线上拍卖还能够促进拍卖企业规范化运营,由于线上拍卖要求拍卖企业具备高效的技术和运营能力,促进了整个行业的专业化和标准化发展。例如,苏富比作为全球领先的艺术品和奢侈品拍卖企业之一,在线拍卖成功地将其拍卖活动扩展到了线上。通过在线拍卖,苏富比不仅显著提高了拍卖的参与度和成交率,还能够吸引全球范围内的买家和收藏家,有效地提高了艺术品的国际流通性和市场价值的发现机制。

尽管线上拍卖具有众多优点,但也存在一些不足之处,如缺乏现场互动,线上模式下竞买人与拍卖师之间缺少面对面的交流，可能在一定程度上降低了竞拍的活跃度和标的物价值的充分发掘。此外技术和安全挑战也存在，网络安全问题和技术故障可能影响拍卖的顺利进行，需要不断的技术支持和更新以确保系统的稳定性和安全性。

综上所述，线上拍卖作为一种创新的拍卖形式，其便利性、高效性和透明度无疑为全球的拍卖市场带来了革命性的变化。虽然面临着技术和安全方面的挑战，但通过不断的技术进步和管理创新，线上拍卖仍将是未来拍卖企业发展的重要趋势。

3. 网上与现场同步拍卖

网上与现场同步拍卖模式是一种创新的拍卖机制，通过在传统现场拍卖基础上融入网络技术，实现了现场与远程竞买人的实时互动与竞价。在此模式下，拍卖活动不仅在物理场所内进行，而且通过广域互联网实现了对远程参与者的开放，使得竞买人能够不受地理限制地参与竞价，进而提升了拍卖的参与度与市场范围。在拍卖进行时，现场的拍卖师负责主导整个拍卖流程，而网络平台则提供一个透明、实时的竞价环境，使得线上参与者能够即时观察到拍卖现场的情况，并通过点击键盘进行出价，直接参与竞买。

当拍卖进入尾声，拍卖师宣布最终出价阶段时，系统将同时在现场和网络上启动倒计时，以确保所有竞买人均有公平的最后出价机会。值得注意的是，考虑到网络传输的延迟，线上竞价通常会稍早关闭，以保证竞价的公平性。如果在此阶段无现场增价，则拍卖师将敲槌确定最高出价者为胜出者，无论其是线上还是线下参与者。反之，若有现场增价，拍卖师将重新开启竞价，直至确定最终的买受人。

这种混合型拍卖方式综合了传统现场拍卖的直观性和网络拍卖的便捷性，线上线下的互补优势显著提高了拍卖的效率和覆盖范围，代表了拍卖企业技术发展的前沿。然而，此模式对拍卖企业的管理体系、拍卖师的专业素养以及技术平台的稳定性提出了更高的要求，对于那些规模较小、运营能力有限的拍卖机构来说，实现这一模式可能面临不小的挑战。

二、拍卖经济学原理

经济学界长期以来已认识到拍卖作为一种经济活动的重要性，然而，对于如何理论化地描述拍卖机制一直存在认识上的缺失。直至 20 世纪 60 年代，通过对博弈论的概念应用于拍卖企业的分析，维克里首次明确阐述了拍卖的本质，并据此推导出了"收益等价定理"[①]。维克里的这一理论贡献标志着经济学家对拍卖理解的一个根本性转变，随后引发了大量关于拍卖机制的研究文献的涌现。1996 年，维克里因其在拍卖理论研究领域所做出的杰出贡献，被授予诺贝尔经济学奖。

（一）收益等价定理的含义

收益等价定理，又称等价收入定理，是拍卖理论中最重要的定理之一。其核心内容是指：虽然有些拍卖规则互不相同，但是它们实际上带来的结果是一样的。自从维克里提出"不同的拍卖方案会产生出相同的收益"这一命题后，许多经济学家都设法证明这一结论的存在。因此，拍卖理论界关于"收益等价定理"有多种形式的表述：

迈尔森、赖利和萨缪尔森几乎同时证明了维克里关于各种标准拍卖机制的期望收益等价这一结论的一般性。他们将收益等价定理表述为：给定买方人数，假定所有买方都是风险中性的，各个买方的价值都是相互独立取自同一严格递增的连续分布。那么，任何满足下列两个条件的拍卖机制都会产生相同的期望收入。这两个条件是：第一，拥有最高期望的竞买人总是赢家；第二，任何拥有最低可行估价的竞买人的期望剩余为零。这个结论意味着卖主选择四种标准拍卖方式中的哪一种都无关紧要。[②]

米尔格罗姆（Paul Milgrom）与韦伯（Robert Weber）在其经典合著中深入探讨了拍卖机制的理论基础，尤其是在某些特定条件下不同拍卖形式的等效性。他们提出，在荷兰式拍卖和第一价格密封投标拍卖中，竞买者的最优出价策略及其相应的支付在信息结构相同或不同的情况下均表现出一致性，从而论证了这两种拍卖形式在本质上的相

[①]　参见维克里（William Vickrey）的文章《反投机、拍卖与竞争性密封投标》（*Counterspeculation，Auctions，and Competitive Sealed Tenders*），该文 1961 年发表在《经济学刊》（Journal of Finance）。

[②]　迈尔森（Roger B.Myerson）的开创性工作《最优拍卖设计》（*Optimal Auction Design*），是一篇扩展了维克里拍卖理论的重要论文，论文发表于 1981 年的《运筹学的数学方法》（Mathematics of Operations Research）杂志上。这项工作详细阐述了在某些条件下，如何通过拍卖设计来最大化卖方的预期收益，包括假设投标者风险中性，且他们的估值独立同分布于一个共同的分布。迈尔森的模型为理解拍卖机制及其产生收益的潜力提供了一个全面的框架。赖利（John G.Riley）和萨缪尔森（William F.Samuelson）也对拍卖理论做出了重要贡献，他们的论文《最优拍卖》（*Optimal Auctions*）发表在 1981 年的《美国经济评论》（American Economic Review）上。他们的研究同样探讨了在投标者风险中性和私人估值独立的假设下，不同拍卖格式会产生等价的卖方预期收益的条件。

似性。进一步地，若拍卖遵循私人价值模型，即各参与者对拍卖物品价值的估计互不影响，那么第二价格密封投标拍卖与英国式拍卖将在功能上等价。在这两种拍卖方式中，出价最高的参与者将获得拍卖品，并支付第二高的出价。然而，虽然结果相同，参与者在这两种拍卖中采取的出价策略却有所差异。

基于上述观点，米尔格罗与韦伯进一步阐释了收益等价定理，即在单一物品有效率拍卖中确保价值评估最高的参与者获得拍卖物，在所有参与者对拍卖物的私有估价独立、竞买人风险中性且行为对称的前提下，只要对估价为零的参与者预期收益为零的条件得到满足，那么无论采取哪种满足上述条件的拍卖形式，参与者的期望收益和卖家的期望收益均将保持一致。这一理论不仅在《经济理论杂志》发表的《一个拍卖理论的综合分析》中得到详细阐述，而且对于理解和设计有效的拍卖机制提供了重要的理论依据。①

将收益等价定理简化表述为：在独立私有估价、竞买人对称且风险中性的假设条件下，无论选用何种拍卖模式，预期的拍卖价格以及获胜者的期望收益均相等。理解此定理需注意两个关键点：首先，收益等价的成立基于几个理想化的约束条件，这些条件在实际拍卖过程中往往难以完全实现，因此收益等价定理描述了一种理想状态下的拍卖效果。其次，该定理并非暗示四种拍卖模式在每次具体拍卖中都能为拍卖方带来等同的收入，而是指出在预期意义上，每次拍卖的收益相同。

（二）收益等价定理的证明

收益等价定理是金融学中的一个基本概念，它表明投资的收益与承担的风险之间存在直接的关联。简而言之，想要获得更高的收益，就必须承担更高的风险；反之，如果希望风险较小，则相应的收益也会较低。这个定理对于投资者来说至关重要，因为它帮助他们在制定投资决策时权衡风险和收益。设定投资收益为R，风险为 V（ V 代表风险

---

① 这里提到的理论主要来自米尔格罗姆（Paul Milgrom）和韦伯（Robert Weber）的合作研究。他们在经济学领域的贡献包括对拍卖理论的深入分析，特别是关于不同拍卖格式在某些条件下的等价性。他们的理论阐述了在私人价值和独立估值的假设下，如何通过拍卖设计来确保效率和收益等价。米尔格罗姆和韦伯的关键论文是《一个拍卖理论的综合分析》（*A Theory of Auctions and Competitive Bidding*），该论文发表于《经济理论杂志》（Econometrica）上，这篇论文详细探讨了不同拍卖机制下的竞价策略和卖方收益，为理解和设计拍卖机制提供了重要的理论基础。

的标准差或方差，是衡量风险的常用指标），则收益等价定理可以用以下简化的数学关系表示：

R=f（V）

这里的函数 f 描述了收益 R 如何随风险 V 的增加而变化。通常情况下，f 是一个正相关的函数，意味着风险 V 增加时，预期收益 R 也会增加。一个简单的线性关系可以表示为：

$R=R_0+k \cdot V$

R_0 是无风险收益率，即使没有承担任何风险也能获得的收益率（例如，政府债券的收益率）。k 是一个正常数，表示收益对风险的敏感度。V 是风险的度量（例如，投资组合的标准差）。

下面我们将试图单纯采用文字表述的方式来对收益等价定理的证明过程进行简要说明。

1. 荷兰式拍卖和第一价格密封拍卖是策略等价的

荷兰式拍卖与第一价格密封投标拍卖在策略层面展现出等价性，意味着这两种拍卖形式在参与者的策略选择集合及其达成的均衡状态之间具有直接的对应关系。具体而言，这两种拍卖机制都是以最高报价者获得标的物，并以其报价完成交易，要求竞买者在决策时权衡报价的高低。

在荷兰式拍卖过程中，参与者需在拍卖启动之初确定对拍卖物的估价，并决定相应的出价水平。一旦拍卖师宣布的价格降至该水平，参与者便以此价格提交出价，以期获得拍卖物。若其他参与者先于其提交更高的出价，则意味着其出价不足以获胜。在这一决策过程中，参与者面临的是一个出价与收益间的权衡：较低的出价虽减少了获胜的概率，但一旦获胜，则能实现较高的经济利润；反之，较高的出价虽提高了获胜的可能性，但获胜后的经济利润相对较低，甚至可能出现亏损。

在第一价格密封投标拍卖中，参与者所面临的决策逻辑与荷兰式拍卖中的相似。参与者必须在没有其他出价信息的情况下独立做出出价决策，同样面临着出价与潜在收益之间的权衡：出价较低可能导致竞标失败，但成功时则可能带来较高的利润；而较高的出价虽增加了获胜的概率，但成功后的利润相对减少，甚至可能造成损失。

因此，可以看出竞买者在这两种拍卖格式下的决策要素是相同的，他们的策略选择具有一致性，其达成的均衡策略及最终结果无异。在这两种拍卖机制中，唯有最高报价者的出价才能影响拍卖的最终结果。参与者在整个拍卖过程中无法获得任何决策有用的信息，直到拍卖结束，届时拍卖结果已定，无法更改。故此，荷兰式拍卖与第一价格密封投标拍卖在策略上的等价性表明，尽管这两种拍卖在表面形式上存在差异，其本质策略及结果实质上是相同的。

2. 第二价格密封拍卖与英格兰式拍卖是等价的

在第二价格密封投标拍卖机制中，参与者被要求将其出价书写于纸上，并将之密封于信封内提交给拍卖主持人。鉴于交易的成交价将是第二高的出价，因而对参与者而言，将其对拍卖物品的最高支付意愿书写于信封内成为一种符合其利益的策略行为。此时，参与者的最高出价等同于其对拍卖物的估值。倘若其成为最终的获胜者，其支付的价格将低于其对拍卖品的估值，从而实现额外的经济利益。若其出价低于自身对拍品的估价，则面临未能以可接受的价格获得拍卖品的风险；反之，出价超过个人估价亦将面临支付超出估值的风险。故在此类拍卖模式下，依据个人估值出价是一种优势策略。

在英格兰式拍卖中，拍卖过程的公开性使得参与者能够观察到其他参与者的出价行为，随着出价逐步升高，参与者需做出是否继续竞价或退出竞争的决定。如果对手的出价低于自己的估值，则继续出价超过对手显得经济上有利；若对手出价已超过自己的估值，则退出竞争成为最佳选择。参与者心中有一个出价上限，该上限等同于其对拍卖品的估价。在此策略下，参与者将在必要时持续出价，直至出价等同于对拍卖品的估价。只需每次仅略微超过前一个出价即可。若该参与者对拍卖品的估价最高，最终出价仅需微小超过第二高出价即可获胜，且支付的价格仅略高于第二高出价。

尽管从表面上看，英格兰式拍卖与第二价格密封投标拍卖在形式上存在显著差异，但从促进参与者进行理性决策的角度来看，两者效果等同。在这两种拍卖模式中，存在唯一的占优策略均衡，即最高出价者获得拍卖物但支付次高出价。因此，从该均衡状态视角分析，对物品出价最高者中标但支付次高价位的标价，两种拍卖机制在功能上是等效的。在这两种情境下，参与者均受到揭示其对拍卖物真实估值的激励，从而显示私人真实评价，"诚实表达"成为每位参与者的占优策略。特别是在第二价格密封投标拍卖中，这一激励尤为显著，参与者将其对拍品的评估直接书写于密封信封内。而在英格兰式拍卖中，参与者通过逐步提高出价来渐进地逼近其对拍品的估价。

3. 四种拍卖方式都是帕累托最优

在经济学和金融学的研究领域内，拍卖理论作为一个重要的研究分支，提供了对各种拍卖机制效率和公平性的深入分析。具体来讲，现代拍卖理论将普遍存在的拍卖方式细分为两大类别：首先是荷兰式拍卖与密封出价的首次价格拍卖，其次是英格兰式拍卖和密封出价的次高价格拍卖。这一分类基于拍卖过程中竞买人所必须做出的决策性区别，在前者类别中，竞买人的主要任务是决定对拍品的出价水平，而在后者类别中，竞买人则需要确定其对拍品的最高出价。

详细分析英格兰式拍卖与次高价格密封拍卖时，可以发现，这两种机制在达到理论均衡状态时均表现出了帕累托最优性。具体表现为，这一均衡确保了对拍品估值最高的竞买人最终能够成功竞得拍品。此类均衡状态具备占优策略均衡的特性，意味着除非拍品最终落入了对其估值最高的竞买人手中，否则理论上总存在通过双方互利交易达成更优状态的可能性，从而当前的交易结果不可视为帕累托最优。原因在于，非帕累托最优的结果隐含着存在进一步优化交易效率的潜力。相较之下，尽管荷兰式拍卖和首次价格密封拍卖的理论均衡也能达到帕累托最优，但其并不基于占优策略均衡，因为成交价格是根据最高出价而定，而非次高出价。

进一步而言，当深入探讨这四种拍卖机制时，从买方的视角观察，它们均能被视作最优拍卖方式，因为都能在理论上最大化买方的期望利润。[①] 此外，观之于卖方，这些拍卖机制带来的期望收益同样表现为等价，这种现象正是所谓的收益等价定理的直接体现。定理并不暗示每一次具体的拍卖实践都将为卖方带来一致的收益，而是指出，从长期和平均的角度看，每一次拍卖的期望收益是相等的。因此，作为拍卖中的垄断性卖方，有充分的自主选择权利来选定对自己最有益的拍卖方式，无论是这四种机制还是其他可

① 罗伯特·约翰森（Robert Johnson）. 拍卖机制的经济学原理与实践 [M]. 张晓明译. 北京：现代经济出版社, 2012:34.

能的拍卖方式，以实现其最大的期望收益。这自然引出了拍卖设计的问题，其中研究指出，任何一种拍卖方式所能实现的最优效果，理论上都可以通过设计一种具有直接、诚实表达特性的机制来同样实现。因此，拍卖的设计过程并不需要过度复杂化，只需关注于那些能够直接实现最优效果的特定机制。

在对拍卖结果的预期方面，基于占优策略均衡理论的英格兰式拍卖和次高价格密封拍卖预测的稳定性较强。这与荷兰式拍卖和首次价格密封拍卖相比，后者的理论预测并非建立在占优策略均衡的基础上，因此其稳定性相对较弱。据此，我们可以合理推断，在预期收益的准确性和稳定性方面，英格兰式拍卖和次高价格密封拍卖提供的预测结果，相较于荷兰式拍卖和首次价格密封拍卖，具有更高的可靠性。

（三）最优拍卖方式的选择

1. 理想拍卖模型及其假定条件

在拍卖理论的研究领域内，对拍卖机制的分析通常基于一系列先决条件或假设，构成了所谓的标准拍卖模型或理想拍卖框架。这一分析框架假定：首先，参与拍卖的各方，包括竞买者与拍卖者，均表现出对风险的中性态度，即他们对风险既无偏好也无反感；其次，拍卖物品被认为拥有独立私有价值，意味着每位参与者依据自身独立获取的信息来评估拍卖物品，而这一评估不受他人估价信息的影响；第三，所有参与者在评估方法上呈现出对称性，即他们的估价依据相同的概率分布进行；第四，存在非合作的博弈环境，参与者之间不会发生任何形式的勾结或共谋；第五，考虑的拍卖场景限定为单一物品的拍卖，排除了物品间可能存在的相互依赖或关联；第六，参与者的最终支付金额直接与其出价金额相关联；最后，拍卖过程中的卖方即为拍卖者，并且假定交易中不产生任何额外成本。

上述理论框架下形成的拍卖机制，常被称作理想拍卖模型。虽然这些假设在实际情形中不一定完全成立，但它们提供了分析拍卖效率和公平性的理想参考标准。在此基础之上，先前讨论的收益等价定理，实质上是在理想拍卖模型条件下，对不同拍卖机制绩效的理论推论。

如上文所述，经济学家威廉·维克里（William Vickrey）在其1961年的开创性论文《反投机、拍卖与竞争性密封投标》中，首次提出了理想拍卖模型的概念，并分析了不同拍卖机制下的竞买者行为和拍卖结果。他的主要观点强调了在符合特定前提假设的情况下，不同拍卖形式可以达到收益等价的结果。此外，他的研究还指出，在这些理想条件下，最高出价者获得拍卖物的结果不仅反映了市场的效率，同时也确保了资源配置的帕累托最优。

2. 最优拍卖方式的选择

在现代拍卖理论研究中，拍卖机制的设计和评估通常建立在一组核心的理论假设之上，这些假设旨在提供一个理想化的分析框架，以便研究者能够在抽象的环境中探讨不同拍卖格式的性能和效率。其中，参与拍卖的个体（包括竞买人和拍卖方）的风险偏好被假设为中性，即他们对于承担风险既不表现出过分的喜好也不表现出过分的厌恶。此外，拍卖品被视为具有独立的私人价值，意味着每位竞买者基于自己的私人信息对拍卖品进行估价，而这一估价不会因为获知其他竞买者的估价信息而发生变化。竞买者在这一理想化模型中被假定为具有对称性，即他们的估价遵循同一分布。同时，这一框架假设了一个非合作的竞争环境，排除了竞买者之间的任何形式的串通或合谋。拍卖被限定为单一物品拍卖，排除了物品之间可能的相互依赖关系。最终，拍卖中的支付仅由竞买者的出价决定，且拍卖者即卖主，不存在额外的交易成本。

在这一理想化模型或所谓的理想拍卖机制中，尽管这些假设为理论分析提供了清晰的基线，但现实中的拍卖场景往往与这些假设条件存在偏差。具体来说，参与拍卖的个体在现实中表现出不同程度的风险偏好，这一多样性的风险态度对拍卖机制的选择和拍卖结果的效率产生了显著影响。

（1）风险厌恶程度

根据参与者的风险偏好，我们可以将他们分为风险喜好型、风险中性型和风险规避型三类。尽管理论模型默认参与者为风险中性，现实情形中每位参与者的风险偏好差异显著，这种差异在其他条件不变的情况下对拍卖方式的选择产生重要影响。特别地，风险规避型竞买者的存在打破了不同拍卖形式之间期望收益等价的平衡。风险规避程度较高的竞买者倾向于提交更高的出价以增加获胜的概率，在荷兰式拍卖和密封出价的首次价格拍卖中，这一行为倾向可能导致较高的成交价格和相应的期望收益提升。在这两种拍卖形式中，对于评价最高的竞买者而言，必须对其他参与者的次高出价进行估计，虽然理论上这种估计在多次拍卖的平均情况下与真实的次高出价相等，但在特定的单次拍卖事件中，这一估计可能高于或低于实际的次高出价。因此，相比其他拍卖形式，荷兰式拍卖和首次价格密封拍卖中成交价格的波动性更大。

在这两种拍卖机制中，如果最高估价的竞买者相比其他竞买者表现出较低的风险规避程度，他可能失去获得拍卖品的机会。这是因为风险规避型竞买者倾向于通过提高出价以保证尽早获胜，哪怕这意味着其最终获得的剩余减少。这种行为对拍卖者来说是有利的，因为它导致了更高的出价和潜在的收入增加。

当抛开风险中性的假设，从拍卖者的视角来看，首次价格密封拍卖在私人价值模型下展现出了收入上的优势，相较于英格兰式拍卖和次高价格密封拍卖。这是因为风险规避型竞买者为了提高自己的保险系数，会将出价提升至超过风险中性竞买者的最优出价。因此，在考虑拍卖机制选择时，必须考虑到参与者的风险偏好，尤其是在竞买者表现出明显的风险规避行为时，其对拍卖结果的影响尤为显著。

（2）共同价值或关联价值

在拍卖理论的广泛研究领域内，对拍卖物品价值的假设构成了分析的基础。其中，拍卖物品被假定具有独立私人价值的情境仅代表了一种理论极端，另一极端则是所谓的共同价值模型，即所有参与竞拍的个体实际上对于拍卖物品的价值持有一致的评估，[①]但由于信息的不完全性，在拍卖过程中无法准确获知这一客观价值。每位竞拍者根据自己获取的信息，如地质勘查数据，来对拍品进行价值估计，这种情况下，个体了解到其他竞拍者的估价信息可能会导致其调整自己的价值判断。

在共同价值模型的背景下，拍卖市场表现出一种特殊现象，即"赢者的诅咒"，其中成功竞得拍品的参与者可能因为支付了超过拍品实际价值的价格而遭受损失。这种现象源自每位竞拍者的认识，即仅当自认为拥有比其他所有竞拍者更优质的信息时，才会在拍卖中胜出。因此，为了避免成为"赢者的诅咒"的牺牲者，理性的竞拍者会在其出

① 李三希，王泰茗．拍卖理论研究述评 [J]．中国科学基金，2021, 35(1): 2-3.

价中考虑潜在的不利信息，从而对其出价进行下调。①

然而，在实际的拍卖实践中，这两种极端情形很少单独出现。更普遍的情况是，部分竞拍者基于自身独立获取的信息对拍品做出估价，其估价不会因为获悉其他竞拍者的估价信息而改变；而其他一些竞拍者的估价则可能受到其他参与者估价信息的影响，即在获知其他人的估价后可能会对自己的估价进行相应调整。在这种混合估价背景下，拍卖方式的选择及其效率将受到拍卖物品价值假设变化的显著影响。

对比不同拍卖方式在此情境下的绩效，可以发现：荷兰式拍卖与第一价格密封拍卖在策略上表现出等价性；而英格兰式拍卖与第二价格密封拍卖则不具有等价性，其中英格兰式拍卖通常能够产生更高的期望收益；相比之下，第二价格密封拍卖又能够相对于第一价格密封拍卖实现更高的成交价格。基于这些拍卖形式为拍卖方产生的期望收入，可依次排列为：英格兰式拍卖＞第二价格密封拍卖＞荷兰式拍卖＝第一价格密封拍卖。②

此分析结果揭示了为何英格兰式拍卖在实践中被广泛采用以提高卖方收益的原因。英格兰式拍卖的核心特点在于其公开竞价过程能够实时地向竞拍者传达信息，从而潜在地实现私人信息的共享。引入共同价值因素后，英格兰式拍卖因其能够在竞价过程中揭示每位竞拍者关于共同价值的私人信息而获得收入优势。这种信息的公开共享意味着可以减轻"赢者的诅咒"的影响，使得竞拍者的出价更加积极。同样，如果拍卖方掌握与拍品真实价值相关的私人信息，其最佳策略是承诺在拍卖过程中诚实地公开这些信息。通过将赢者的支付价格与其提供的信息相关联，可以根据"链接原则"提高期望收益。

由此可见，在拍卖中，无论是私人价值模型还是共同价值模型，荷兰式拍卖和第一价格密封拍卖在策略上保持等价。当拍卖涉及相关价值且参与者数量超过两个时，公开退出的英格兰式拍卖为拍卖方带来的收入超过第二价格密封拍卖，而后者又优于第一价格密封拍卖。然而，若仅有两名竞拍者参与，公开退出的情况与拍卖结果的相关性消失，

---

① 在共同价值模型背景下拍卖机制的效率与公平性不同。英格兰式拍卖在实现更高期望收益方面具有显著优势，而荷兰式拍卖和第一价格密封拍卖在策略上表现出等价性。英格兰式拍卖通过公开竞价过程中的信息共享，有效减轻了"赢者的诅咒"现象。

② Friedman D. The double auction market institution: A survey[M].The double auction market. Routledge, 2018: 3-26.

导致在这种特定情境下，英格兰式拍卖不再必然优于第二价格密封拍卖。

（3）信息非对称性

在经典拍卖理论的架构内，对参与竞拍者的价值观念或所持信息信号遵循同一分布的假设是一个核心前提，通常被称作竞拍者的对称性条件。然而，当放弃这一假设，即竞拍者的估值来源于不同的概率分布时，对拍卖机制的影响及其对资源配置效率的含义成为分析的重点。在这种非对称性情景下，密封报价的第二价格拍卖依然能够确保将拍卖物品授予给出价最高的竞拍者，而密封报价的第一价格拍卖却可能不会如此。原因在于，在第一价格密封拍卖中，源自较弱估值分布的竞拍者倾向于提交更为激进的报价，相较于来自更强估值分布的竞拍者，拍卖主往往倾向于将物品出售给前者，这种倾向导致了资源配置的非帕累托效率。

此外，迈尔森、布洛和罗伯茨的研究展示了，追求收益最大化的拍卖设计应当将拍卖物品授予那些具有最高边际收入而非最高估价的竞拍者。根据标准的需求理论，需求曲线的水平外移会导致一个新的需求曲线的形成。在这个新需求曲线上，任一竞拍者的边际收入将低于其在原始需求曲线上的边际收入。因此，寻求收益最大化的拍卖主会对不同的竞拍者实施区别对待，尤其是更偏向于来自较"弱"估值分布的竞拍者。

在第一价格密封拍卖的环境下，来自较弱分布的竞拍者往往会展示出更加接近其真实估值的报价策略，这种拍卖机制事实上有利于那些来自较弱估值分布的竞拍者。相反，在密封报价的第二价格拍卖或英格兰式拍卖中，拍卖物品通常会被出价最高的竞拍者获得，前提是私人价值条件得到满足。[①] 因此，在除了对称性之外其他收益等价定理条件均成立的情况下，第一价格密封拍卖在期望收入方面通常优于第二价格密封拍卖，尽管其在资源配置效率方面表现较差。

关于在放弃竞拍者估价服从相同概率分布这一假设后如何选择最优拍卖机制的问题，其复杂性不容忽视。不同类型的非对称性导致难以形成通用结论。在此方面，马斯

① 基于迈尔森、布洛和罗伯茨的理论，在竞拍者非对称信息情境下最大化收益的拍卖设计应区分不同竞拍者的估值分布，并实施差别化的策略来最大化收益。通过数学建模和案例分析可以得出密封报价第二价格拍卖在确保资源高效配置方面的效力。

金和赖利的工作提供了一定的见解。他们认为，在竞拍者的估值分布形状相同但分布区间不同时，密封价格拍卖比公开价格拍卖能够带来更高的收益；反之，若竞拍者具有相同的分布区间但分布形状不同时，公开拍卖模式相较于密封拍卖能够实现更大的收入。这些发现在《竞价策略和市场结构》（*Monopoly with Incomplete Information*）一文中被深入探讨，该文对不完全信息条件下的垄断市场行为，包括竞价策略及市场结构进行了全面分析。在一般情况下，较"强"的竞拍者倾向于第二价格密封拍卖，而较"弱"的竞拍者则更偏好于第一价格密封拍卖。

基于私人价值假设的以上分析，如果估价包含共同价值因素，竞拍者间的不对称性影响将更加显著。在共同价值的英格兰式拍卖中，即使是微弱的信息优势也会导致竞拍者提交大胆的报价，这种优势在公开竞价过程中的间接效应显著：竞拍者的对手会因为面临更大的"赢者的诅咒"风险而采取更为保守的报价策略，从而降低优势竞拍者的"赢者的诅咒"风险，使其能够以更加进取的姿态参与报价。这种效应可能因为竞价成本或入场费用的存在而被进一步放大，使得处于不利地位的竞拍者难以参与到拍卖中来。这说明，在包含共同价值因素的环境中，采用英格兰式拍卖可能对拍卖主构成风险。

（4）合谋行为

在拍卖理论的研究框架中，常常将"参与者之间进行非合作性竞争，排除任何形式的串通或合谋行为"视作理想拍卖模型的基本前提之一。此假定设定下的拍卖环境假设所有竞买者参与的博弈是基于完全竞争的原则。然而，拍卖实践中，竞买者之间形成隐性或显性的合谋协议是完全可能的，这种现象在拍卖法律中通常被定义为参与方之间的恶意串通。普遍来看，无论是基于私人价值的拍卖还是共同价值的拍卖，第一价格密封拍卖和荷兰式拍卖相较于第二价格密封拍卖和英格兰式拍卖，在防止竞买者之间串通和合谋方面显示出了更强的效力。以下通过示例进一步阐述此观点：

考虑私人价值拍卖的场景，假设某拍卖品对竞买者甲的私人价值为20元，而对其他竞买者的价值为18元。在竞买者间存在合谋，协议规定甲出价6元，而其他竞买者出价5元。在英格兰式拍卖或第二价格密封拍卖中，若竞买者遵守合谋协议，约定甲以20元出价，其他竞买者以6元出价，则拍卖结果是甲以6元成交。即使有竞买者违背合谋协议，其最高出价也不会超过 18 元，故甲仍将获胜，违约竞买者也无法从其违约行为中获益，显示出合谋协议的自我执行性。由此可见，在英格兰式拍卖和第二价格密封拍卖中，竞买者更易于达成并执行合谋协议。

反观第一价格密封拍卖和荷兰式拍卖，竞买者间的合谋协议难以持续，因为参与合谋的竞买者通过违反协议可以获得利益。以第一价格密封拍卖为例，若竞买者相互合谋，约定甲以 6 元出价，其他竞买者以 5 元出价，若有一竞买者背离合谋出价 7 元，其他人按协议出价 5 元，则违背协议的竞买者以 7 元获胜，因其对拍品估价为 18 元，从违约行为中获得 11 元利润。在这一拍卖模式下，由于竞买者无法调整报价，合谋最终瓦解。因此，甲若欲获胜，必须违背合谋协议，出价至少 18 元。荷兰式拍卖同理，若存在违背约定提前应价的行为，则拍卖即刻结束。因此，第一价格密封拍卖和荷兰式拍卖在合谋协议的执行上存在困难。

进一步假设竞买者能够在不被拍卖方察觉的前提下成功形成合谋体，并在内部举行预拍卖以指定正式拍卖的胜出者。在第二价格密封拍卖中，合谋策略可能包括让指定胜者提交极高的出价，而其他人提交零价，此时破坏协议的动机消失。而在英格兰式拍卖中，合谋体仅需约定不相互竞价即可，指定胜者能够实时提高报价以阻止违约行为。这类合谋的结果往往是帕累托有效的。然而，在第一价格密封拍卖中，所有竞买者必须一致同意由指定胜者提交极低报价，其他人则提交零价，此时所有未中标的竞买者都存在强烈动机违反协议。

以上分析基于所有竞买者参与合谋的"强"合谋体假设。实际上，拍卖场景中常见的是只有部分竞买者参与的"弱"合谋体。迈克菲和麦克米兰对这种无法在成员间执行补偿支付的"弱"合谋体进行了研究，指出最佳策略是所有成员提交相同报价，然后依靠拍卖方随机选定胜者。这一发现解释了在各国密封报价拍卖中常见的相等报价现象。显然，对补充支付的限制导致合谋的非效率。但在某些重复拍卖中，合谋体可能倾向于采用轮流报价的机制。亨德里克和罗特强调，合谋的出现及其特征深受拍卖物品性质和具体拍卖规则的影响。在许多情况下，竞争性行为与合谋行为的结果难以区分，识别合谋行为具有一定难度。尽管如此，拍卖方可以通过调整拍卖规则来抑制竞买者间的合谋行为，例如设定一个与合谋集团规模正相关的保留价格。在密封报价拍卖中，为破坏相同价格的合谋，拍卖方可以选择不公布报价额，仅公开赢家身份，或者拒绝随机选定胜者的做法。[①]

（5）其他因素

在经济学的拍卖理论领域，分析通常基于一系列简化的假设，以便更清晰地理解拍卖过程中的核心动态。其中一项常见的假设是将拍卖限定为单一物品拍卖的场景，这意味着拍卖机制仅针对一个独立的拍品进行设计和分析，忽略了可能存在的多物品之间的互相关联问题。实际上，《拍卖法》主要是在这一假设基础上制定的，旨在规范和指导单物品拍卖的实践操作。然而，现实中的拍卖活动往往涉及多个物品，这些物品之间可能存在着复杂的关联性，从而对竞买者的出价策略及拍卖方对拍卖模式的选择产生显著影响。

多物品拍卖中的物品关联性可能表现为互补性或替代性。互补性指的是竞买者对一组物品的总估价超过了对单独每件物品估价之和的情况，而替代性则是指一件物品的增加可能会减少对另一件物品的需求。这种关联性引入了更高层次的复杂性，因为竞买者需要评估和计算组合购买的潜在价值，或者考虑如何通过选择性出价来最大化自身利益。

除此之外，传统的拍卖理论假设胜出的竞买者的支付仅仅基于其提交的报价额，这一假设在理论模型中简化了支付机制的复杂性。然而，在更复杂的现实世界中，决定最终买家可能需要考虑除价格之外的其他因素，例如买家的支付能力、历史信誉，甚至是对未来业务合作的潜在价值。此外，假定卖主即为拍卖方的情形并不总是成立，实际情况中可能存在第三方拍卖服务提供商，他们可能会收取一定的交易费用，这些费用在某种程度上会影响到最终的成交价格及拍卖方式的选择。

针对多物品拍卖中物品关联性的问题，拍卖设计者需要采取一种更加灵活和综合的拍卖策略。例如，可以采用包装拍卖（bundle auction）方法，将互补性强的物品作为一个包进行拍卖，以此提高整体的拍卖效率和收益。同样，针对替代性物品，设计者可

---

① 亨德里克和罗特的研究强调了拍卖设计对于促进或阻碍合谋行为的重要性。一个特别关注点是如何通过调整拍卖规则，比如设置保留价格或修改赢家的确定方式来减少或防止合谋行为。

能需要采用序列拍卖或多轮拍卖，以便竞买者根据前序拍卖结果调整后续的出价策略。

当考虑到决定买家的因素不仅仅是价格时，拍卖设计需要引入更加复杂的规则来确保公平性和效率。这可能包括设定明确的评价标准，以衡量竞买者除报价外的其他质量指标，或者引入先进的算法来综合评估竞买者的总体表现。

在面对拍卖服务提供商收取交易费用的情形下，拍卖方案设计需要充分考虑到这些成本因素，以确保拍卖的吸引力和竞争力。这可能意味着需要调整起拍价格、设置合理的保留价格或调整佣金结构，以吸引更多的竞买者参与，同时确保拍卖收益的最大化。

总之，在考虑到拍卖中的多物品关联性、支付机制的多元化以及卖主与拍卖方可能的非一致性时，拍卖理论和实践需要采取更加综合和灵活的方法。通过细致的拍卖设计，可以有效地应对这些复杂性，同时提高拍卖的整体效率和收益。此外，深入分析和理解这些复杂因素对于制定有效的拍卖策略、保护竞买者的利益以及确保拍卖过程的公平性和透明性至关重要。

三、拍卖的原则与规则

拍卖机制作为全球经济体系中资源分配与商品流转的关键工具，广泛应用于艺术品、古董收藏、房地产开发等多个领域，同时也是现代金融市场与电子商务平台的核心组成部分。为了维护拍卖过程中的公正性、透明度与高效率，拍卖活动所遵循的基础原则与规则均经过严格的定义与实施。

（一）拍卖的基本原则

在法学的框架下，拍卖被视为一种独特的民事行为，其必须符合民法通则所界定的基本原则。根据《拍卖法》的规定，拍卖活动需严格遵守相关的法律及行政法规的指导，彰显了公开性、平等性、公正性及诚信原则的要求。这些基本原则在拍卖领域的具体实施，不仅提供了行为的指导与约束，还具有对拍卖活动进行适当补充与调整的作用。

1. 公开原则

拍卖活动的透明性原则强调了拍卖过程应当在社会公众面前展现高度的开放性，确保拍卖的各个环节，如时间、地点、场合、待拍物品及出价过程等，均需向公众全面披露。这一原则区别拍卖与其他交易形式的关键特点之一，在《拍卖法》中通过明确规定拍卖公告、拍卖物品的公开展示以及拍卖会的公开进行等机制得以体现。

（1）拍卖公告机制

拍卖公告机制要求拍卖方在接受拍卖委托后，必须在法定的时限和地点，通过媒介以公告的形式事先向社会公布拍卖信息。

在《拍卖法》第 45 条至第 48 条详细规范了拍卖公告的发布要求，包括公告的发布时间、公告中必须包含的信息及公告的发布渠道，确保了拍卖活动的公开性原则得到实际执行。这些规定旨在确保所有潜在的竞买者均能在公平的基础上获得拍卖相关信息，从而参与到拍卖中来。由此可见，拍卖活动的透明性原则通过确立一系列明确的机制和规范，如拍卖公告制度，保证了拍卖过程对社会的全面开放，进而促进了拍卖市场的公平竞争和高效运作。这一原则不仅体现了对拍卖参与者权益的保护，同时也符合公共利益的要求，为拍卖市场的健康发展提供了法律与制度保障。

（2）拍卖标的公开展示制度

在拍卖过程中，确保竞拍对象的透明度是至关重要的，这不仅涉及拍卖物的公开展示，也包括对其品质、材质、数量等关键信息的详细说明。《拍卖法》第 48 条明确规定了拍卖方有义务在拍卖活动进行之前，向潜在的买家公开展示拍卖物，以及提供必要的查验条件和相关资料，确保拍卖过程的公开性和透明性，即"拍卖人应当在拍卖前展示拍卖标的，并提供查看拍卖标的的条件及有关资料。拍卖标的的展示时间不得少于两日。"

为了实现这一目的，拍卖方应当利用实物展示或图像资料等手段，向潜在买家展现拍卖物的实际情况。此外，拍卖方还需对拍卖物可能存在的缺陷进行明确的说明，以确保竞拍者能够对拍卖物有一个全面和真实的认识。根据《拍卖法》的具体要求，拍卖物的公开展示时间不应少于两天，旨在为竞拍者提供充足的时间进行查看和评估。

展示拍卖物的时间安排应从拍卖公告发布之日起至拍卖日前的两个工作日内进行，确保潜在买家有足够的时间对拍卖物进行充分的查验。值得注意的是，《拍卖法》规定的两天展示期仅为最低限度要求，并未设定上限，因此，根据具体情况，委托人有权与拍卖方协商确定更长的展示时间，尤其是对于不动产等需要较长时间评估的拍卖物而言。

（3）公开举行拍卖会制度

一旦拍卖公告正式发布，该行为即构成拍卖方向潜在竞买者发出的邀请要约，此时拍卖方不得无正当理由撤销拍卖标的或终止拍卖流程，更不能采取其他手段转移拍卖物。根据《拍卖法》的规定，拍卖活动必须以开放的形式进行，确保所有符合资格且已经注册的参与者能够加入竞拍。倘若由于法律规范或其他特定原因导致拍卖过程的中断或取消，拍卖方有责任向公众明确公开此一情况及其原因。

公开进行拍卖活动不仅仅体现在形式上，其核心应是实质性的开放和透明。例如，《拍卖法》强调拍卖方需在拍卖开始之前，明确向潜在买家揭示拍卖物可能存在的缺陷，公告拍卖的具体规则及注意事项，特别是对于无保留价格的拍卖物，相关信息应当在拍卖前向参与者做出清晰说明。这样的公开性意义在于，不仅让所有具备参与条件的竞买者能够进入拍卖过程，同时也允许其他公众人士作为旁观者参与，以接受更广泛的社会监督。

然而，拍卖活动的公开性并非绝对无限，考虑到保护拍卖参与方合法权益的需求，《拍卖法》也对拍卖方的保密职责做出了规定。如《拍卖法》第二十一条规定："委托人、买受人要求对其身份保密的，拍卖人应当为其保密。"再如《拍卖法》第二十八条第一款规定："委托人有权确定拍卖标的的保留价并要求拍卖人保密。"这些条款体现了国际拍卖实践中对个人隐私和商业机密的尊重。这说明，尽管拍卖活动强调公开和透明，但也必须平衡与保护个人和商业的隐私权益，公开原则与保密义务之间并不存在本质的冲突，而是相辅相成，共同确保拍卖活动的公正性、效率和参与者权益的保护，拍卖公开原则与拍卖活动当事人的保密义务并不矛盾。

2. 公平原则

在《拍卖法》中体现的公平原则，是民法中平等原则在特定法律关系——即拍卖法律关系中的应用与展现。此原则指明，在构建权利与义务结构以及承担民事责任等方面，拍卖法律关系的各方应当受到平等对待，确保所有参与方的权利与义务保持一致性，防止任何参与方获得不正当的优势或被强加不公平的责任。拍卖作为一种特殊的商品或资产交易方式,其公平性不仅是交易正义的法律要求,也是市场交易效率与信任的基石。《拍卖法》的立法宗旨在于确保拍卖活动的公平执行,避免任何形式的不公正行为损害参与各方的合法权利与利益。在此框架下,拍卖公平原则的内涵被广泛理解为不仅包含形式上的平等(即所有参与者在法律面前享有相同的地位和机会),更延伸至实质公平(即确保交易过程和结果的正义)和结果公平(即交易结果对所有参与方均公正无偏)。

在具体的拍卖实践中,根据《拍卖师操作规范》的指导,拍卖师的职责包括确保拍卖过程的公平性,这涉及多个方面的操作规范,其中包括语言使用的规范,竞价过程的引导方式,应价确认的方式,出价顺序的确认和最终成交价的确定方式等。

在拍卖过程中,拍卖方的职责不仅限于维护形式公平的原则,更应致力于实现实质公平。这意味着拍卖方需保护每位参与者的平等参与权,并确保所有商业敏感信息,例如委托方设定的最低成交价格(保留价)或竞买者的个人信息,不被不当披露,以防止形成不公正的竞争环境。进一步来说,拍卖过程应"一视同仁",即所有参与者在竞拍过程中应享有平等待遇,不受其社会地位、经济实力等外在因素的影响。除非法律明确授予某些参与者特定的优先购买权,否则一旦竞价达到或超过保留价,每位参与者均有权以最高报价获得拍卖物。

3. 公正原则

在《拍卖法》框架内,公正原则被强调为保障拍卖过程中各参与方合法权利的关键法律要求。该原则明确指出,拍卖活动中不得偏袒任一方而损害其他方的利益,若任一方违背了法律规定或合同条款,须依法承担相应的责任。拍卖,作为一种通过中介机构向不特定群体公开竞价销售标的物的行为,并且具有交易一经成立即刻生效、不可撤销的特点,要求其在执行过程中必须体现公正性。

《拍卖法》在具体实施公正原则时,通过以下制度性安排确保其落实:

根据《拍卖法》第二十二条及第二十三条的规定,"拍卖人及其工作人员不得以竞买人的身份参与自己组织的拍卖活动,并不得委托他人代为竞买","拍卖人不得在自己组织的拍卖活动中拍卖自己的物品或财产权利"。也就是说,拍卖方及其工作人员被严格禁止以竞买者身份参与本方组织的拍卖活动,亦不得将拍卖活动中的物品或财产权利作为拍卖对象。此规定的目的在于防止拍卖方及其工作人员利用掌握的内部信息，影响拍卖结果，确保拍卖活动中所有参与者处于平等的交易位置上，避免因拍卖方的参与而对委托方及其他竞买者产生不利影响。

《拍卖法》第三十七条规定："竞买人之间、竞买人与拍卖人之间不得恶意串通，损害他人利益。"明确禁止在拍卖活动中发生的任何形式的恶意串通行为，特别是在竞买人与拍卖人之间。此类恶意串通行为，不仅构成对拍卖公正原则的明显违背，而且对委托人及其他参与竞拍的主体产生严重的不公正影响。在法律框架内，恶意串通被定义为一种旨在损害他人利益的欺诈性行为，其典型表现为参与双方在应价过程中秘密合作，通过虚假陈述或其他手段压低竞拍价格，从而侵害委托人的经济利益。

恶意串通行为的构成要素主要包括两方面：首先，必须存在一种明确的意图或恶意，旨在损害国家、集体或第三方的利益。这种恶意区别于一般的商业竞争行为，其本质在于行为人明知或应当知晓其行为将导致损害发生，却仍然故意实施。其次，恶意串通的实现需要参与双方之间预先达成的共谋关系，这意味着双方必须共享一个非法目的，即通过某种行为损害他方的利益。这种共谋关系可能体现为双方达成显性协议，或一方明确表示意图而另一方通过默示接受，知晓并同意参与非法目的的实现。

根据《中华人民共和国民法典》第一百五十四条的规定："行为人与相对人恶意串通，损害他人合法权益的民事法律行为无效。"任何因行为人与相对人恶意串通而损害他人合法权益的民事行为均被视为无效。此外，《拍卖法》第六十五条进一步明确："违反本法第三十七条的规定，竞买人之间、竞买人与拍卖人之间恶意串通，给他人造成损害的，拍卖无效，应当依法承担赔偿责任。"任何违反恶意串通禁止规定的行为，不仅导致拍卖活动的无效，还需行为人依法承担赔偿责任。这一规定强化了法律对于拍卖活动中公正性和透明度的保护，确保了拍卖市场的健康运行，同时为受害方提供了救济途径。

4. 诚实信用原则

诚信原则，亦称为诚实信用原则，是构成民法中最基本的准则之一。该原则要求人们在从事民事活动时应当保持诚实守信，正当行使自身权利并恪守义务，这不仅是商业行为的基石，更体现了道德规范的法律化。

作为民事活动范畴的一部分，拍卖被纳入民事法律的调整范围。《中华人民共和国民法通则》自1987年1月1日起实施，其第四条便明确提出民事活动应当遵循诚实信用原则。而在2021年1月1日起实施的《中华人民共和国民法典》中，第七条进一步强调民事主体从事民事活动，应当遵循诚信原则，秉持诚实，恪守承诺。作为调整民事活动的基础性法律，《中华人民共和国民法典》为我国的民事活动，包括拍卖活动确立了诚实信用的最高指导原则。

在民事活动中，诚信原则要求民事主体在行使权利和建立、变更民事法律关系时应保持真实、避免虚假和欺诈行为，不得侵害他人或社会的利益；同时，民事主体还应恪守承诺，自觉履行义务，若未履行义务导致他人受损，应主动承担相应责任。对于拍卖企业而言，遵循诚信原则是其立业和经营的根本，拍卖法律关系中的当事人在进行拍卖活动时，都必须遵循这一要求。

在拍卖活动中，诚信原则要求所有拍卖人应以平等对待自己事务的态度处理他人事务，不得损害他人以牟取私利。例如，委托人应向拍卖人披露其已知或应当知道的关于拍卖标的的缺陷，拍卖人也应向竞买人明示或提示其已知或应当知道的关于拍卖标的的缺陷。除非法律、法规有特别规定，委托人、拍卖人对拍卖标的应当承担瑕疵担保责任。如果委托人故意隐瞒标的瑕疵导致拍卖人、买受人受损，或者拍卖人隐瞒标的瑕疵导致买受人受损，都被视为欺诈行为，相关责任人应负起法律责任。拍卖人与委托人以及拍卖人与买受人之间应当自觉履行拍卖委托合同、拍卖成交确认书中规定的各项义务，以确保拍卖活动顺利进行。在整个拍卖过程中，拍卖法律关系各方当事人的意向表示和行为应当真实、善意和诚实。

（二）拍卖的基本规则

拍卖规则在广义上涵盖了拍卖活动需遵循的全部规则，这不仅包括国家法律、法规，还包括拍卖过程中的具体操作机制；而在狭义上，拍卖规则特指各拍卖企业为规范其自身的拍卖活动而制定的业务操作规程。这里所讨论的拍卖基本规则，指的是在漫长的拍卖实践过程中逐步形成，并反映拍卖特性的一系列规则，主要包括价高者得规则、保留价规则和瑕疵请求权规则等。

1. 价高者得规则

价高者得规则作为拍卖活动中最为根本且历史悠久的规则之一，其核心理念在于：在竞价活动中，标的物应归属于出价最高的竞买者。这一规则不仅是拍卖存在的基础，也是拍卖与其他交易形式区别的显著标志。

（1）价高者得规则的含义

拍卖作为一种古老且普遍存在的交易形式，其核心运作机制基于两个基本要素：竞价机制和最高出价成交原则。最高出价成交原则，即价高者得规则，构成了拍卖活动的基石，无此规则，拍卖的概念便无从谈起。这一原则不仅历史悠久，而且在全球范围内得到广泛的认可与应用，成为区分拍卖与其他交易方式的显著特征。

价高者得规则明确指出，在拍卖过程中，标的物应归属于出价最高的竞买者。这一规则的存在，确保了拍卖活动能够在公平竞争的基础上进行，同时也促进了资源的合理配置。从全球视角来看，尽管各国社会制度、历史背景、文化传统存在差异，但拍卖活动普遍遵循价高者得的普适规则，显示了这一原则的普遍性和稳定性。在我国，《拍卖法》第五十一条明确规定："竞买人的最高应价经拍卖师落槌或者以其他公开表示买定的方式确认后，拍卖成交。"这一规定不仅法律化了价高者得规则，也明确了拍卖师在确认最高出价与成交过程中的关键作用，体现了该规则在我国拍卖法律体系中的重要地位。

在实施价高者得规则时，需要考虑的制约因素包括但不限于拍卖标的的法律状态、是否设有保留价、标的物的瑕疵状况等。[①] 只有在这些因素得到妥善处理的基础上，价高者得规则才能有效运作，确保拍卖活动的合法性和公正性。价高者得规则作为拍卖活动的核心规则，其简洁明了的操作性以及在全球范围内的普遍认可，共同构成了拍卖制度的基础。但在具体实施过程中，需要拍卖企业、拍卖师和竞买人共同遵循相关法律规定，考虑各种制约因素，以保证拍卖活动的公平、公正和高效。

（2）价高者得规则的制约因素

在拍卖市场中，"价高者得"原则是一条被普遍认可的核心准则，它确立了拍卖活

---

① 　Koutroumpis P., Cave M. Auction design and auction outcomes[J]. Journal of Regulatory Economics, 2018, 53: 275-297.

动中标的物归属的基本规则：即在拍卖过程中，拍卖标的应当归于出价最高的竞买者。然而，尽管此规则的适用范围广泛，其实施效力并非绝对无限，而是受到一定条件的制约和限制。具体而言，这些制约因素主要包括法律规定的强制性约束和拍卖师的决策确认两个方面。

第一，法律强制性约束对"价高者得"原则有所限制。"价高者得"原则虽然在拍卖实践中具有普遍适用性，但其操作必须在不违反法律的强制性规定的前提下进行。在法律层面，对拍卖活动的各项规定，如保留价设置、竞买人资格认定等，都设有明确要求。这些要求构成了对"价高者得"原则的法律约束，确保拍卖活动的合法性与公正性。例如，若竞买人的资格不符合法律规定，即便其出价最高，也不能成为合法的拍卖成交对象。

第二，拍卖师对"价高者得"的操作存在限制。在拍卖过程中，拍卖师承担着核心的调度和决策角色。根据我国《拍卖法》的规定，竞买人的最高应价必须经过拍卖师的确认后，拍卖活动才能最终成交。这一规定体现了拍卖师在运用"价高者得"原则中的重要职责和随机决定权。拍卖师的决定在拍卖现场具有决定性作用，他们在确认最高应价的过程中不仅需要考虑法律规定，还要确保拍卖的公正性与透明性。因此，拍卖师的专业判断和操作对"价高者得"原则的实施具有显著影响。

以一场艺术品拍卖为例，一幅珍贵的油画吸引了多位竞买者的关注。在激烈的竞价过程中，最终有一位竞买者以远高于其他人的价格出价。按照"价高者得"原则，该竞买者理应获得该画作。然而，拍卖师在最后确认过程中发现，该竞买者并未完全符合拍卖参与的资质要求，根据法律规定和拍卖规则，拍卖师决定取消其竞买资格，由次高价的竞买者获得拍卖品。这一案例充分展示了法律强制性约束和拍卖师确认对"价高者得"原则实施的影响。

可见，"价高者得"原则在拍卖实践中虽然具有基础性的地位，但其有效实施需在遵循法律规定和拍卖师专业判断的基础上进行。

2. 保留价规则

所谓保留价，通俗而言即为"底价"，它是指委托方设定的拍卖物品能够成交的最低限价。在设有保留价的拍卖活动中，委托方需要预先确定一个具体的保留价位，此价位可用各种货币单位标示，例如 3000 元人民币或 800 美元等。一旦保留价被设定，原则上不应随意变更，拍卖师在拍卖过程中亦不得低于此保留价宣布成交。

保留价规则实质上是一种拍卖中的制度安排，旨在平衡各方当事人的权利和义务，以避免利益分配的不公。在拍卖的多方关系中，既有拍卖方和竞买方根据各自行为直接保障利益的情形，也存在委托方这一特殊的角色。作为拍卖物品的卖方，委托方需依靠他人的行为来保护其利益，这无疑处于一种较为被动的地位。委托方自然希望其拍卖物能以较高价格成交，同时又担忧因价格过低而遭受损失，因此，采用保留价机制成为防止低价成交、维护自身利益不受侵害的有效手段。

倘若在拍卖过程中，最终应价未能触及保留价而拍卖师依然决定成交，此行为便构成对委托方权利的侵犯，并与保留价规则相悖，应认定为无效。在此情况下，委托方有权要求拍卖方返还拍卖物，并对因此造成的损失向拍卖方提出赔偿要求。若买受方为善意第三方，其可向拍卖方主张权利；若存在拍卖方与买受方之间的串通行为，则二者应分别承担相应的法律责任。此外，委托方亦可选择不追求拍卖物的返还，而是要求拍卖方就保留价与实际成交价之间的差额进行赔偿。

（1）保留价规则的原理

拍卖作为一种特殊的交易方式，其运作机制和规则具有独特性。在拍卖实践中，保留价规则和无保留价公示制度是两个重要的制度安排，体现了权力制衡的原理。

在实践情况中，可以观察到一种普遍规律：日常生活用品和廉价商品多采用无保留价拍卖，而不动产和高价值商品则倾向于采用有保留价拍卖。尽管该规律不是绝对的，但具有相当代表性。原因在于，对于价值较低的拍品，即使不设置保留价造成一定损失，风险也相对有限；而对于价值较高的拍品，不设定保留价则会使委托人承担过大风险。因此，保留价规则实际上是委托人为保护自身利益而采取的一种措施。

保留价规则的设置，旨在对"价高者得"规则进行适度约束，使其在运作过程中不仅体现竞买人和拍卖人的利益，同时也兼顾委托人的利益。从这一层面来看，保留价规则的本质是一种权力制衡机制。《拍卖法》第五十条明确规定了无保留价公示制度，要求拍卖师在拍卖前对无保留价情况予以说明。该制度符合拍卖的公开原则，在一定程度上保证了拍卖过程的透明度，因而在实践中被广泛采用。无保留价公示制度由拍卖人负责操作，具体方式是：如采用无保留价方式，拍卖人必须在拍卖前向所有竞买人公示；未公示的，则默认为有保留价拍卖。该制度在国外法律中也有明确规定，如《美国统一商法典》第三百二十八条。

值得注意的是，设定保留价并非拍卖的必备条件。在无保留价拍卖情况下，保留价规则不发挥作用。拍卖是否有保留价对竞买人的影响较大。有保留价时，竞买人不仅需考虑报价高低，还要关注是否达到保留价，每一个报价是否构成有效要约取决于保留价的高低。而无保留价时，竞买人无须考虑保留价的约束，每一个报价都是有效要约。因此，无保留价公示制度实际上是有利于竞买人的制度安排。[①]

（2）保留价的确定与保密

保留价规则的运作离不开保留价的确定，这是整个机制的基础和前提。保留价的确定方式在实践中存在多种形式：第一种是由委托人独立确定，这符合《拍卖法》关于委托人享有设定保留价权利的规定；第二种是由专业估价人员确定，主要适用于政策性拍卖业务，根据法律法规要求，以评估价格作为第一次拍卖的保留价；第三种则是委托人与拍卖人协商共同决定，该做法通常见于非政策性的市场化拍卖活动。

确定保留价本身就是一门专门的学问，科学、合理、公正地设定保留价是拍卖活动中的重要环节。如果委托人的定价过高，超出拍卖人的合理预期，拍卖人有权拒绝接受该定价及委托；反之，如果委托人为了变现资产而做出让步，双方便会就保留价展开协商，直至达成一致。

保留价的保密性也是保留价规则运作中的一个实践特点。一方面，竞买人对保留价的未知，会在一定程度上减少固定价格的约束，参考因素主要是其他竞买人的报价，从而有可能产生较高出价；另一方面，未知保留价也可能导致所有竞买人报价均未达到保留价，造成拍卖无法成交。

---

① 迈克菲和麦克米兰在其合作的《拍卖和出价》（*Auctions and Bidding*，*Journal of Economic Literature*，1987）中认为，在独立私人价值拍卖中，卖方应该设置一个适当的保留价，而不是无保留价拍卖。保留价的最优水平取决于卖方对潜在买家数量和买家估值分布的信念。米尔格罗姆和韦伯的《拍卖和竞争性出价的理论》（*A Theory of Auctions and Competitive Bidding*，*Econometrica*，1982）则指出，在某些条件下，设置适当的保留价可以提高卖方的预期收益。尤其是在公共价值拍卖的情况下，适当的保留价有助于减少"赢家的诅咒"问题。

《拍卖法》第二十八条明确赋予委托人确定保留价并要求拍卖人保密的权利。因此，委托人在确定保留价后，应当以书面形式与拍卖人约定保留价金额，并可要求对该最低价格保密，该条款通常在《委托拍卖合同》中予以体现。保留价是否对竞买人保密，完全由委托人自主决定，一经要求保密，拍卖人在保密期内即不得对外公开。保密期限在实践中有不同安排，包括拍前保密、拍中保密、拍后保密和永久保密四种形式。其中，拍前保密截止时间为拍卖会开始前；拍中保密则持续到拍卖师落槌前；拍后保密则截止于落槌后；而永久保密则意味着该保留价永不公开。

（3）保留价规则适用中的几个问题

保留价规则的运作还涉及保留价的调整和时效等实践问题，这些问题在实际操作中都有其特殊性和需要注意的地方。

①保留价的调整问题

调整保留价是指对其具体数额进行上调或下调的变动。虽然现行法律法规中未对此做出明确规定，但从合理性的角度出发，应当允许委托人在一定范围内调整保留价，调整方式应为在拍卖会开始前以书面形式通知拍卖人。委托人的调价行为实质上是对《委托拍卖合同》约定内容的一种修订，为了相应地对合同进行变更，拍卖人可与委托人重新签订合同，或将委托人的调价通知以补充合同附件的形式予以确认。如果拍卖人对委托人调高保留价的要求无法接受，根据合同原则可以拒绝接受；但如果相关法律法规要求必须对某些特定财产进行拍卖，尽管委托人提出调高保留价，拍卖人仍然应当接受调整后的保留价。

保留价的调整涉及相关当事人的利益，基于法律上"权利人在行使权利时不得损害他人权益"的一般原则，委托人主张调整保留价应当受到一定的制约和限制。如果保留价是未公开的，其调整影响面较小，委托人调整时应及时通知拍卖人，并在拍卖人的参与下重新密封保密，以确保操作的便利性。调整应在拍卖会开始前完成，切忌在现场拍卖过程中临时变更保留价。而对于公开保留价的调整则需要更加谨慎，因为竞买人是依据公开的保留价位做出是否参与竞买的考虑的，若调整时未能给予合理期限，可能会对竞买人的利益造成损害，因此委托人应当承担由此可能产生的竞买人和拍卖人的损失。

在拍卖现场当众公开保留价的情况下，则不得随意进行调整。

②保留价的时效问题

所谓保留价的时效，是指保留价对竞买人报价的有效期限。从理论上讲，保留价并非永久不变的，它会随着一些因素的变动而发生相应变化。例如，如果保留价是参照评估价确定的，那么一旦评估价的时效期届满，保留价的时效也就随之到期。同样，如果保留价是根据合同约定确定的，那么保留价的时效就会随着合同期限的届满而终止。为了使保留价能够及时跟随市场行情的变化，在实践中，一般会规定保留价的时效以单场拍卖为限，即每一个拍卖场次使用一次保留价，如需要延长使用期限，委托人与拍卖人应当另行达成约定。如果在使用单次保留价的情况下拍卖未能成交，拍卖人通常会要求委托人下调保留价，以增加成交的可能性，除非相关法律法规另有特殊规定。

3. 瑕疵请求权规则

在拍卖活动中，拍卖标的物可能存在各种形式的瑕疵，这是一个需要引起重视的问题。所谓拍卖标的物的瑕疵，是指标的物在质量、品质、数量及权利等多个方面存在缺陷或不足之处。根据瑕疵的性质和表现形式，可将拍卖标的物的瑕疵分为品质瑕疵和权利瑕疵两大类别。

品质瑕疵主要指拍卖标的物在质量方面存在的缺陷，包括但不限于标的物的外观形态、制作原材料、制作技术工艺等方面的瑕疵，涵盖了标的物外在的形态状况以及内在的质量状况。例如，对于艺术品拍卖来说，如果画作在保存过程中受潮导致龟裂或颜料脱落，即属于品质瑕疵的情形；对于车辆拍卖而言，如果拍品车辆的发动机存在内部磨损严重等问题，亦属于品质瑕疵的体现。品质瑕疵直接影响了标的物的实际价值和使用性能，是拍卖实践中最常见的瑕疵类型之一。

另一方面，权利瑕疵则是指拍卖标的物在所有权方面存在的瑕疵或缺陷。具体来说，权利瑕疵包括两个层面：一是拍卖标的物的买卖可能侵害任何第三人的权利，如知识产权、租赁权等；二是任何第三人会就该拍卖标的物向买受人主张权利，如抵押权人主张优先受偿权等。权利瑕疵的存在会导致拍卖标的物的所有权存在瑕疵或争议，影响买受人对标的物的所有权和使用权，因此在拍卖活动中必须予以高度重视。

　　需要指出的是，品质瑕疵和权利瑕疵虽然概念有别，但在实践中并非泾渭分明，有时还会存在交叉或重叠的情况。例如，对于文物艺术品拍卖，如果拍品系赝品或出土方式不合法，不仅存在品质方面的问题，同时也会涉及文物保护法等法律法规的规范，从而产生权利瑕疵。因此，在认定拍卖标的物的瑕疵性质时，应当结合具体情况进行全面分析和判断，对于交叉重复的情形也需要予以科学界定。

　　无论是品质瑕疵还是权利瑕疵，其存在都可能会给相关当事人，尤其是买受人带来一定的权益损失。为了规范拍卖活动，保护各方当事人的合法权益，避免和化解由拍卖瑕疵所引发的纠纷，相关法律法规对拍卖标的物的瑕疵责任做出了明确规定，同时拍卖实践中也形成了一些操作规则和风险防范措施。例如，在拍卖程序中对标的物的状况进行详细披露，或要求委托人和拍卖人对标的物的权属及权利状况进行全面核查，以降低瑕疵风险。总的来说，妥善应对拍卖标的物的瑕疵问题，对于维护拍卖活动的秩序和各方当事人的合法权益具有重要意义。

　　（1）瑕疵请求权规则的含义

　　《拍卖法》第二十七条规定："委托人应当向拍卖人说明拍卖标的的来源和瑕疵。"第十八条规定："拍卖人应当向竞买人说明拍卖标的的瑕疵。"

　　在拍卖活动中，竞买人或买受人因拍卖标的物存在瑕疵而享有的"瑕疵请求权"是一项重要的法律权利。所谓瑕疵请求权，是指竞买人在参与竞买前或竞买时，有权获知他应当知晓的拍卖标的物的瑕疵情况，如果该瑕疵因他人的过错而被隐瞒，他成为实际买受人后，就可以为自己所受到的欺骗和损失主张相应权利。

　　我国《拍卖法》明确规定了瑕疵请求权的相关制度安排。该法第六十一条规定："拍卖人、委托人违反本法第十八条第二款、第二十七条的规定，未说明拍卖标的的瑕疵，给买受人造成损害的，买受人有权向拍卖人要求赔偿；属于委托人责任的，拍卖人有权向委托人追偿。"如果拍卖人、委托人违反法律规定，未说明拍卖标的的瑕疵，给买受人造成损害的，买受人有权向拍卖人要求赔偿；属于委托人责任的，拍卖人有权向委托人追偿。可见，瑕疵请求权规则赋予了买受人在特定条件下要求拍卖人及委托人收回拍品并赔偿损失的权利。

　　瑕疵请求权的行使目的在于要求收回拍品并获得赔偿，或仅要求获得赔偿。如果该权利不能实现，买受人可以通过司法途径寻求救济。作为瑕疵请求权的相对方，委托人和拍卖人分别负有相应的告知义务。委托人应当在委托拍卖时，将自己明知或应知的拍品瑕疵情况告知拍卖人；而拍卖人则应当在拍卖前，将自己明知或应知的拍品瑕疵情况告知竞买人。如果任何一方未能履行告知义务，将承担相应的告知不当责任，告知不当责任的承担以存在过错为前提，包括明知存在瑕疵而不告知，以及应当知道存在瑕疵却疏忽未告知的情形。

　　（2）瑕疵请求权规则的原理

　　在拍卖活动中，瑕疵请求权的成立主要依据过错责任理论作为理论基础。该理论旨在规范委托人及拍卖人的主观过错行为，并据此确认其是否应当承担相应的法律责任。所谓过错，是指行为主体存在故意或过失的主观过错情形。

　　在过错责任理论中，故意是一种表现较为明显的主观过错形态。在瑕疵请求权规则中，故意指的是委托人或拍卖人明知拍品存在瑕疵，但却故意向竞买人隐瞒该情况，导致竞买人在对瑕疵状况一无所知的情况下购得该拍品。尽管法律赋予了竞买人有权要求拍卖人说明拍品瑕疵情况，但委托人或拍卖人不能以竞买人未提出要求为由进行抗辩。[1] 只要委托人或拍卖人事先确实知晓拍品存在瑕疵却故意隐瞒不报，即满足了承担相应责任的主观条件。[2]

　　另一方面，过失则是一种较为隐晦的主观过错情形，体现了法律对行为主体的较高要求。在瑕疵请求权规则中，过失指的是委托人或拍卖人应当知晓拍品存在瑕疵，但由于疏忽大意而未能告知竞买人，导致竞买人在不知情的情况下获得该拍品。

　　通常，对于过失的认定需满足以下三个条件：首先，责任人应当具有合理注意的义务；其次，责任人确实违背了该义务，存在疏忽行为；第三，正是由于上述疏忽，导致权利人在不明真相的情况下购得拍品。所谓"合理注意义务"，是现代商业活动对销售

---

　　① 　陈自强. 违约责任与契约解消 [M]. 台北：元照出版有限公司，2018:140-155.

　　② 　拍卖瑕疵请求权在加强市场监管、维护消费者权益及推动拍卖市场公平竞争方面具有重要作用。更有效地防范和处理拍品瑕疵问题，需要从立法、司法以及市场自我调节等多个层面入手，建立一套综合性的市场监管机制。

者提出的一种普遍要求，即销售者在出售商品前应仔细检查商品状况，如发现缺陷应当停止出售或在定价时将其计算在内。由于拍卖采取竞价方式确定交易价格，因此委托人和拍卖人就应将拍品瑕疵情况告知竞买人，以便其在出价时能够充分考虑瑕疵因素。

需要说明的是，发现某些拍品瑕疵往往需要专门的知识背景和长期观察，诸如知识产权瑕疵、文物古玩真伪瑕疵、字画作品瑕疵等，显然普通人难以立即辨识。因此，在认定"应当知晓"的标准时，不能简单依照普通人的认知水平，而应当结合销售者所处的特殊地位和身份做出判断。在拍卖活动中，委托人和拍卖人相比竞买人而言，往往具有更多了解拍品真实状况的机会和条件，因此在认定其是否应当知晓某一瑕疵时，理应适当提高认定标准。

（3）瑕疵请求权规则的制约因素

拍卖实践中，瑕疵请求权规则的运用并不是绝对的，通常会有一些限制条件。

首先，当拍卖代理人及委托方未有任何过失时，这种无过失状态构成对瑕疵请求权的有效抗辩。买方提出瑕疵请求权基于一种假设，即认为拍卖代理人或委托方对拍品瑕疵有知情或应知情责任，并未能履行告知义务。若能证实二者均无过失，则他们可以有效回避瑕疵请求权的追究。值得注意的是，无过失不等同于物品无瑕疵，亦不意味已经进行了瑕疵告知，特别是在拍卖代理人与委托方无从知晓瑕疵，亦未做出不实陈述的情形下，不应对瑕疵承担责任。故此，过错的关键不在于未进行告知，而在于未履行应有的告知责任。

其次，买方自身的过错也会阻碍其行使瑕疵请求权。这包括买方的疏忽大意，可能导致其未能注意到拍卖方已经声明的瑕疵，如买方因未使用电压转换器而导致电器损坏的情况；或是买方的误解，将不存在的瑕疵作为请求权的依据，如误读拍卖图录解说性文字，而将某"古代文物"误认为宋代官窑瓷器，并以高价竞拍；又比如，拍卖公司在图录中仅标注某拍品为某名人遗物，但竞买人由于道听途说而将其误认为是另一位名望显赫者的物品。这类"瑕疵"造成的责任在买受人，买受人不能因此主张瑕疵请求权。当然，拍卖人和委托人也应以诚相待，尽可能地避免使用引起误解的语言。

此外，买方的不当行为亦可能引起瑕疵，若买方明知瑕疵由自己的不当行为造成，依然主张瑕疵请求权，则属于不实之诉。在无法察觉自身不当行为的情况下，买方需证明瑕疵产生的时间点。对于拍品成交后出现的瑕疵，拍卖代理人与委托方不负责任且无告知义务，即买方接受拍品后所出现的瑕疵，不享有瑕疵请求权。

第三个限制条件是拍品存在显而易见的瑕疵。拍品的瑕疵根据其可见程度，可以分为显形与隐形两种。显形瑕疵指的是肉眼可直接观察到的缺陷，而隐形瑕疵则不易察觉，需经专家鉴定或查阅相关档案材料才能发现。显而易见的瑕疵通常不会成为拍卖后争议的焦点，因为它们不太可能对拍卖方构成风险。相对地，隐形瑕疵由于其不易被发现的特性，成为可能引发纠纷的关键。因此，拍卖企业在拍卖前需重视隐形瑕疵的查明与告知，以防事后的纠纷。对于那些显而易见的瑕疵，虽然存在不同观点，但普遍认为，若瑕疵明显到普通人能够轻易发现，则因买方未进行仔细检查而未发现的，不应享有瑕疵请求权。拍卖展示本身即为一种告知方式，但应严格限制其适用范围，仅当瑕疵非常明显时，展示才构成告知。

艺术品存在的显性瑕疵通常体现为破损、修复痕迹等现象。比如，一幅画作的边缘由于长期展示或不当搬运而出现了明显的撕裂或破损，这种瑕疵是肉眼可见的，买家在购买前很容易发现。其次是褪色，一件艺术品，如一幅油画，因长期暴露于强烈光线下，其颜色发生了显著的蜕变或变黄。这种变化直接影响到画作的视觉效果，属于显性瑕疵。修复痕迹也是显性瑕疵之一，比如古董瓷器在经过修复后，修复处的釉色与原始部分存在明显差异，这种修复痕迹对于有经验的收藏家来说是易于识别的。

隐形瑕疵则相对隐蔽，比如材料成分的问题，艺术品声称使用了某种珍贵材料，如纯银或特定年代的木材，但实际上使用了其他较低价值的材料或混合材料。这种情况下的瑕疵不易被肉眼发现，需要通过专业检测才能识别。还有修复材料的老化问题，艺术品在过去的修复过程中可能使用了一种特定的材料，随着时间的推移，这些修复材料可能会降解或变化，影响艺术品的稳定性和长期价值。这种内部材料的老化是一种典型的隐形瑕疵，通常需要通过专业的检测技术才能发现。历史真伪问题同样重要，艺术品可能被宣称为某位著名艺术家的作品，但实际上是伪造品或归属错误。这种情况下的瑕疵涉及艺术品的真实出处和历史价值，通常需要专家鉴定才能揭示。[①]

委托人、拍卖人的义务是告知瑕疵，告知的方法是多种多样的，如声明、陈述、指出、提示等，都是告知的方法，展示本身也是告知的方法之一。如果瑕疵比较明显，一个普通人加以一般的注意就能够发现该瑕疵，而竞买人由于自身的原因未能前去检验，或虽然去了，却未给予应有的注意，则他不能为此主张瑕疵请求权。拍品展示也是一种告知，是一种默示的告知，是根据合理推论的告知。[②]但是采用此种方式应受严格的限制，只有当瑕疵是显而易见的，展示才意味着告知。

拍卖公司声明的"瑕疵不担保"同样限制了瑕疵请求权。根据《拍卖法》规定，拍卖人、委托人若在拍卖前声明不保证拍品的真伪或品质，则不承担瑕疵担保责任。这种声明通常通过"瑕疵不担保声明"文件形式出现，并要求买方在竞买登记时签署确认。拍卖师在拍卖中对拍品瑕疵的提示，记录在"拍卖笔录"中，也是具有法律效力的拍卖文件。"瑕疵不担保声明"旨在明确拍卖人、委托人对拍品瑕疵不承担保证责任，委托人应将已知或应知的瑕疵事先告知拍卖人，而拍卖人则通过调查核实，全面掌握拍卖标的的瑕疵情况。

（4）瑕疵请求权规则的效力范围

在拍卖领域内，买受人享有的瑕疵请求权是其基于法律赋予的一项重要权利，旨在保护其合法利益不受损害。然而，此项权利的行使并非毫无限制，而是受到一系列法律规则和实际情况的约束。具体而言，该权利的适用场景严格限定于排除了对瑕疵请求权行使可能存在的各种限制条件后，买受人方可在合理且合法的前提下行使之。换言之，买受人在行使瑕疵请求权时，亦须遵守相关法律规定和程序，显示出其行使权利的合理性与正当性。

瑕疵请求权规则的相对主体包括委托人和拍卖人，均可成为买受人主张瑕疵请求权的对象。根据"谁过错谁负责"的法律原则，不论是委托人还是拍卖人，只要其一方存在过错，即需承担相应的法律责任。此外，除非存在正当理由可供抗辩，否则上述两方

① Harold J. Dangerous Art: on moral criticisms of artwork[M].Oxford University Press, USA, 2020.

② Liu Y., Wang F., Liu K., et al. Deep convolutional autoencoder thermography for artwork defect detection[J]. Quantitative InfraRed Thermography Journal, 2023: 1-17.

均需依照瑕疵请求权规则，承担相应的赔偿责任或收回拍卖标的的义务。

具体到委托人的过错，鉴于委托人作为拍卖标的物的所有权人或处分权人，其对于拍品瑕疵的告知负有根本性的责任。委托人应当向拍卖人披露其已知或应当知晓的关于拍品的瑕疵信息。倘若委托人未能履行该告知义务，则将难以在买受人行使瑕疵请求权时提出有效的抗辩。然而，实践中买受人往往难以直接联系到委托人以主张权利，因为在拍卖过程中委托人有权要求保密其个人信息，如姓名及住所等。因此，买受人在察觉拍品瑕疵并欲主张权利时，往往首先只能联系拍卖人，而将委托人的责任置于次要位置。

对于拍卖人的过错情形，拍卖人同样受瑕疵请求权规则的约束。尽管拍卖人的责任与委托人密切相关，但其承担的责任并非完全建立在委托人的告知之上。依据《拍卖法》第十八条的规定，拍卖人享有要求委托人明确拍卖标的的来源及存在瑕疵的权利。一旦委托人完成了说明，拍卖人即被视为已知悉拍品的瑕疵信息。若拍卖人未能如实向买受人传达这些信息，则须承担相应的瑕疵责任。此外，委托人的无知或不应知的状态不能自动转化为拍卖人的无责任。鉴于拍卖人作为专业机构所具有的独立行为能力和专业知识，其对特定领域内拍品瑕疵的了解与认知能力应当更为敏锐。如拍卖人故意隐瞒瑕疵信息，则必须独立承担相应的责任。

在拍卖实践中，拍卖人先行负责的情形也时有发生。所谓"先行负责"，意指在拍卖标的确实存在应当告知而未告知的瑕疵时，不论实际责任归属于何方，拍卖人均需先行承担责任。在拍卖人承担了相关责任之后，可向责任实际所在方——即委托人追偿。此种先行负责机制符合现代商业活动的要求，旨在保护消费者权益，有利于买受人更便捷有效地实现其权利。在法律层面，这一机制相当于赋予了买受人与拍卖人之间一种类似于连带责任的关系，即拍卖人需对委托人的过错承担连带责任，而这一责任的承担并不以拍卖人本身是否存在过错为前提。显然，如果拍卖人自身亦有过错，其只能就委托人过错造成的损失部分向委托人追偿，对于自身过错导致的损失部分则无追偿权。从买受人的角度看，拍卖人的责任具有首要性，拍卖人无法以委托人的过错为由推卸自己的责任。即便责任实际上应由委托人承担，拍卖人亦需先行负责，体现了对买受人权益的最大程度保护。

四、小结

在深入分析了艺术品拍卖的基本机制、经济学原理及其衍生模式后，可以观察到，艺术品拍卖市场以其独特的交易机制和经济模型成为研究艺术经济学、拍卖理论和市场行为的重要领域。通过对英格兰式拍卖、荷兰式拍卖、投标式拍卖及其衍生方式的探讨，我们发现不同拍卖模式在不同的市场环境和商品属性中各有优势和局限。这些拍卖模式的应用不仅促进了艺术品市场的繁荣，也为市场参与者提供了多样化的选择和策略。

英格兰式拍卖，作为最传统且广泛采用的拍卖方式，其透明且动态的出价过程在提高市场活跃度和促进价格发现方面发挥了重要作用。然而，"赢者的诅咒"现象提醒参与者在热烈的竞价过程中需保持理性，以免支付过高的价格。荷兰式拍卖则以其快速高效的交易特性适用于易腐败或需迅速销售的商品，但可能因竞争不足而导致成交价格不理想。

投标式拍卖，特别是第二价格密封拍卖，通过激励真实出价解决了"赢者的诅咒"问题，为市场价值的真实反映提供了可能。这一机制在理论和实践中都显示出对促进市场公正和效率的潜力，尽管其在实际操作中面临信息不对称和策略复杂性的挑战。

此外，随着信息技术的发展，网络拍卖作为一种新兴的拍卖方式，在打破地理和时间限制的同时，也为拍卖市场引入了新的参与者和交易模式。网络拍卖的兴起不仅体现了市场的创新与适应能力，也对传统拍卖模式和市场规则提出了挑战和补充。

从经济学角度看，艺术品拍卖市场的多样化拍卖模式体现了供需原理、市场竞争和信息不对称等经济学基本概念在实际市场中的应用。这些拍卖模式的设计和选择反映了拍卖人、委托人和竞买人之间复杂的利益关系和策略行为。通过优化拍卖规则和机制，可以有效提升市场效率，促进资源的合理分配。

综上所述，艺术品拍卖市场的研究不仅为理解拍卖机制和市场行为提供了丰富的案例，也为经济学理论的应用和发展提供了实践基础。随着市场环境的变化和技术的进步，探索更为高效、公正和适应性强的拍卖模式，将是艺术品拍卖市场发展的重要方向。

第三章

艺术品拍卖工作流程及当事人法律关系

一、艺术品拍卖主体的设立与法定权利义务

1. 拍卖主体的设立

在艺术品市场领域，拍卖主体扮演着核心的角色，它们既作为拍卖法律体系中的中心实体，也充当着连接各种法律关系的枢纽。在我国《拍卖法》中，统称拍卖主体为"拍卖人"，指的是根据法律规定，获得相应许可，具备从事商业性拍卖活动资格的法人实体，代表着拍卖业务的运营主体。

同时，商事体制改革对拍卖行业参与者产生了显著影响，特别是在 2015 年对《拍卖法》进行修订之前，法律规定仅允许专门从事拍卖业务的企业参与拍卖市场，禁止其他企业涉足。根据原《拍卖法》的要求，成立拍卖企业必须遵循严格的审批流程：首先需获得地方政府拍卖业管理部门的审核许可，随后向工商行政管理部门提交登记，以获取营业执照。此外，根据 2004 年商务部第 24 号令《拍卖管理办法》的具体规定，拍卖企业的命名需遵守企业名称登记管理相关规定，明确在企业名称中注明"拍卖"二字。这些条款明确规定了企业须先获取"拍卖经营许可证"后才能正式运营，实行的是一种"先证后照"的注册模式，并且对企业名称中"拍卖"字样的使用有明确要求，未包含此字样的企业不得开展拍卖业务。

此外，文物拍卖企业还需获得文物拍卖资格，方可合法开展文物拍卖活动。此资格通过国家文物局发放的《文物拍卖许可证》来认证。因此，任何持有《文物拍卖许可证》的拍卖企业均归类为文物拍卖企业。相关法律法规，包括《拍卖法》《中华人民共和国文物保护法》（以下简称《文物保护法》）《中华人民共和国文物保护法实施条例》（以下简称《文物保护法实施条例》）《拍卖管理办法》及《文物拍卖管理办法》，对文物拍卖企业的设立与运营提出了具体要求。总结如下：

文物拍卖企业的股东需为中华人民共和国的公民或法人实体。根据《文物保护法》第

五十五条，禁止设立中外合资、中外合作和外商独资的文物商店或者经营文物拍卖的拍卖企业。鉴于文物拍卖的特殊性及其标的物价值的高昂，文物拍卖企业的注册资本要求较为严格。《拍卖法》第十三条指出，拍卖企业经营文物拍卖的，应当有一千万元人民币以上的注册资本。与普通拍卖企业相比，文物拍卖企业需配备具备文物拍卖专业知识的专业人员。虽《拍卖法》未对这些专业人员的数量及专业级别做出具体规定，但《文物保护法实施条例》第四十一条规定，从事文物拍卖的企业至少需配备 5 名具有高级文物博物专业技术职务的文物拍卖专业人员，并须持有省、自治区、直辖市人民政府文物行政主管部门发放的文物拍卖许可证。文物拍卖企业除须遵照《拍卖法》获得商务主管部门颁发的拍卖经营批准证书及市场监管部门颁发的营业执照外，还须依法持有文物拍卖许可证。

2. 拍卖人的法律权利

（1）信息知情权

《拍卖法》第十八条明确授权拍卖人有权要求委托人就拍卖物的来源及其存在的瑕疵做出说明。这一规定旨在保障拍卖人了解拍卖物的真实情况，避免因信息不对称而导致的法律风险。《拍卖法》第四十一条规定，委托人委托拍卖物品或者财产权利，应当提供身份证明和拍卖人要求提供的拍卖标的的所有权证明或者依法可以处分拍卖标的的证明及其他资料。此外，《拍卖法》第四十三条赋予拍卖人对拍卖物进行鉴定的权利，若拍卖人认为有必要，可对拍卖标的进行专业鉴定，以确保拍卖物的真实性和价值。这不仅有利于提高拍卖活动的公信力，也保护了竞买人的利益。拍卖人亦有权要求竞买人出示合法有效的证明文件，以确认其竞买资格。

（2）经营性拍卖活动开展权

在当前的法律框架下，经营性拍卖活动在我国被明确纳入行政许可制度的范畴。根据这一制度，仅有获得国家商务主管部门授权的企业，即持有官方颁发的拍卖经营批准证书的实体，才具备合法资格开展经营性拍卖活动。任何未经授权从事此类活动的企业均被视为违法行为。《拍卖管理办法》第四十六条对此做了严格规定，未经许可从事经营性拍卖活动的企业，应依照国家有关规定予以取缔。

（3）拍卖标的瑕疵声明权

在拍卖领域，拍卖人与标的物的所有者或处分权人之间建立的是一种委托合同关系，其核心目的在于通过拍卖过程将标的物出售；而拍卖人与出价最高的竞买人之间则形成了拍卖合同关系，其主要内容是确保最高出价者获得标的物的所有权。从理论上讲，拍卖合同可被视为买卖合同的一种特殊形式。然而，拍卖合同的实质与一般买卖合同之间存在本质差异，后者通常涉及买卖双方直接进行的商议和交易过程，而拍卖则通过一系列标准化流程完成，如委托公示、公开竞价和敲槌成交等。

《中华人民共和国民法典》第 645 条针对拍卖活动的特殊性，特别规定了拍卖当事人的权利和义务关系及拍卖程序应遵循相关法律、行政法规的规定，强调了拍卖合同与普通买卖合同在法律义务上的区别。尤其在瑕疵担保责任方面，拍卖人相较于普通买卖合同中的出卖方承担较轻的责任。

（4）获得拍卖服务报酬权

在法律和经济学的视角下，拍卖人的角色和经济活动可被精确地定义为依法成立并获得授权从事经营性拍卖活动的企业法人实体。所谓"经营性"活动，特指拍卖人通过提供中介服务于拍卖过程中，依据服务提供的性质获得报酬，该报酬通常以服务费或拍卖佣金的形式存在，其金额一般是根据拍卖成交价的一定百分比从委托人和买受人中收取。

《拍卖法》提供了有关佣金比例的规定，允许委托人和买受人与拍卖人就佣金比例进行协商约定。在未有明确约定的情况下，《拍卖法》允许拍卖人在拍卖成功成交后，从委托人和买受人处各自收取不超过成交价 5% 的佣金，此收费比例遵循着随拍卖成交价增高而相对减少的原则。此外，对于拍卖未能成功成交的情况，拍卖人有权向委托人收取事先约定的费用，或在未有预先约定的情况下，收取必要的拍卖支出作为合理费用。

3. 拍卖人的法律义务

（1）标的审核义务和信息披露的义务

依据《拍卖法》第十八条的规定，拍卖人有义务在拍卖过程中向竞买人明确说明拍卖标的的任何已知瑕疵。这项规定意味着拍卖人必须在拍卖公告中或在拍卖活动开始之前，向所有潜在的竞买人披露关于拍卖标的的数量、质量、性能等基本属性，并且应当主动告知任何已知的或应当知晓的关于拍卖标的的权利瑕疵或品质瑕疵。这既是一项法定义务，也是拍卖人维护拍卖活动公正性和透明度的基本责任。

　　《拍卖法》还详细规定了拍卖人发布拍卖公告和展示拍卖标的的义务，以确保竞买人能够充分了解拍卖标的的情况。具体来说，拍卖人须至少在拍卖日的 7 天前发布拍卖公告，并通过报纸或其他新闻媒介进行。此外，拍卖人有责任在拍卖前提供拍卖标的的展示，使竞买人有机会实地查看拍卖物品，展示时间不得少于 2 天。在拍卖开始前，拍卖师还必须宣布拍卖规则和相关注意事项，包括但不限于是否存在保留价等信息。

　　（2）对当事人忠诚的义务

　　在法律框架下，拍卖人被定义为执行拍卖中介服务的企业法人，其职责和义务在多个层面上被严格规定以确保拍卖流程的公正性和透明性。拍卖人与委托人之间建立的是一种委托拍卖法律关系，该关系的核心在于委托人对拍卖人的信赖。此外，拍卖人与竞买人之间存在拍卖服务关系，而与成交的买受人则构成特定的买卖关系。这些关系的形成和维持都依赖于竞买人及买受人对拍卖人的信任。基于这种信任，拍卖人承担着对各方忠诚的法律义务，这一义务主要体现在忠实履行委托、妥善保管拍卖物品以及谨慎处理信息方面。

　　忠实履行委托的义务体现在拍卖人必须遵循委托人的意愿，未经委托人同意，不得转委托给其他拍卖实体进行拍卖。这一原则在《拍卖法》第二十条中得到了明确的法律规定，强调了拍卖人在接受委托后应忠实于委托人的要求和利益。

　　妥善保管拍卖物品的义务要求拍卖人对委托人交付的物品负有保管责任，以保障物品的安全和完整。这一责任在《拍卖法》第十九条和《拍卖管理办法》第三十四条中有所体现，后者还要求拍卖企业建立专门的保管、值班和交接班制度，并采取必要的安全防护措施，确保拍卖物品的完好无损。

　　谨慎处理信息的义务主要涉及对参与拍卖各方身份信息的保密要求。在实际拍卖活动中，可能会有委托人或买受人希望隐藏自己的身份，出于各种考虑不愿意公开个人信息。对此，《拍卖法》第二十一条规定拍卖人应当尊重当事人的保密要求，对其身份信息予以保密。这一规定旨在保护当事人的隐私权，同时也体现了拍卖人作为专业机构应有的职业道德和职业操守。

（3）不得自营和严守诚信的义务

在拍卖行业内，拍卖企业扮演着至关重要的中介角色，其操作不仅影响着拍卖过程的公正性和透明度，而且直接关系到其自身的声誉和市场的信任度。作为这一行业的核心参与者，拍卖企业的职业诚信是赢得委托人、竞买人及其他相关方信任的关键。拍卖活动中的诚信问题尤为重要，因为拍卖企业需要平衡多方利益，确保每一方当事人的权益得到妥善处理，从而促成一个满意且有效的交易结果。

法律对拍卖企业设定了严格的禁止性规定，以防止任何可能损害拍卖活动公正性的行为发生。具体而言，《拍卖法》在多个条款中明确禁止了一系列可能影响拍卖公正性的行为，包括禁止拍卖人及其工作人员参与竞买，禁止拍卖自身物品，签署成交确认书，禁止与竞买人恶意串通等。

（4）依法交割的义务和其他义务

根据《拍卖法》第二十四条的规定，拍卖人履行其法定义务，包括在拍卖成交后，依照先前的约定向委托人支付拍卖标的的成交价款，以及将拍卖物品交付给买受人，构成了拍卖活动中的核心职责。这一规定确立了拍卖人在交易完成后，处理成交款项和物品交割的基本法律要求，旨在保障交易双方的利益得到实现。

在拍卖过程中，拍卖人非法占有成交价款不仅违反了对当事人的诚信原则，还可能招致一系列的法律后果。这些后果可能包括但不限于行政处罚、民事赔偿责任，以及在情节严重时，可能面临刑事责任的追究。[①]这些规定体现了法律对拍卖过程中财产权安全和交易公正性的重视，强调了拍卖人在交易过程中应承担的法律和道德责任。

除了成交价款的处理与拍卖物品的交付外，《拍卖法》还赋予拍卖人一系列与拍卖活动记录和文件保管相关的职责。具体来说，《拍卖法》第五十三条要求拍卖人在进行拍卖时必须制作拍卖笔录，并且这些笔录需要由拍卖师、记录人签名确认，如有成交，还需获得买受人的签名。这一规定旨在确保拍卖过程的透明度和可追溯性，保障所有参与方的合法权益。

---

①　拍卖过程中拍卖人非法占有成交价款对当事人诚信原则违背及其对拍卖市场产生负面影响，这种行为不仅破坏了市场的正常秩序，还严重损害了竞买人和委托人的利益。拍卖人非法占有成交价款可能面临的法律后果包括民事、行政和刑事责任，但现行法律框架不足，因此完善相关法律规定和加强行业监管是业界关注的话题。

二、拍卖委托方（卖家）的界定和法定权利义务

委托人是指委托拍卖人拍卖特定物品或财产权利的公民、法人或者其他组织。这也是《拍卖法》对委托人的概念和性质的定义。

1. 委托人的界定和分类

在拍卖领域内，委托人的身份构成与资格呈现出多元化的特点，既包括拍卖标的物的所有权持有者，亦涵盖了那些虽非所有权人但享有处分权的主体。按照法律及拍卖行业惯例，委托人群体大致被划分为三大类：公民、法人及其他法律主体。在中国的拍卖实践中，这些委托人种类繁多，覆盖了广泛的社会和经济领域。依据拍卖业务的性质，委托人可进一步分类为政府机构、司法机关、国有企业及民间资产持有者等。

基于委托拍卖业务的性质，拍卖活动可被分为市场化和政策性两大类。相应地，委托人亦根据业务性质被分为参与市场化拍卖业务的主体和参与政策性拍卖业务的主体。市场化拍卖业务反映了广泛的社会需求，涉及各层面的社会成员和组织，其范围广泛，不受特定限制。例如，文化艺术品的拍卖通常见于个人收藏家或艺术品经纪人；而房地产和汽车的拍卖则多见于物权登记名下的业主或车主。

2. 委托人的权利

（1）委托拍卖的权利

委托拍卖权是一个核心概念，在拍卖领域中指代委托人依据自身的所有权或处分权，自主选择拍卖的方式及拍卖执行主体（拍卖人）的法定权利。该权利的根基在于委托人对于拍卖标的物拥有的法定权益，使得委托人得以决定是否通过拍卖这一特定渠道转让其物品，以及选择执行该拍卖活动的拍卖企业。

委托人行使委托拍卖权的过程，实质上是一个决策和选择的过程，涉及对拍卖方式的考量和对拍卖人的筛选。此外，委托人在行使委托拍卖权时还拥有一定的灵活性，既可以直接亲自办理相关的拍卖委托手续，也可以授权代理人代为执行，这增加了委托拍卖的便利性和灵活性。委托拍卖权不仅是委托人基于拍卖标的所有权或处分权所享有的一种法定权利，也体现了委托人在拍卖市场中的主体地位和选择自由。该权利的行使过程是委托人基于对拍卖市场环境的理解和对自身利益的追求，通过合理选择拍卖方式和

拍卖人来实现财产权益转移的过程。

（2）确定保留价的权利

在艺术品市场及其他相关领域的拍卖活动中，委托人拥有一项关键性权利——决定拍卖物品的保留价，并要求拍卖执行方对该价格保持机密。保留价，即在拍卖过程中设置的最低成交价格，是一项对委托人财务利益具有直接影响的重要参数。这一价格的设定不仅受到拍卖物品自身条件、当前市场估价以及委托人对未来市场动态的预测等多元因素的影响，还体现了委托人对拍卖成果的最低期望。

在拍卖过程中，虽然拍卖人基于其专业知识与市场经验，可能会向委托人提供关于保留价设定的专业建议，以确保保留价的合理性与市场的相符性，从而增加拍卖成功的概率，但根据法律原则和市场实践，最终的决定权依然属于委托人。保留价的设置及其保密性要求，进一步强化了拍卖市场中的信息不对称性，这一不对称性在一定程度上是必要的，旨在保护委托人的利益不受侵害，防止拍卖过程中因信息泄露导致的潜在贬值风险。同时，这也提出了对拍卖人职业道德和专业能力的高标准要求，要求其在尊重委托人权利的同时，能够提供高质量的服务，包括但不限于市场分析、价格评估和策略建议等。

（3）约定佣金的权利

委托人佣金是基于拍卖成交价的一定比例，由委托人支付给拍卖人的费用。这一支付行为是基于委托人与拍卖人之间关于佣金比例的事先协商和约定。此类约定显示了当事人意思自治的原则，在佣金比例的确定上，通常优先于法律规定的标准。在实践中，佣金比例的具体约定反映了拍卖业务的复杂性、成本大小及技术难度等因素。值得注意的是，虽然法律并未对佣金比例设置具体上限，但其确立应基于双方的合理商定和市场实践。

在中国的拍卖实践中，委托人佣金的规定存在特殊情形。首先，依据《拍卖法》及相关法律法规，某些政策性拍卖活动，如公物拍卖和涉诉资产拍卖，仅要求买受人支付佣金，而委托人则无须承担相应的佣金费用。其次，在艺术品（包括文物）拍卖中，拍卖人与委托人之间的佣金比例通常会参照国际同业的收费标准进行约定，即不低于成交价的10%。这一做法不仅体现了拍卖行业内对于艺术品特殊价值的认识，也符合国际市场的通行做法。

若拍卖未能成功成交，拍卖人有权根据双方事先的约定向委托人收取相应的费用。在未有明确约定的情况下，拍卖人亦可向委托人收取一定的拍卖支出作为合理费用。这些规定确保了拍卖人在提供专业服务过程中所产生的基本成本得到合理补偿。

除上述三项权利外，委托人还依法享有请求成交价款、监督拍卖活动和撤回拍卖标的的权利。其中，如果委托人选择撤回拍卖标的，根据《拍卖法》的相关规定，委托人有义务支付给拍卖人因拍卖准备而产生的合理费用。这些费用可能包括但不限于拍卖前的宣传费用、拍卖场地准备费用以及其他相关的行政支出。若双方事先有关于撤回费用的约定，委托人应按约定支付；若无明确约定，则应支付为拍卖准备所产生的合理费用。《拍卖法管理办法》第四十一条明确要求，若委托人决定撤回拍卖标的，必须通过书面形式通知拍卖企业终止拍卖。而《拍卖法管理办法》第五十四条规定，如果委托人的撤回行为给竞买人造成了损失，委托人还需对此进行赔偿。

尽管法律赋予委托人撤回拍卖标的的权利，但在现实操作中，委托人通常会优先考虑与拍卖人进行协商，以寻求双方都能接受的解决方案，或者在撤回原因消失后，重新委托拍卖人进行拍卖。这种做法不仅体现了对拍卖过程的负责任态度，也有助于维护委托人与拍卖人之间的良好合作关系。

3. 委托人的义务

（1）标的来源和瑕疵告知的义务

在拍卖活动的法律体系内，委托人承担有关拍卖标的的来源和瑕疵告知的重要法定义务，此义务的核心在于确保拍卖过程的透明性和公正性。根据《拍卖法》第二十七条的规定，委托人有责任向拍卖人明确说明拍卖标的的来源及存在的任何瑕疵，这一要求对于拍卖人决定是否接受拍卖委托以及设定拍卖标的的初始估价具有决定性作用。

拍卖标的的合法来源是拍卖活动能否进行的前提条件之一。委托人必须向拍卖人提供足够的证据和资料以证实拍卖标的合法来源，包括但不限于所有权或处分权的相关法律文件，确保拍卖活动不会因非法来源的标的而受到法律制裁或质疑。

同样，拍卖标的的瑕疵情况，无论是潜在的还是显而易见的，无论是委托人已知的还是理应知晓的，甚至包括可能存在的任何权利障碍，都应由委托人如实向拍卖人披露。这些瑕疵的告知对于确定拍卖标的的真实价值、评估拍卖风险以及制订拍卖策略均具有重要影响。正确评估和披露这些瑕疵不仅是委托人履行法定义务的表现，也是确保拍卖成交的关键因素。

（2）不参与竞买的义务

在拍卖法律体系中，确保拍卖过程的公正性和透明度是至关重要的。其中，规定委托人在拍卖过程中的行为限制，特别是关于不参与竞买的义务，是实现这一目标的关键措施。根据《拍卖法》的明确规定，委托人被严格禁止参与自己所委托拍卖标的的竞买活动，这一禁令同样适用于委托人通过第三方代理参与竞买的行为。

此项规定的设立基于多重考虑：首先，委托人的参与竞买或通过他人参与竞买，极易引发拍卖价格的人为抬高，这种行为不仅扰乱了市场竞争的公平性，也直接损害了其他竞买人的利益。其次，委托人参与竞买可能导致拍卖结果的不公正，影响拍卖市场的正常秩序，甚至可能引起市场对拍卖活动公信力的质疑，破坏整个拍卖行业的健康发展。

（3）支付拍卖佣金的义务

根据《拍卖法》的相关规定，委托人支付拍卖佣金构成其在拍卖合同中的一项基本义务。这一义务的履行不仅是对拍卖人劳动的合理补偿，也是确保拍卖活动顺利进行的重要财务基础。委托人与拍卖人之间关于佣金的比例、支付时间及方式等应在合同中进行明确约定，以避免后续的纠纷和不必要的法律风险。在合同约定缺失的情况下，《拍卖法》为拍卖人提供了一项保护措施，即在拍卖成功成交的情况下，拍卖人可以向委托人收取不超过成交价5%的佣金。此外，佣金收取的比例通常与拍卖成交价成反比关系，反映了市场实践中对于高价值拍卖标的佣金率相对较低的惯例，旨在平衡拍卖服务的价值与成本。

三、拍卖征集委托及相关法律关系

在艺术品拍卖过程中，拍卖委托环节扮演着至关重要的角色，它不仅是拍卖活动能够顺利进行的前提条件，也是整个拍卖过程中一个持续贯穿的核心程序。拍卖委托过程的启动，始于委托人与拍卖企业之间就拍卖事宜达成初步协商。这一阶段的成功实施，为后续的拍卖活动奠定了基础。具体而言，拍卖委托程序主要包括征集标的、审核项目、洽谈合同以及签订合同四个阶段，每个阶段都对拍卖的成功举行至关重要。

1. 艺术品标的征集流程概述

在征集标的阶段，拍卖企业通过广泛的市场调研和专业渠道，积极征集具有一定市场价值和艺术价值的拍品。在审核项目阶段，专业的鉴定团队将对征集来的拍品进行严格的真伪鉴定和价值评估，确保每件拍品都符合拍卖的质量标准和法律要求。洽谈合同阶段，则涉及委托人与拍卖企业就拍卖的具体条款进行细致的商讨，包括拍卖的佣金、保留价以及拍卖的具体流程等。最后，在签订合同阶段，双方将基于前期的洽谈结果正式签订拍卖委托合同，明确各自的权利和义务，确保拍卖过程的合法性和正当性。整个拍卖委托过程，不仅要求拍卖企业具备专业的艺术鉴赏能力和市场运作经验，更需要其在法律和伦理层面上保持高度的职业道德标准。

2. 标的征集应注意的问题

艺术品拍卖的首要步骤是识别并接触潜在的委托人。这些潜在委托人可能是艺术品的藏家、艺术家本人或者其他持有意向出售艺术品的个人或机构。拍卖人需利用广泛的网络资源、市场调研以及行业内的联系，来及时发现有出售意向的卖主。一旦发现这些潜在的委托人，拍卖人应主动提供专业咨询，解析拍卖与其他交易方式的优势与不足，从而引导卖主选择拍卖作为其艺术品交易的首选方式。拍卖前的初步鉴定也是一个关键的评估过程，它直接关系到拍卖活动的品质与信誉。拍卖公司在这一阶段需要派遣经验丰富的专家进行审查，这包括验证艺术品的真伪、评估艺术品的质量和艺术价值，以及分析当前市场对该艺术品的需求情况。

从委托人的角度出发，理解和满足他们的需求是确保拍卖活动成功的关键。拍卖人员不仅需要具备高度的专业素养和市场洞察力，还必须展现出对委托人利益的深切关怀和对其需求的充分理解。这种以客户为中心的服务理念能够促进拍卖人与委托人之间的信任建立，从而有效地征集到更多优质的拍卖标的，保证拍卖活动的顺利进行。拍卖人需要从委托人的视角深入考虑问题，理解他们的情感依托、期望价值以及对拍卖过程的担忧。通过充分的沟通和交流，拍卖人应把握委托人的核心需求，包括但不限于财务目标、时间安排、隐私保护等方面。只有在充分理解了这些需求的基础上，拍卖人才能够制订出符合委托人期望的拍卖方案。

保留价的确定是拍卖过程中的一项重要环节，它直接关系到拍品是否能够成功成交以及成交的最终价格。大多数情况下，委托人对于拍品的期望价值较高，这就要求拍卖人员运用自己的专业知识和经验，向委托人提供市场分析和价值评估，帮助其确定一个既符合市场实际情况又能被双方接受的保留价。这一过程不仅需要拍卖人具备高超的专业技能，还需要具有良好的沟通能力和说服力，以确保在保障委托人利益的同时，也维护拍卖活动的公正性和专业性。

拍卖企业在拓展业务时，对目标市场的科学选择尤为重要。这不仅涉及市场需求的细致分析，还包括对潜在市场增长趋势的准确预判。企业应当依托专业的市场研究，深入分析消费者需求的变化趋势，从而确定具有发展潜力的拍品类别。通过对这些新兴市场的及时布局，拍卖企业可以有效地把握市场先机，吸引更多的委托人和买家。在拍卖企业中，形成独特的拍卖特色是吸引委托人和买家、提升市场竞争力的有效方式。这要求拍卖企业不仅要在拍卖品类的选择上展现多样性，更要在服务质量、专业能力以及市场推广上下功夫。通过提供专业化、个性化的服务，建立良好的企业形象和品牌声誉，拍卖企业可以在众多竞争对手中脱颖而出，吸引更多高质量的拍品和客户。

3. 标的审核与委托拍卖合同中的法律问题

（1）鉴定审核与拍品瑕疵发现

拍卖物品的鉴定过程不仅涉及对物品的真伪和价值的评估，还包括与委托拍卖合同中声明的物品状况的对比。如果鉴定结果与合同中的描述不符，拍卖人有权请求变更合同条款或者解除合同。在进行鉴定时，必须详细记录鉴定过程，包括鉴定的时间、地点、参与鉴定的人员或机构以及鉴定的意见和结论。只有在物品通过这一系列鉴定程序之后，才能被安排进行拍卖。特别是在文物拍卖的情况下，拍卖人须在拍卖活动前，将所有拟拍卖的物品（无论是文物还是非文物艺术品）提交给相应的地方政府文物行政部门进行审查。这一步骤是确保文物拍卖的合法性和透明度的重要环节。提交的审查材料应当包括由专业的文物拍卖人员签署的关于征集物品的鉴定意见。对于未能通过审查的物品，拍卖人应通知委托人，并与之解除有关该物品的委托拍卖合同。

在拍卖过程中，拍卖企业有责任从两个主要方面对拍卖标的的权利进行核实：一是确认委托人是否具备对拍卖标的的所有权和处分权；二是评估拍卖标的的流通性。对于动产的核实，拍卖企业一般以占有即所有的原则为判断标准，意味着只要委托人实际占有拍卖标的，便可认定其具有所有权。尽管如此，拍卖企业并不能仅以占有为准，而是应要求委托人在无法提供所有权或合法处分权证明时，提供相应的法律责任声明。

拍卖标的的流通性核实是拍卖准备过程中不可或缺的一步。这一步骤涉及对拍卖标的是否可以自由流通及其流通条件的判断，包括自由流通物、限制流通物和禁止流通物的分类。在处理限制流通物或禁止流通物时，拍卖企业必须遵循相关法律法规，确保拍卖活动的合法性和道德性。禁止流通物即商品不得进行交易，国家不允许作为商品买卖的标的，拍卖企业不能受理委托。如产权有争议或被抵押、质押、查封等，这些问题在未解决前不得拍卖，如《文物保护法》《文物保护法实施条例》和《文物拍卖管理暂行办法》所列举的不得作为拍卖标的的文物，又如其他法律法规明令禁止流通的如武器、管制刀具和淫秽、反动出版物等物品。

（2）核实委托人的身份

在艺术品拍卖领域，确保委托人身份的真实性与合法性是维护市场秩序和诚信度的关键前提。根据相关法律规定，如《拍卖法》第四十二条，拍卖企业负有对委托人身份进行严格核实的责任，以确保拍卖过程的正当性和合法性。此项法律义务要求拍卖企业在与委托人签订委托拍卖合同之前，对委托人提供的身份证明文件进行详尽的核查，包括但不限于个人身份证明、法人或其他组织的注册登记证明及法定代表人的身份证明等。

对于自然人委托人而言，他们需提供有效的居民身份证、护照或其他官方身份证明文件。而法人或其他组织委托人则须出示有效的法人注册登记证书（如营业执照）、法定代表人的身份证明或其他相关证明文件。此外，如果委托人选择由代理人代为办理拍卖手续，还必须提供代理人的身份证明及授权委托书。

在审查委托人提供的文件时，拍卖企业应该从两个层面进行：一是验证文件的合法性和真实性，即确认这些证明文件在形式上的合规与有效性；二是评估委托人的民事行为能力，确保其具备完全的民事行为能力，以及在精神状态正常的情况下进行委托。

委托拍卖的过程往往涉及一系列复杂的法律关系与责任划分，其中委托人对拍卖标的的保证是确保交易公正性、保护拍卖参与各方利益的关键环节。委托人需声明其对所委托拍卖的艺术品拥有完整且合法的所有权或处分权，确保交易的法律基础坚实无疑。这意味着委托人必须是艺术品的合法所有者，或者至少拥有足够的法律权限来处分该艺术品，保证拍卖行为的合法性与有效性。

委托人还应承诺已向拍卖人充分、详细地披露了关于艺术品来源和可能存在的任何瑕疵的所有相关信息，确保了信息的透明度和真实性。这包括但不限于艺术品的历史、前任所有者、可能影响其价值和完整性的任何损伤或修复情况等。委托人保证其提供的信息中不存在故意隐瞒或虚构的成分，以维护拍卖过程的诚信和透明度。

最后，委托人还应知晓违约责任，即在所有权或处分权、艺术品信息披露方面存在瑕疵，导致实际所有权人或任何声称拥有权利的第三方向拍卖人或买受人提起索赔或诉讼，致使拍卖人和买受人遭受经济损失，委托人将负责赔偿这些损失，并承担由此产生的所有费用和支出，包括但不限于法律诉讼费用、赔偿金等。

（3）合同洽谈与签订

在艺术品和文物拍卖领域，洽谈委托拍卖合同是一个关键过程，它涉及拍卖人与委托人之间的权利、义务、责任及拍卖操作方式的共识形成。这一过程不仅要求拍卖人坚持行业原则，维护市场秩序，同时也需要展现出适当的灵活性，以平衡商业利益与法律风险，确保双方利益的最大化。

在商讨合同的过程中，根据《拍卖法》第四十四条的规定，双方应当重点关注权利与义务的明确化，包括但不限于委托人提供真实、完整的艺术品信息，以及拍卖人执行专业评估和宣传的职责。双方应确保信息的透明度和交易的公正性，为后续流程奠定坚实基础。第二是双方需就拍卖标的相关的各类费用承担责任和方式进行协商，涵盖税费、滞纳金、产权登记费用等。透明明确的费用承担机制有利于避免日后的纠纷。此外，拍卖人应基于市场分析和专业知识，为委托人提出合理的保留价建议，同时尊重委托人关于保留价的最终决定权。保留价的科学设定对于保护委托人利益和维持市场价值具有重要意义。第三，佣金是拍卖企业的重要收入来源，但其比例需在合理范围内制定，以兼顾委托人的承受能力和拍卖企业的运营需要。适度的佣金制度能够促进双方的长期合作。

此外，洽谈内容还应包括拍卖的时间、地点、方式，成交价款的支付和拍卖标的的交付及争议解决机制等问题。

签订委托合同是进入拍卖流程前双方必须完成的关键法律程序，该合同是一种形式性合同，即法律规定需以特定形式订立的合同。书面形式，包括合同书、信件及各类电子通信文本如电报、传真、电子数据交换、电子邮件等，可视作合同的有效形式，这些都是能够物化表现合同内容的媒介。此举确保了拍卖过程的合法性、规范性及双方利益的保护，为艺术品及文物的拍卖活动提供了坚实的法律基础。

违约责任的规定是合同中不可或缺的部分，它确定需覆盖合同所约定的全部权利与义务范围。例如，若委托人未能履行其对拍卖标的物的保证义务，如未能保证拍卖物的真实性、完整性或法律状态，或在支付与拍卖相关的费用时违背了合同规定，抑或是未经拍卖人同意擅自撤回拍卖物，均构成违约行为，应当承担相应的违约责任。同样，如果拍卖人未能妥善保管拍卖物，未按约定时间、地点或方式进行拍卖，或在成交后未能及时向委托人支付拍卖所得，这些行为也应视为违约，拍卖人需承担由此产生的责任。

在拍卖文物艺术品时，拍卖企业通常承担代扣代缴个人所得税的责任。这意味着拍卖企业需根据国家税法规定，从卖方所得中扣除相应的税款，并代为缴纳给税务机关。此项约定确保了税收的合法合规收缴，避免了因纳税不当而引发的法律责任和纠纷。

四、拍卖公告与拍卖预展相关事项

一旦签署委托拍卖合同，便标志着拍卖活动的正式启动，允许拍卖程序的展开，其中包括发布拍卖公告及进行拍卖标的的展示。这两项活动不仅是拍卖过程中的重要组成部分，也是法律规定的必要程序。拍卖公告的发布是为了广泛传播拍卖活动的相关信息，如拍卖时间、地点、拍卖标的的名称、特性、起拍价等，以此吸引潜在的买家群体，并为他们提供决策所需的基本信息。同时，拍卖标的的展示则允许潜在买家亲自或通过其他方式对拍卖物品进行审查，了解其物理状态和任何可能影响价值的因素。

1. 拍卖公告的特征及法定要求

根据国际拍卖行业的通行原则及我国《拍卖法》的规定，拍卖企业在受理委托、举办拍卖活动前，必须进行法定的拍卖公告，这一过程是一种法律上的强制性要求，体现了拍卖活动必须遵循的公开原则。拍卖公告的法律属性明确指出，其为拍卖企业对外发布的一种要约邀请，其核心在于通过特定的新闻媒介，向社会公众公布即将举行的拍卖会信息。拍卖公告成为连接拍卖人与潜在竞买人之间的桥梁，其内容的准确性、客观性和真实性至关重要，任何虚假或夸大的信息都可能对拍卖活动的公正性和合法性造成影响。

在拍卖活动中，拍卖公告不仅是传递信息的媒介，也是规范拍卖过程、确保交易透明度和公正性的重要法律工具。其特性体现了拍卖活动的核心法律原则，包括法定性、公开性和发布主体的特定性，这些特性共同构建了拍卖市场的基本运作框架。

（1）拍卖公告的法定性与公开性

拍卖公告的法定性根植于《拍卖法》等相关法律法规，这一规定不仅体现了拍卖活动对法律依据的高度依赖，也强调了拍卖作为一种特殊交易方式，其进行必须基于法律的明确授权和规范。这种法定性要求拍卖人在启动拍卖程序之前，必须通过正式的公告程序，向公众明确即将进行的拍卖活动的基本信息，包括但不限于拍卖物品的描述、拍卖的时间和地点等。此举旨在确保拍卖活动的透明度和公众的知情权，同时也是维护市场秩序、防止非法拍卖活动的有效手段。

公开性是拍卖公告必须具备的另一核心特性，其旨在通过广泛传播拍卖信息，确保所有潜在的竞买人都能在公平的条件下参与竞拍，从而促进竞争和提高拍卖的效率和公正性。《拍卖法》规定的在新闻媒体上发布拍卖公告的要求，不仅扩大了信息的传播范围，也提高了拍卖活动的透明度和公信力。与仅在企业网站或通过局部张贴的信息发布方式相比，通过新闻媒体公开发布拍卖公告可以更有效地触及广泛的潜在参与者，确保信息传播的时效性和广泛性，从而为拍卖活动的顺利进行提供了坚实的信息基础。

（2）发布主体的特定性

关于发布主体的特定性，拍卖公告的发布仅限于具有法定资格的拍卖人。这一规定明确界定了拍卖活动中的角色和职责，确保了拍卖公告的正式性和权威性。拍卖人作为连接委托人和竞买人的关键中介，其独有的发布权利强化了拍卖过程的规范化管理，避免了市场上的混乱信息和非法拍卖活动。同时，这一规定也反映了立法者对拍卖市场秩序和参与者权益保护的重视，通过限定发布主体，确保了拍卖信息的准确性和拍卖活动的合法性。

在实践中，存在一些市场主体通过发布"竞买公告"等方式试图绕开法律规定的情况，这些行为不仅损害了市场的公正性和透明度，也对竞买人的权益构成了潜在的威胁。因此，对拍卖公告发布主体的特定性要求，旨在通过法律手段厘清市场主体的权利和责任，维护拍卖市场的正常秩序和健康发展。

（3）公告内容的确定性和强制性

公告内容的确定性是指拍卖公告中所包含信息的全面性和准确性。拍卖公告的发布是一个精密的法律程序，其内容的确定性和公告时间的强制性是确保拍卖过程公正、透明的关键因素。《拍卖法》及相关法规对拍卖公告内容有明确要求，包括但不限于拍卖物的描述、拍卖时间、地点、参与方式等，以确保潜在竞买人能够获得充分、准确的信息，做出明智的决策。在实际操作中，拍卖人必须细致考虑拍卖标的的特性和特殊性，确保公告内容既全面又具体，避免因忽略重要信息而引发的纠纷或法律诉讼。

例如，对于一些具有特殊性质或条件的拍卖物品，如艺术品、不动产等，拍卖人应在公告中详细说明其特点、鉴定结果、任何已知缺陷或限制条件等，确保信息的完整性和透明度。遗漏关键信息，如拍卖标的展示的时间和地点，可能导致竞买人在无法充分了解拍卖物条件下参与竞拍，增加交易争议的风险，甚至影响拍卖的合法性和有效性。

此外，《拍卖法》对拍卖公告的发布时间设定了明确的强制性要求，旨在保障潜在竞买人有足够的时间获取信息、评估拍卖物并做出参与决策。规定拍卖人应至少在拍卖日的 7 日前发布公告，这一规定的目的是最大化地体现拍卖的公开性和公平性，给予所有潜在的竞买人平等的机会准备和参与竞拍。

2. 拍卖公告的内容

拍卖公告的内容，是指拍卖公告应当向公众告知的有关拍卖的必备事项。为了保证拍卖活动能够公开、顺利进行，《拍卖法》第四十六条规定了拍卖公告应当载明的事项。包括如下五项内容：

（1）拍卖的时间和地点

在拍卖活动的筹备和公告发布阶段，拍卖公告的撰写与发布被赋予了至关重要的角色。该公告不仅是向潜在竞买人明确传达拍卖会举行的具体时间和地点的关键手段，如"拍卖时间：2023年5月18日上午10:00；拍卖地点：北京市东城区建国门内大街9号北京国际饭店三楼宴会厅"，而且还承担着确保拍卖过程公开、透明和有序进行的法律和道德责任。在此过程中，拍卖公告的准确性和详细程度对于避免误解、预防纠纷发生具有决定性的影响。

（2）拍卖标的信息

拍卖公告的发布，旨在通过准确无误地传递与拍卖相关的关键信息，达到双重目的：一是确保所有潜在的竞买人获得必要的拍卖信息，二是吸引潜在的需求者参与竞拍，以期顺利完成拍卖成交。在这两个目标中，后者尤为关键，因为它直接关联到拍卖活动能否成功吸引足够的参与者，进而实现拍卖标的的最佳价值。通过专业、精确的信息描述，结合拍卖标的的独特性和价值，拍卖公告能够引起潜在竞买人的强烈兴趣，进而增加拍卖会的参与度和竞争激烈程度。

（3）拍卖预展的时间和地点

拍卖标的的公开展示是拍卖活动中不可或缺的一环，具有法律规定、保障权益及促进招商多重功能。它不仅允许竞买人通过亲身观察、体验拍卖物的特性，还为竞买人提供了一个评估拍卖物品价值、确定竞拍策略的平台。因此，拍卖人有责任确保拍卖标的的展示既全面又透明，公布明确的展示时间、地点以及参观拍卖标的的具体条件和注意事项，这样的做法有利于提高拍卖活动的参与度和竞争程度，同时降低因信息不对称导致的纠纷风险。

此外，拍卖标的展示的组织和实施还具有显著的招商效果。通过有效地展示拍卖物的独特性和价值，拍卖人能够吸引更多潜在的竞买人参与进来，尤其是对于那些具有特殊历史、艺术或收藏价值的拍卖物品，其展示更是能够激发潜在买家的强烈兴趣和购买欲望。

（4）参与竞买应当办理的手续等其他事项

为确保拍卖过程的规范性和拍卖成交的有效性，拍卖人通常要求竞买人在拍卖活动启动前完成一系列竞买登记手续，具体包括但不限于提供竞买人的资质证明和个人身份证明材料、填写竞买登记书，并按规定缴纳拍卖保证金等。这些手续的详细要求和材料清单，应在拍卖公告中明确告知潜在的竞买人，以便他们能够在参与拍卖前做好充分的准备。此外，为了加强拍卖过程的透明度和监管，部分拍卖标的的竞买人资料还需提交给政府监管部门进行备案，以符合相关法律法规的要求。

在艺术品拍卖的公告和展示环节中，除了基本的拍卖信息之外，还有一系列根据拍卖标的具体情况而变化的细节信息，这些信息对于确保拍卖活动的公开性、公平性以及参与者的充分准备是至关重要的。拍卖公告除了必须载明上述事项外，还可根据每次拍卖标的的具体情况，公告竞买人实际需要了解的其他事项。若拍卖标的有保留价，且委托人要求对其保密的，标的有关价格信息不宜在公告中体现，避免涉嫌泄露保留价。此外，拍卖合同还应明确竞买登记时间、竞买人限制条件、商品流通范围限制及是否针对某些标的有特殊要求等细则，方便潜在竞买人咨询拍卖相关的详细信息

在选择发布媒体时，拍卖人应全面考量媒体的覆盖范围、专业度及受众基础，同时综合委托人的意见及拍卖合同中的具体要求。根据《拍卖法》的规定，拍卖公告的发布是必须通过政府批准的新闻媒体进行的，新闻媒体作为拍卖公告发布的主体载体，其基本特征包括得到政府新闻主管部门的正式批准以及能够向公众公开传播信息。随着互联网技术的发展，网络媒体成为一个新的重要平台。《网络拍卖规程》将拍卖公告的发布渠道拓展至互联网新闻媒体，要求这些网络平台根据相关管理规定向国务院新闻办公室

或地方新闻办公室备案，并获取《互联网新闻信息服务许可证》①。互联网媒体的引入为拍卖公告的发布提供了更广阔的空间和更快速的传播效果，满足了现代社会信息传播的需求。

3. 拍卖预展的功能及拍卖图录制作事宜

（1）拍卖预展的功能及方式

拍卖标的展示，业内俗称"预展"，是指在拍卖前提供的查看拍卖标的的现状和咨询的活动。拍卖标的的展示是拍卖人根据法律规定必须履行的责任，拍卖人在拍卖前应依法对拍卖标的进行的公开展示活动。《拍卖法》第四十八条规定："拍卖人应当在拍卖前展示拍卖标的，并提供查看拍卖标的的条件及相关资料。拍卖标的的展示时间不得少于两日。"通过展示拍卖标的，拍卖人向潜在竞买人公开拍卖物的现状及相关资料，实现了信息的透明化。这一过程有助于竞买人对拍卖物进行全面的评估，减少信息不对称，提高拍卖过程的公信力。标的展示为竞买人提供了直接观察和体验拍卖物的机会，成为竞买人评估拍卖物价值、决定竞买行为的重要依据。尤其对于艺术品、古董等具有特殊价值的拍卖物品，亲自观察的重要性更为突出。

标的展示首先具有信息传递与决策支持功能。标的展示阶段为竞买人提供了一个直

---

① 《网络拍卖规程》（GB/T 32674-2016）6.1.3 公告发布媒介："拍卖公告可在网络新闻媒介发布。"在中国拍卖行业协会编著的《<网络拍卖规程>实施指南》中解释：本条是关于网络拍卖公告在网络新闻媒介发布的规定。拍卖公告应在新闻媒介上刊登发布。《中华人民共和国拍卖法》第四十七条规定："拍卖公告应当通过报纸或者其他新闻媒介发布。"明确了拍卖公告必须在公开媒体发布，包括报纸媒体、其他媒体和网络新闻媒体。报纸媒体是经国家广播电视总局批准的（刊号"CN"标志）、有一定发行量和一定影响力的报纸。其他媒体主要是广播电台、电视台等立体媒体。网络媒体是"第四媒体"，整合了报纸、广播、电视三大媒介的优势，实现了文字、图片、声音、图像等传播符号和手段的有机结合，具有广泛性、迅捷性、交互性等特征。

具体实施中应注意以下几点：第一，遵守《中华人民共和国拍卖法》的规定，即拍卖人依法在报纸等新闻媒体上发布，同时在网络拍卖平台上发布，明示拍卖公告在什么时候、什么报纸上发布。第二，若在网络媒体上发布公告，应注意，并非所有的新闻网站都是可以刊登拍卖公告的合法网络新闻媒介。根据《互联网新闻信息服务管理规定》（国务院新闻办公室、信息产业部第 37 号令）、《国务院对确需保留的行政审批项目设定行政许可的决定》（国务院第 412 号令）和其他有关行政法规，只有向国务院新闻办公室或者省、自治区、直辖市人民政府新闻办公室备案并领取相应许可证（目前为《互联网新闻信息服务许可证》）的网站才是合法的网络新闻媒介。所以，拍卖人在选择刊登公告的网站时，应当审查其是否具备该项资质证照。第三，在网站刊登拍卖公告无法像报纸刊登的拍卖公告一样留存报纸作为证据，因此，拍卖公司可以向网络新闻媒介索取刊出证明和网页截屏刊样作为存档证据资料，对于网络新闻媒介拒绝出具上述证据的，需要申请公证处对刊登拍卖公告情况办理公证取证。

接观察和评估拍卖物品的机会。通过亲身体验和现场观察，竞买人可以对艺术品的真实性、艺术价值及其状况有一个直观且全面的认识。这一过程对竞买人而言，是一个关键的信息获取阶段，使其能够基于对拍卖物品深入了解的基础上，进行决策分析，确定是否参与竞拍以及设定一个合理的竞拍价位。此外，现场观察体验还能帮助竞买人辨别艺术品的真伪和质量，为其做出更加准确和理性的投标决策提供了重要依据。

标的展示具有宣传促销与招商功能。艺术品拍卖的预展期间，拍卖人与潜在竞买人之间的互动交流不仅有助于拍卖人深入了解市场需求和竞买人的购买意愿，还为拍卖人发掘潜在的买家提供了机会。通过有效的展示和交流，可以显著提升拍卖品的市场知名度，增强其吸引力，进而激发潜在竞买人的购买欲望。标的展示作为招商活动的一部分，通过精心的策划和组织，能够有效地展现艺术品的独特价值和投资潜力，吸引更多潜在竞买人的注意，为拍卖的顺利进行和成功落槌奠定坚实基础。

（2）拍卖图录的设计与制作

拍卖图录作为拍卖活动中的一个关键环节，承载了向潜在竞买人全面、详细介绍拍卖标的的任务。在文物、艺术品、收藏品等领域的拍卖中，拍卖图录的重要性尤为突出，它不仅是信息传递的媒介，更是连接拍卖企业与潜在竞买人之间的桥梁。

拍卖图录通过全面而翔实的信息披露，确保竞买人能够对每件拍品有一个完整和深入的了解。这种信息的透明度是保证拍卖公正性和诚信性的基础。除了对拍品的介绍，拍卖图录还详细阐述了拍卖的具体程序、佣金数额、付款及交割方式、权属变更等关键信息，指导竞买人正确、有效地参与拍卖活动。拍卖图录中的拍品顺序安排不仅为竞买人提供了估算参与拍卖时间点的依据，而且通过巧妙的顺序编排，能在拍卖现场营造出紧张而激动人心的竞价氛围。通过对拍卖品质量和价值的展示，以及拍卖流程的明确介绍，拍卖图录激发了竞买人的参与热情，维持了拍卖场上的活跃气氛，有助于实现最佳成交结果。

为了确保拍卖图录内容的合规性，其编制必须遵循政府主管部门的审核意见。对于禁止出境的物品、无保留价的拍卖品等特殊情况，拍卖人有责任在图录中进行特别标注，确保所有参与者对这些关键信息有明确的认识。整个拍卖标的的详尽介绍，配以高质量的图片，旨在最大程度上反映拍卖品的真实状况和价值。

在拍卖图录中，每件拍品的详细介绍是基础也是核心，应包含品名、款识、类别、数量、材质、制作工艺、保存状态、释文解读、印章识别、题跋信息等。此外，拍品的出版历史、收藏背景、流通轨迹等信息，亦在收集与编纂的范畴之内。为了提升拍品的吸引力，不少拍卖企业会邀请领域内的知名专家撰写评价文章，为竞买人提供更为深入的参考视角。

拍卖图录中必须明确拍卖标的的文物级别，并对特定的拍卖标的如有出境限制、定向拍卖等特殊情况进行明确提示，以确保竞买人的知情权和合法参拍。拍卖图录的制作质量直接影响到拍卖企业的品牌形象和客户信任度。因此，图录的印刷质量需清晰精美，摄影、设计、校对等各环节要求高标准执行，以确保文本内容的准确性和图像的真实反映，避免任何差错或歧义的产生。拍卖图录的编制工作是一项集艺术鉴赏、市场分析和编辑出版于一体的综合性任务，要求拍卖企业不仅要有深厚的行业知识和专业技能，还要具备精准的市场洞察力和高效的执行能力。通过高质量的拍卖图录，拍卖企业能够为拍卖活动搭建一个透明、公正的信息平台。

五、拍卖竞买人的权利义务及竞买合同签署

1. 竞买人的概念

为了确保拍卖活动的顺利进行和竞买人权益的保护，法律规定及市场实践要求竞买人在参加拍卖会之前，应进行充分的准备和了解。这包括但不限于获取关于拍卖会的详细信息、了解参与竞买的具体手续、竞买保证金的规定数额及支付方式以及现场竞价的具体流程等。

一般来说，拍卖活动对竞买人不会有资格或条件限制。从《拍卖法》中的定义看，竞买人是指参加竞购拍卖标的的公民、法人或者其他组织；另外《拍卖法》第六十七条规定，外国人、外国企业和组织在中华人民共和国境内委托拍卖或者参加竞买的，适用本法。可见，竞买人的范围非常广泛，可以是公民、法人，也可以是其他组织；可以是中国国籍，还可以是外国国籍。

但在某些特殊情形下，特别是定向拍卖时，会出现竞买人资格问题。定向拍卖是指将竞买人限定在特定范围内的拍卖。定向拍卖特指那些依法限制流通的物品或财产权利

的拍卖活动，其中法律对潜在买受人的资格设定了具体限制。此类拍卖活动通常涉及文物艺术品或特定类别的物品，如烟草、特种有毒化学品等，其流通受到国家专卖专营法律的约束。在这种法定定向拍卖中，参与竞买的个人或机构必须满足法定的资格条件，这些条件可能涵盖身份、国籍以及经营主体性质等多个方面。对于文物艺术品等特殊物品的拍卖，法律法规的设立旨在确保拍卖过程的合法性、安全性和文化遗产的保护。参与这类拍卖的竞买人需符合相关的专卖专营条件，这一要求确保了参与竞买的主体具备处理或保管这些特殊物品的能力和资质。

由委托人设定竞买人条件的定向拍卖也有着缺点，具体表现在：限定竞买人条件可能会被视为对某些潜在买家的排斥，从而违背了拍卖市场应有的开放性和公平性原则。定向拍卖可能因为缺乏足够的竞争而导致文物艺术品的价格不能真实反映其市场价值。通过限制竞买人的范围，可能会减少文物艺术品在更广泛领域内的流通和展示机会。

2. 竞买人的权利和义务

（1）自主竞买的权利

在拍卖法律体系中，竞买人的自主竞买权被视为其基本权利之一，表明竞买人享有主动参与竞买的权利，且对其竞买行为承担相应责任，而不受外部因素的不当影响。此外，竞买人通常认为自己拥有按照"价高者得"原则获得拍卖标的的权利，即认为一旦其出价最高，理应被拍卖师宣布成交。根据《拍卖法》第五十条第二款的规定，若拍卖标的设置了保留价，且竞买人的最高出价未达到该保留价，则该出价不产生法律效力，拍卖师应当终止该拍卖标的的拍卖活动。进一步，《拍卖法》第五十一条规定了竞买人的出价一旦被拍卖师通过落槌或其他公开方式确认，则拍卖交易达成。由此可见，"价高者得"的规则其实是一项受到多种条件限制的相对规则，其有效应用需满足包括但不限于保留价设定、竞买人资格等一系列条件。

（2）委托他人代为竞买的权利

在拍卖活动中，竞买人的参与方式具有一定的灵活性，法律允许竞买人通过委托代理人的形式参与竞买过程。这种委托关系及其操作方式在《拍卖法》第三十四条及《拍卖管理办法》第二十六条中得到了明确规定。根据这些法律规定，竞买人既可以亲自参加竞买活动，也可以授权一个代理人代其参与竞买。

当竞买人选择通过代理人参与竞买时，必须正式出具一份授权委托书，并提供竞买人及代理人的身份证明复印件，以证明代理关系的存在和合法性。授权委托书中应详细列明代理人的姓名或名称、被代理的具体事项、代理的权限范围及代理期间等关键信息，确保代理行为的透明性和规范性。代理人根据授权委托书所赋予的权限参与竞买，其在代理权限范围内的所有竞买行为，包括出价、签订合同等，均由委托他的竞买人负责。这意味着，竞买人对代理人的行为和决策承担最终的责任，包括可能产生的任何法律后果。这一规定为那些由于时间、地点或其他客观条件限制而无法亲自参加拍卖会的竞买人提供了便利，使他们能够通过委托代理的方式参与到竞买活动中。同时，该规定也确保了拍卖过程的正当性和合法性，通过要求出具正式的授权委托书和相关身份证明，保证了代理竞买的透明度和可追溯性。

（3）瑕疵知情的权利

在拍卖法律框架下，竞买人被赋予了关于了解拍卖标的瑕疵的明确权利，这一权利的法律依据来源于《拍卖法》第三十五条。根据该法律规定，竞买人不仅有权获取有关拍卖标的瑕疵的信息，而且还拥有查验拍卖标的物和审阅相关拍卖资料的权利。这项规定旨在确保竞买人在参与拍卖决策前，能够对拍卖标的的状态和潜在问题有充分的了解。

通过拍卖人提供的标的资料和标的展示，竞买人能够行使其知情权，深入了解拍卖标的的具体情况和可能存在的任何瑕疵。这不仅包括拍卖标的的物理状态，如损坏、磨损等，还包括任何可能影响标的价值的法律瑕疵，如产权纠纷、版权问题等。拍卖人应当提供充足、准确的信息，以便竞买人进行审慎的评估和决策。

与此同时，竞买人还应当尽到以下法定义务：

（1）应价不得撤回的义务

在拍卖法律体系中，确保竞价过程的严肃性和有效性至关重要，这不仅影响拍卖的成败，也关系到拍卖市场的公正性和秩序。为此，《拍卖法》第三十六条明确规定了一项关键的竞买人义务：竞买人一经应价，不得撤回。这一规定体现了拍卖作为一种特殊交易方式的基本原则，即通过竞买人之间的持续竞价来确定物品的最终交易价格。

拍卖过程中的这项不可撤回的应价义务，为拍卖活动提供了必要的规则基础，确保了竞价的连续性和拍卖过程的正当性。在这种机制下，每一次有效的竞价都被视为一种法律上的要约，一旦被拍卖师确认，便产生了法律上的约束力，除非有更高的出价出现。这种安排旨在维护拍卖过程中的竞争秩序，防止出价行为的随意性导致的市场混乱。在确保拍卖人资格合法、拍卖程序符合法律规定的前提下，竞买人的出价一旦发生，即构成了对拍卖标的的正式要约。除非该要约被更高的出价取代，否则一旦拍卖师确认成交，即视为要约与承诺的合法结合，从而使得合同成立。

（2）不参与竞买串通的义务

竞买人间的恶意串通涉及一种预谋的合作，通过联合行动压低拍卖物的成交价格，之后再共同分享由此产生的不当利益。此类行为直接侵害了委托人及拍卖人的经济利益，破坏了市场的竞争环境。拍卖人与竞买人间的恶意串通通常涉及竞买人通过不正当手段，如行贿，以获取拍卖过程中的敏感信息（例如保留价），从而获得不公平的竞争优势。这种行为损害了委托人的利益，并侵犯了其他竞买人的权利，破坏了拍卖的公正性和透明性。

《拍卖法》第三十七条对竞买人间以及竞买人与拍卖人间的恶意串通行为做出了禁止性规定，旨在保护市场参与者的合法权益，维护拍卖活动的公正与有效性。法律明确指出，任何损害他人利益的恶意串通行为均被禁止。此外，法律也规定，任何损害国家、集体或第三方利益的民事行为是无效的，由此产生的拍卖结果亦无效。

（3）接受优先购买权的义务

在艺术品拍卖领域，优先购买权是一项重要的法律概念，指由特定人群依法享有的，在相同条件下优先于其他竞买者购得拍卖物的权利。这一权利保障了特定公民、法人或其他组织——即优先购买权人（有时亦称为先买权人）在竞买过程中的特殊地位和利益。根据法律规定，当拍卖标的被提供给第三方购买时，优先购买权人拥有在等同条件下优先购买该拍卖物的权利。

在文物保护法律框架内，《文物保护法》和《文物拍卖管理办法》对国家优先购买权的规定，体现了国家对珍贵文物保护和管理的高度重视。根据这些法律规定，当文物拍卖涉及珍贵文物时，国家通过其文物行政部门有权指定国有文物收藏单位，优先购买这些文物。这一规定确保了珍贵文物的保护和合理利用，维护了文物的历史文化价值和公共利益。

《文物保护法》第五十八条明确了文物行政部门在审核拟拍卖的文物时，可以指定国有文物收藏单位优先购买其中的珍贵文物。这种优先购买权的行使旨在保障国家能够有效控制对具有重要历史、艺术和科学价值的珍贵文物的收藏和保护。购买价格的确定，是通过文物收藏单位代表与文物委托人之间的协商来实现，旨在确保交易的公平性和合理性。《文物拍卖管理办法》第十六条规定，国家对拍卖企业拍卖的珍贵文物拥有优先购买权。国家文物局可以指定国有文物收藏单位行使优先购买权。优先购买权以协商定价或定向拍卖的方式行使。这为珍贵文物的保护提供了具体的操作路径。

3. 竞买合同洽谈与签署中的相关问题

竞买登记是指竞买人办理竞买手续的程序。拍卖前，申请参与拍卖的竞买人首先办理竞买登记手续以取得竞买权利。竞买登记是参与拍卖的一项必要的程序，竞买登记应在规定的时间内办理。

（1）办理竞买登记的条件

在艺术品市场和其他特殊物资的拍卖活动中，竞买人资质条件、经济能力等都会影响拍卖最终结算效果。对竞买人的资质条件设定是根据拍卖标的的法律流通性及特定政策要求而决定的。

在艺术品拍卖领域，竞买人的经济能力不仅是参与拍卖的基础条件之一，而且在很大程度上决定了竞买人的参与深度和拍卖活动的最终成交效果。因此，确保竞买人具备相应的经济能力，对于拍卖人而言，是一项关键的职责。经济能力在艺术品拍卖中的核心地位，体现在以下几个方面：

首先，竞买人的经济能力常常被视作其参与竞拍的资格之一。这不仅关乎拍卖的顺利进行，也涉及拍卖活动的信誉和效率。拍卖人通过对竞买人经济能力的审查，可以有效地筛选出具备实际支付能力的参与者，从而减少违约风险，提高拍卖成交率。

为预防竞买人在竞拍成功后无法按时足额支付拍品款项而造成的违约现象，拍卖人通常要求竞买人在竞买前缴纳一定数额的保证金或提供相应的资信证明。这一措施不仅能够预先验证竞买人的经济实力，也是拍卖人对拍卖过程负责的体现。

在某些情况下，拍卖人还会要求竞买人就其支付能力做出书面承诺，以进一步确保交易的顺利完成。这种承诺既体现了对拍卖协议的尊重，也增加了法律约束力，对于防范违约行为具有一定的威慑作用。在必要时，拍卖主管部门及相关监督机构也会介入对竞买人资格的审核和确认过程，以确保拍卖活动的公正性和合法性。这种制度安排旨在建立一个透明、公平的拍卖市场环境，保护所有参与方的合法权益。

在拍卖活动中，竞买保证金是一种重要的财务安全机制，旨在确保竞买人具备一定的支付能力并严格遵守拍卖规则。尽管《拍卖法》并未对保证金的收取做出具体规定，它仅强调了竞买人需办理相应的竞买手续。然而，对于参与特定物品拍卖的竞买人，一些具体法规政策明确要求必须交纳竞买保证金。在法律法规明确规定的情况下，应当遵守相关要求；若法律法规没有具体规定，则拍卖人通常会依据拍品的价值和行业惯例来合理设定保证金的数额。

收取竞买保证金的主要目的是双重的：一方面，通过要求竞买人预先交纳一定数额的保证金，以此来验证其支付能力，确保其具备完成交易的经济条件；另一方面，保证金也起到约束竞买人行为的作用，防止恶意竞买或轻率违约，保障拍卖活动的正常进行和拍品的最终成交。

文物艺术品拍卖的特殊性在于其价值的不确定性和文化价值的独特性。因此，竞买保证金通常不与单一拍品直接挂钩，而是设定为一定范围内的固定数额，如1万元至10万元之间，以便竞买人有机会参与整场拍卖会中的任一拍品。对于单价极高的特殊拍品，拍卖企业可根据情况单独设定保证金金额，确保交易的安全性。

在某些特定情况下，拍卖中也可能不收取竞买保证金。例如，法院执行拍卖中的申请执行人参加竞买可能被免收保证金，或者一些价值较低的生活用品拍卖，以及某些慈善拍卖活动，亦可选择不收取竞买保证金，以降低参与门槛，鼓励公众参与。

（2）签订竞买合同

为确保竞买过程的透明度与公平性，同时防范潜在纠纷的发生，拍卖行通常会制定一套详尽的竞买文件，这些文件包含了与拍卖相关的规定、注意事项、双方约定、拍卖标的具体情况以及存在的瑕疵等信息，要求竞买人在参与拍卖前仔细阅读并通过签字形式确认其内容和承诺。竞买人需确认其对拍卖标的的现状有充分的了解，这包括实地查验拍卖物、细致审阅拍卖行提供的关于拍品的所有相关资料（包括但不限于质量、缺陷、瑕疵说明），以及认可拍卖标的可能存在的、拍卖行未能察觉的缺陷和瑕疵。

竞买人必须承诺充分了解并遵循拍卖规则及竞买须知，保证不参与恶意串通、不干扰其他竞买人的正常出价，遵守拍卖现场的秩序，服从拍卖活动的整体管理。同时，竞买人须认可拍卖师的主持方式和成交方式，一旦出价，不得撤回。

（3）竞买登记涉及的其他事宜

在拍卖过程中，竞买登记是确保交易公正性和有效性的关键环节，它包含了委托竞买、优先购买权的确认以及竞买号牌的发放等重要事项。

首先是委托竞买的程序与要求。竞买人若因特定原因无法亲临拍卖现场，有权选择委托竞买的方式参与竞拍。此过程要求竞买人与其选定的代理人签订《委托竞买授权书》，该授权书需明确委托与代理的关系、授权的具体范围以及双方的权利和义务。为确保委托关系的明确性与合法性，必须向拍卖方提交《委托竞买授权书》的原件及竞买人与代理人双方的有效身份证明。

第二是优先购买权人的识别与操作。对于部分拍卖标的存在优先购买权的情况，拍卖方有责任依据相关法律法规，提前以书面形式通知优先购买权人。优先购买权人若希望行使其权利，应遵照通知要求完成竞买登记，并在拍卖会上正式行使该权利。若优先购买权人未按规定完成竞买登记，则通常视为放弃优先购买权。

最后是竞买号牌的发放。经过资格审查、保证金验资及登记手续后，拍卖方会向竞买人发放竞买号牌。竞买号牌是竞买人参与拍卖的身份标识，其发放可以在竞买登记完成后立即进行，或者安排在拍卖活动当天凭相关手续领取。竞买号牌的系统化管理是确保拍卖过程透明、有序的重要手段。

六、买受人及拍卖结算流程

买受人是拍卖活动中重要的当事人之一，其在拍卖活动中既是权利主体又是义务主体。《拍卖法》第三十八条规定："买受人是指以最高应价购得拍卖标的的竞买人。"这是关于买受人的法律概念。因此，可以将买受人理解为：在拍卖中，以竞买人身份参加竞价，并以最高应价购得拍卖标的的公民、法人或者其他组织。

拍卖活动的本质是一种公开竞价的买卖形式，其核心是"价高者得"的原则。这一机制确保了拍卖活动的公开性和公平性，买受人即是在此原则指导下，通过提出最高出价而获得特定拍品的竞买人。拍卖合同的特殊性在于，竞买人的出价行为视为要约，而拍卖师对最高出价的确认则构成了承诺，进而实现合同的成立和拍卖物权利的转移。然而，并非所有最高出价都能自动转化为成交。在设置保留价的情况下，只有当出价达到或超过保留价，并得到拍卖师的确认时，竞买人才真正成为买受人。这种设置防止了拍卖物以低于预期价值成交，保护了委托人的利益。

（一）买受人的权利

根据《拍卖法》《拍卖管理办法》、最高人民法院司法解释及与拍卖相关的其他法律文件的规定，买受人主要享有取得拍卖标的等 6 项权利。

竞拍活动，从其本质上讲，构成了一种交易行为，其中竞拍者成为该交易的实际购买方。依此，竞拍者作为购买方，理应获得交易中购买方应有的各项权利。在交易合同中，购买方获得的最核心权利便是取得所购买资产的所有权。

《拍卖法》第二十四条："拍卖成交后，拍卖人应当按照约定向委托人交付拍卖标的的价款，并按照约定将拍卖标的移交给买受人。"此外，《最高人民法院关于人民法院民事执行中拍卖、变卖财产的规定》第二十九条："动产拍卖成交或者抵债后，其所有权自该动产交付时起转移给买受人或者承受人。不动产、有登记的特定动产或者其他财产权拍卖成交或者抵债后，该不动产、特定动产的所有权、其他财产权自拍卖成交或者抵债裁定送达买受人或者承受人时起转移。"第三十条进一步规定："人民法院裁定拍卖成交或者以流拍的财产抵债后，除有依法不能移交的情形外，应当于裁定送达后十五日内，将拍卖的财产移交买受人或者承受人。被执行人或者第三人占有拍卖财产应当移交而拒不移交的，强制执行。"

在艺术品及其他资产的拍卖过程中，标的物的性质呈现出广泛的多样性，其中包括动产与不动产、有形物品以及无形财产权等。这一性质上的差异导致了在拍卖成交后的处理过程中，不同类型的标的物对于转移手续的需求也不尽相同。特别是在艺术品拍卖中，无论是名画、雕塑还是珍贵的文物古董，其产权转移往往涉及更为复杂的验证与登记过程。

在艺术品市场，尤其是涉及高价值的艺术品、珍稀古董或历史文物的拍卖，成交证明的作用尤为重要。这不仅因为它是完成法律手续的依据，更因为它对于确保艺术品的真伪、来源和所有权具有关键意义。艺术市场的参与者，包括收藏家、投资者以及艺术历史研究者，都高度依赖于这种证明来确认艺术品的合法流通和所有权转移。拍卖行为中的成交证明不仅是一个法律程序的形式要求，更是连接艺术品原持有者、拍卖机构、买受人以及可能的后续法律和行政程序的桥梁。

买受人还依法享有对拍卖人瑕疵担保责任的请求权，尤其是当拍卖人的过错导致买受人遭受损失时。根据《拍卖法》的相关规定，拍卖人有义务向竞买人明确说明拍卖艺术品的任何瑕疵。如果拍卖人未能履行此项义务，导致买受人因艺术品瑕疵遭受损失，买受人便有权要求拍卖人赔偿相应损失。然而，若拍卖人在拍卖前已明确声明无法保证艺术品的真伪或品质，便不需承担瑕疵担保责任。值得注意的是，因未声明的瑕疵导致的赔偿请求，其诉讼时效为一年，从当事人知晓或应当知晓权利受损之日起计算。

艺术品拍卖中的瑕疵赔偿请求权受到若干限制。首先，如果拍卖人已履行瑕疵告知义务，即使艺术品存在瑕疵且导致买受人损失，拍卖人不承担赔偿责任。其次，拍卖人在拍卖前若声明无法保证艺术品的真伪或品质，且此声明基于拍卖人当时的技术水平或认知能力确实无法知晓瑕疵，拍卖人亦不承担瑕疵担保责任。然而，若拍卖人实际知晓瑕疵或能够通过现有技术手段发现瑕疵却故意隐瞒，其声明不具有免责效力。此外，诉讼时效的限制和买受人自身过错也是影响瑕疵赔偿请求权的重要因素。

（二）买受人的义务

拍卖买受人履行各类义务的原因根植于拍卖交易的性质、法律规定的要求以及对市场秩序的维护需求。拍卖买受人通过履行支付价款、完成登记等义务，保证了交易的完成。这不仅符合双方的初衷，也是交易能够生效的前提条件。拍卖交易受到相应法律法规的规范，如《拍卖法》等相关法律规定。买受人履行义务是遵守这些法律法规的直接体现，有助于保护自身合法权益，避免因违法行为导致的法律责任。在拍卖市场中，买受人的履约行为会被市场参与者所记录和评价，履行义务有助于建立良好的市场声誉。这对于买受人未来参与更多拍卖活动，尤其是在艺术品等高价值物品的拍卖中，建立信任和获取更好的交易条件是非常有益的。

拍卖笔录作为拍卖过程中的关键文件，翔实记录了拍卖品的竞价过程、成交价格以及各方当事人的基本信息，买受人在此过程中的签字行为，不仅是对交易结果的认可，也是对其法定义务的履行。从经济学的视角来看，拍卖笔录的签署是对交易双方权益的保障。在信息不对称的艺术品市场中，买受人通过签署笔录，确保了其获取艺术品的所有权，并为其后续的转售、收藏或投资行为提供了法律基础。同时，这一行为也降低了拍卖人的潜在风险，如日后可能发生的争议或诉讼，拍卖笔录将成为解决纠纷的重要证据。艺术品作为一种资产类别，其市场价格的波动性较大，买受人的签字行为在一定程度上稳定了市场价格，增强了市场参与者对艺术品投资价值的信心。① 此外，拍卖笔录的正式性也为金融机构提供了评估艺术品抵押价值、设计相关金融产品的可靠依据。

成交价款的支付是整个交易过程中的关键环节。该过程不仅体现了拍卖的商业本质，也是买卖双方合同关系确立的基石。根据《拍卖法》第三十九条的明文规定，买受人负有依照约定支付拍卖标的价款的法律义务。此外，《最高人民法院关于人民法院民事执行中拍卖、变卖财产的规定》第二十四条中进一步明确，买受人需在拍卖公告所确定的期限或人民法院指定的期限内，将成交价款全额支付至人民法院或汇入指定账户。

买受人在享受这些服务的同时，承担着支付拍卖佣金的法定义务。拍卖佣金，即买受人向拍卖企业支付的服务费用，是买受人对其所获得服务的一种补偿。依据《拍卖法》的相关规定，买受人支付拍卖佣金是其主要义务之一。在拍卖过程中，双方应当就佣金比例达成一致约定。若双方未对佣金比例进行明确约定，拍卖成交后，拍卖企业有权向

---

① 艺术品市场因其独特性和稀缺性，价格容易受到各种因素的影响，导致波动性比较大。买受人在艺术品拍卖过程中的签字行为，即在拍卖笔录上签字确认购买，实际上是一个正式确认成交的过程，这意味着艺术品已经从卖方转移到买方手中，完成了所有权的转移。这个确认过程减少了市场中的不确定性，因为它明确了艺术品的当前所有者和其成交价格。签字时记录的成交价格成为艺术品市场的官方记录，为后续的估价和交易提供了重要参考。

买受人收取不超过拍卖成交价 5% 的佣金。此规定既保障了拍卖企业的合法权益，也确保了艺术品拍卖市场的有序运作。

（三）文物艺术品标的结算与移交

《文物艺术品拍卖规程》规定：拍卖成交后，买受人凭成交确认书、竞买保证金收据与拍卖人办理结算事宜。买受人委托他人代为付款的，代理人应出具买受人的授权委托书。拍卖人还应核对代理人的有效身份证件，并复印留存。

拍卖人收到买受人支付的价款后，应按照约定与委托人结算。委托人委托他人办理结算事宜时，代理人应出具委托人的授权委托书。拍卖人应核对代理人的有效身份证件，并复印留存。拍卖人应根据国家有关税务规定履行代扣代缴义务。

拍卖人凭提货凭证为买受人办理提货手续。买受人提货后，拍卖人应当场收回提取凭证。买受人委托他人提货时，代理人应出具买受人的授权委托书及提取凭证。授权委托书应当载明代理人的姓名或者名称、身份证明种类及号码、代理事项、代理权限和有效期。拍卖人应核对代理人的有效身份证件，并复制留存。

拍卖标的未上拍或者未成交，拍卖人应及时通知委托人凭有效身份证件及相关凭证办理退还手续，领取拍卖标的。委托人委托他人办理领取事宜时，代理人应当出具委托人的授权委托书。授权委托书应载明代理人的姓名或者名称、身份证件种类以及号码、代理事项、代理权限和有效期。拍卖人应核对代理人的有效身份证件，并复制留存。

七、艺术品拍卖中需注意的其他问题

艺术品拍卖作为一种跨学科的经营活动，不仅融合了文化、法律、社会等多方面的元素，还受到艺术品本身特性和国际化趋势的深刻影响。这种活动的复杂性对拍卖企业及其从业人员提出了更高的要求，特别是在中国这样一个具有深厚文化底蕴和快速发展的艺术品市场。为了确保在这一领域的健康发展，中国艺术品拍卖企业需要特别关注以下几个关键问题：

（一）文物拍卖许可证

获取文物拍卖许可证是开展艺术品拍卖活动的基础和前提。鉴于艺术品尤其是文物的特殊性和其对文化遗产的贡献，国家对文物拍卖设置了较为严格的准入门槛，旨在保护文化遗产，防止非法交易。因此，艺术品拍卖企业必须遵循相关法律法规，取得相应的拍卖许可，以合法身份参与市场活动。在我国，依据《拍卖法》及相关文物保护和市场监督管理的法规，拍卖企业若意图从事文物拍卖业务，则必须获得由省级、自治区、直辖市人民政府文物管理部门颁发的文物拍卖许可证。

在文物拍卖领域，专业人员的作用尤为关键。艺术品的复杂性要求从业人员不仅需具备深厚的专业知识和鉴赏能力，还需要了解市场动态和经营管理知识。国际拍卖市场的经验表明，依赖企业内部专家团队，而非仅仅依靠外部专家的临时协助，对于维护企业品牌形象、提升服务质量具有决定性意义。因此，我国拍卖企业亟须通过内部培训、引进人才等方式，建设一支既懂得鉴赏、又能够参与企业长期发展战略规划的专业团队。

（二）了解艺术品拍卖市场的区位优势

全球公认的艺术品拍卖中心城市之所以能成为艺术品交易的热点，主要归因于它们在经济、文化、历史和社会等多方面的独特优势与条件。艺术品拍卖中心往往位于经济发展水平较高的城市。这些城市拥有充裕的财富和高收入人群，为艺术品投资和收藏提供了广阔的市场空间。强大的经济支撑能够吸引国内外买家和卖家，形成活跃的艺术品交易市场。这些城市通常具有深厚的文化历史背景，拥有众多的博物馆、艺术馆、画廊等文化机构。这些城市的文化多元性和艺术生态的繁荣为艺术品拍卖提供了丰富的资源和灵感，同时也吸引了大量艺术爱好者和收藏家。

全球主要的艺术品拍卖中心城市都具有强烈的国际化特征。这些城市是国际贸易、文化交流的重要节点，拥有便利的交通网络、多元的语言环境和开放的国际视野。这样的国际化环境有利于吸引全球买家和卖家，促进艺术品的国际交易。此外，艺术品拍卖不仅涉及复杂的交易过程，还可能面临版权、真伪鉴定等多种法律问题。因此，一个明确、公正的法律环境对于保护参与各方的权益、维护市场秩序至关重要。艺术品拍卖的成功运作需要大量的专业人才和机构支持。这些城市往往聚集了一批专业的拍卖公司、艺术评估机构、艺术咨询公司等，提供专业的鉴定、估价、咨询、法律等服务。同时，这些城市的教育资源丰富，能够培养出艺术、法律、经济等多领域的高素质人才。

在全球艺术品拍卖市场的构成和发展中，经济实力的充足与人均国民生产总值的水平是判定市场成熟度的关键因素之一。普遍接受的国际标准是，当一个国家或地区的人均国民生产总值达到或超过1万美元时，其艺术品交易市场便展现出相对的成熟度。此一界定不无道理，鉴于艺术品本身往往被视为一种奢侈性商品，它的流通和交易显著依赖于强劲的经济基础及存在的富裕人群。在中国，北京和上海作为国内艺术品拍卖市场的先行者，其崛起与这些城市的经济地位密切相关。这两个城市不仅是中国的经济中心，也是文化政策和艺术发展的重要支点，拥有广阔的艺术品收藏和交易市场。他们的经济繁荣为艺术品拍卖提供了雄厚的资金支持和广泛的参与群体，同时也吸引了国内外的买家和卖家，促进了艺术品市场的活跃交易。艺术品作为一种文化和经济的载体，在展现一个地区文化水平的同时，也反映了其经济的富裕程度和市场的成熟度。因此，对于拟发展艺术品拍卖市场的地区而言，强化经济基础、提升人均收入水平，以及营造良好的文化和政策环境，是促进艺术品市场成熟和繁荣的关键步骤。

在艺术品拍卖领域的理论研究与实践活动中，城市作为艺术品拍卖的地理载体，其艺术资源的丰富程度直接影响到拍卖市场的繁荣与拍卖企业的竞争力。尽管理论上提出，资源匮乏的城市可以通过跨地域征集拍品的方式来补足资源不足，实际操作过程却面临重重困难，不仅增加了经营成本，还可能削弱拍卖企业在艺术品市场上的竞争力。相较之下，在艺术品资源富集的城市进行拍卖活动无疑拥有更明显的优势。

艺术品拍卖中心城市的形成不仅仅依赖于经济发展水平和艺术资源的丰富，还深受其文化历史底蕴的影响。这些城市通常拥有悠久的历史文化传统，众多的文化艺术机构，如博物馆、美术馆和画廊等，构建了一个多元而繁荣的艺术生态系统。这样的文化环境不仅为艺术品的发掘、鉴赏和交易提供了丰富的资源和灵感，也吸引了大量的艺术爱好者、收藏家和投资者的参与，进一步推动了艺术品拍卖市场的发展。因此，一个城市是否能成为艺术品拍卖的中心，依赖于其经济实力、文化深度、历史积淀以及艺术资源的累积。这些因素共同作用，形成了艺术品拍卖市场的地理分布特征，决定了某个城市在全球艺术品拍卖市场中的地位。

艺术品拍卖的成功运作还依赖于成熟的市场经济和完备的法律体系。艺术品拍卖涉及的交易过程不仅复杂多变，而且面临着版权、真伪鉴定、所有权转移等一系列法律问题。因此，一个清晰、公正、可操作的法律环境对于确保交易双方权益的保护，维护市场交易秩序，促进艺术品市场健康发展具有至关重要的作用。

艺术家、收藏家、批评家、鉴赏家以及文化经纪人等艺术领域的专业人士在这些城市中聚集，形成了独特的艺术生态系统。这些人才不仅参与并推动各类艺术活动，还构成了艺术品拍卖市场的主体力量。在这样的环境下创办艺术品拍卖公司，不仅容易吸引和聚集专业人才，而且可以充分利用当地浓厚的艺术氛围，迅速建立并完善艺术品拍卖的经营模式。通过这种方式，能够有效培养和吸引卖家、买家等客户群体，逐渐发展出具有特色的艺术品拍卖平台。

艺术品拍卖的专业运作依赖于众多的专业机构及其提供的服务，包括但不限于拍卖公司、艺术评估机构、艺术咨询公司等。这些机构提供鉴定、估价、咨询、法律等全方位的专业服务，为艺术品拍卖的各个环节提供支撑。

人才优势和专业机构的支撑对于艺术品拍卖市场的形成与发展至关重要。良好的城市艺术氛围和收藏传统为拍卖行业提供了肥沃的土壤，而丰富的教育资源及专业机构的集聚则直接决定了拍卖市场的专业水平和服务质量。因此，在全球艺术品拍卖市场中占据领先地位的城市，无不是在人才资源与专业机构支持方面具有显著优势的城市。

（三）重视对拍品的估价

在艺术品拍卖领域，估价过程被视为一项至关重要的活动，它不仅涉及艺术品的市场价值评估，而且关系到拍卖活动的整体成功与否。艺术品的估价是基于其内在价值的货币化表达，但艺术品由于其独特性，其价值的确定远远超出了传统商品估价的范畴。

艺术品的价值是多维度的，包括但不限于历史价值、文化价值、艺术价值和经济价值。这些价值的综合体现决定了艺术品的最终市场估价。艺术品的估价过程因此变得极为复杂，需要对艺术品的各种价值维度进行深入分析和综合考量。艺术品的市场价值受到市场供需、消费者偏好、政治经济状况、文化政策等多重因素的影响。不同的社会文化背景和时代条件下，人们对艺术品的认识和评价存在巨大差异，这些都直接影响着艺术品的市场定价。艺术市场的变动性和不确定性使得艺术品价格呈现出一种特有的波动性，某些艺术品随着时间的流逝价值倍增，而另一些则可能随着风潮的退去而价值缩水。

艺术品拍卖通过公开、透明的竞价机制，提供了一个艺术品价格发现的平台，使得艺术品的市场价值得以客观展现。拍卖过程中的价格形成反映了市场对艺术品价值的集体认识，是艺术市场需求和供给状态的直接体现。因此，艺术品拍卖在艺术交易市场中占据重要地位，不仅促进了艺术品的流通，也为艺术品的价值评估提供了重要参考。

八、小结

在深入探讨了拍卖当事人及工作流程的细节之后，可以得出以下结论：

拍卖过程是一个复杂的法律和经济活动，涉及多方当事人，包括拍卖人、委托人、竞买人等，每个角色都在拍卖活动中扮演着重要的角色，且拥有明确的权利与义务。拍卖人作为拍卖活动的组织者和执行者，不仅承担着确保拍卖流程公平、公正的责任，还需遵守法律规定，保护所有参与方的利益。委托人通过拍卖人将自己的物品或财产权利转让给出价最高的竞买人，而竞买人则通过参与竞价获得拍卖物的所有权。

拍卖过程中，拍卖人承担的关键职责包括但不限于：确保拍卖活动的合法性、公正性与透明性；妥善保管拍卖物品；合理设置拍卖物的起拍价与保留价；以及在拍卖成交后，及时、准确地完成款项和物品的交割工作。同时，拍卖人还需对拍卖物品进行准确描述，向所有潜在的竞买人披露完整的信息，包括任何可能影响竞买人决策的瑕疵或限制。

拍卖当事人方面，委托人享有的主要权利包括选择拍卖人、设定保留价、要求拍卖人遵循其指示进行拍卖活动以及在满足合同约定的情况下撤回拍卖标的的权利。委托人还有权监督拍卖过程，确保自己的权益不受侵害，并在拍卖成功后获得成交价款。竞买人作为拍卖活动的直接参与者，其权利主要体现在公平参与竞价、获取关于拍卖物品的完整且准确的信息以及在成交后获得拍卖物的所有权。竞买人应当遵守拍卖规则，按时支付购买的拍卖物品。

整个拍卖流程还涵盖了拍卖前的准备、拍卖活动的执行以及拍卖后的收尾工作，每个阶段都要求严格遵守相关法律法规，并根据委托合同和拍卖协议的约定，保障所有当事人的权利和义务得到充分的尊重与实施。

此外，法律框架为拍卖活动提供了基本原则和操作指南，确保了拍卖市场的健康发展。在此框架内，拍卖人、委托人和竞买人通过合法、有序的交易活动，实现了资源的有效配置和财产权的顺利转移。这不仅促进了艺术品、文物等财产的流通，也为市场参与者提供了公平竞争的平台，增强了市场的活力和透明度。

综上所述，拍卖活动的顺利进行依赖于所有当事人之间的密切合作和相互尊重，每个参与者都必须在法律的指导下行使自己的权利与义务。

第四章

艺术品拍卖标的及其市场供求

一、相关定义及概念划分

（一）拍卖标的

1. 拍卖标的的含义

标的是指合同当事人双方之间存在的权利义务关系之客体，体现为货物交付、劳务提供或工程项目完成等。它是合同生效的必要前提，为一切合同的核心条款。标的的类型总体可分为财产与行为，其中财产包含物本身及财产权利，具体表现形式有动产、不动产、债权、物权及无形资产权利等；行为则包括作为和不作为。根据法律属性的不同，标的可分为合同标的、诉讼标的和执行标的。拍卖标的属于合同标的的范畴，但在个别情况下亦可能涉及执行标的。

根据《拍卖法》第六条的规定："拍卖标的应当是委托人所有或者依法可以处分的物品或者财产权利。"因此，委托人必须对拍卖标的拥有所有权或法定处分权。鉴于拍卖具有较强的商品流通性和交易透明度，一般允许流通的物品或权利均可作为拍卖标的进入拍卖环节。

我国现行法律法规对拍卖标的物的范围做出以下四个方面的规定：一是公民、法人及其他组织对财产享有所有权或依法处分权才能实施委托拍卖；二是禁止买卖的财产不得作为拍卖标的；三是国家限制买卖的财产需先获得批准方可拍卖；四是国家机关处分财产应当通过公开拍卖方式进行。

拍卖作为一种特殊的交易方式，其委托主体和标的来源呈现出高度的复杂性和多元化。从委托主体看，既包括政府部门、司法机构及国有企事业单位，也包括社会各界的单位、家庭和个人；从标的来源看，既有委托人自行购置、受让或继承所得，也有赠予或来历不明的情形。因此，拍卖操作人员有必要对标的来源的合法性进行审查把关，可要求委托人对标的来源做出书面说明。

2. 拍卖标的的特征

拍卖作为一种特殊的商品交易方式，其标的物具有鲜明的特征，主要体现在以下三个方面：

（1）特定性

拍卖实质上属于买卖行为的范畴，而买卖标的必须具备特定性。尽管现行法律法规未对买卖标的的特定性做出明确规定，但合同标的物的确定及其质量数量等内容均为买卖合同的必备条款，这些内容正是将标的与其他客体区分的重要因素。《拍卖法》明确指出，拍卖标的应为"特定物品或财产权利"，并将标的名称、规格、数量、质量等列为委托拍卖合同的必备内容。这表明无论是拍卖合同还是其他买卖合同，其标的物都必须是特定的，否则便无法形成有效的商品买卖行为。

拍卖标的通常是专指某一特定的客体，其性质必须为特定物而非种类物，否则无法实现所有权的实际转移。如委托拍卖钢材，必须明确钢材的型号、数量甚至产地等具体信息，不能笼统地委托拍卖钢材一批；如委托拍卖房地产，也需注明具体位置、朝向、面积等详细内容，而不应模糊地称为某大厦房产一间。拍卖方式与一般商品买卖交易存在显著区别，即拍卖人所拍卖的标的并非自身的物品或财产权利，而是委托人有权处分的特定客体。拍卖人无权对超出委托范围的标的进行拍卖。因此，拍卖标的的特定性要求远高于一般买卖标的，这也是要求拍卖公告中对标的做出说明的重要原因。

（2）可转让性

可转让性指标的物在法律层面上允许自由交易的特征。《拍卖法》将拍卖定义为以公开竞价形式，将特定物品或财产权利转让给最高应价者的买卖方式。所谓转让，是指将自身的物品、利益或权利让渡给他人的经济行为。由此可见，转让标的必须是自有的（拥有所有权或处分权），且不被法律所禁止。转让可能发生在一手交易，也可能发生在二手乃至多手交易中。由于拍卖标的并非全部为一手新商品，委托人也未必是标的生产者，因此无法保证标的的真伪或品质，《拍卖法》因此要求委托人向拍卖人说明标的来源和瑕疵，拍卖人亦须向竞买人透露标的瑕疵并提供查看资料。

（3）多样性

拍卖标的范围广泛，品种多样，几乎是一个无法穷尽的概念。除法律禁止交易的范畴外，拍卖交易对象包罗万象，涉及社会各领域及其产品，这一特征可从拍卖人营业执照经营范围中反映出来，也是拍卖企业与其他行业的显著区别之一。从发展历史看，除艺术品、收藏品外，各类财产权利如经营权、使用权、冠名权、租赁权等通过拍卖交易已十分普遍。

拍卖标的的特定性、可转让性及多样性，是拍卖交易方式的本质所决定的。特定性源于买卖行为的本质特征，可转让性源于所有权转移的合法性要求，而多样性则体现了拍卖交易方式的高度包容性和广阔发展空间。作为一种特殊的交易形式，拍卖活动具有一定的程序性和规范性要求。为确保交易的公平公正，维护交易各方的合法权益，法律法规对拍卖程序做出了详细规定。一般而言，拍卖活动需经过委托、评估、公告、展示、竞价、决胜等环节。

在委托环节，委托人须向拍卖人提供标的物的所有权或处分权证明，并说明标的物的来源及瑕疵情况。委托人对标的物的所有权或处分权的真实性负有举证责任。评估环节对标的物的真实状况和价值水平进行专业评价，为后续拍卖活动定价和竞价奠定基础。评估机构应当对评估结果的真实性、合法性和科学性负责。公告环节是拍卖活动的重要公示程序，体现了拍卖交易的公开性原则。《拍卖法》规定了公告内容的必备条款，包括拍卖标的物的名称、规格、数量、质量状况等，以及拍卖时间地点和竞买保证金等事项。展示环节为竞买人提供实地查看标的物的条件，有利于竞买人全面了解标的物的真实状况。拍卖人应当按照公告的时间和地点安排竞买人查看拍卖标的物。竞价环节是拍卖活动的核心环节，是各竞买人通过竞价方式确定最终买受人的过程。竞价应当公开进行，由拍卖人主持。最高应价者经拍卖人确认后，即成为拍卖标的物的买受人。决胜环节是拍卖活动的最终环节。一旦竞价结束，拍卖人应当立即宣布最高应价者为买受人，并签订书面拍卖成交确认书。买受人应当按照约定的时间和方式付清拍卖款。

上述各个程序环节相互衔接、贯穿始终，缺一不可。只有严格执行这些程序，才能真正体现拍卖交易的公开、公平、公正的基本原则，维护各方当事人的合法权益，促进拍卖交易的健康发展。总的来说，拍卖标的的特征及拍卖交易活动的程序性规范，共同构成了拍卖交易方式的独特性。依法规范拍卖标的和拍卖程序，是维护拍卖交易秩序、促进拍卖企业健康发展的重要保障。

3. 拍卖标的的条件与分类

（1）拍卖标的的条件

在拍卖实践中，即便是允许流通物，委托人具有所有权或者处分权，但也并不是所有的物品和财产权利都能够成为拍卖标的。能够适合作为拍卖标的的物品或财产权利，通常应当满足自然属性、经济属性和法律属性三个方面的条件。所以，拍卖标的的构成条件主要有以下几点：

①来源合法性

拍卖标的来源合法性是确保拍卖活动合法性的根本前提，对于来历不明或非法渠道获取的标的，不得作为拍卖客体。在委托拍卖环节，拍卖人有义务审查委托人对待售标的的所有权或处分权的合法性，可要求委托人出具书面证明，阐明标的来源，从源头上把关，确保标的权属无疑。即便在拍卖实施过程中发现标的来源存在瑕疵，拍卖人亦应立即终止拍卖程序。

标的来源合法性问题一直是国内外拍卖市场所面临的普遍困扰，尤以社会委托标的为甚。如 2007 年纽约佳士得拍卖企业被迫从将拍卖品中撤下一件曾被盗的墨西哥画家作品；2015 年，据检方指控，广州一图书馆长利用职务之便，以赝作掉包真品的方式，将 143 幅名家字画窃为己有并拍卖掉 125 幅，涉案金额高达 1.1 亿元，文物监管部门随后下令全国拍卖企业禁止对此流拍品进行交易。

为了防止被盗窃、盗掘、走私的物品进入拍卖市场，《拍卖法》第十八条规定："拍卖人有权要求委托人说明拍卖标的的来源和瑕疵。"商务部《拍卖管理办法》规定，拍卖企业有权查明或者要求委托人书面说明拍卖标的的来源和瑕疵；发现拍卖标的中有公安机关通报协查物品或赃物，应当立即向所在地公安机关报告；拍卖标的被认定为赃物的，拍卖人应当终止拍卖。国家文物局《文物拍卖标的审核办法》规定，拍卖企业申请文物拍卖标的审核时，应当以书面形式加盖企业公章提交标的合法来源证明（如有）。

合法来源证明材料包括：1. 文物商店销售文物发票；2. 文物拍卖成交凭证及发票；3. 文物进出境审核机构发放的文物进出境证明；4. 其他符合法律法规规定的证明文件等。被盗窃、盗掘、走私的文物或者明确属于历史上被非法掠夺的中国文物不得作为拍卖标的。

　　为此，拍卖人通常在委托合同中约定由委托人对标的来源合法性作出担保，对重要文物拍品还应书证来源并报监管部门审批。一旦标的因涉嫌非法渠道获得而遭公安机关查扣或没收，因此给拍卖人造成损失的，由委托人承担赔偿责任；如拍卖后被追缴，买受人要求赔偿的，拍卖人可代位诉讼向委托人追偿。拍卖标的的来源合法性审查，不仅关乎拍卖交易的有效性，更是维护法治的应有之义。非法获取的标的如进入交易，不仅给当事人带来财产损失风险，更有违社会公平正义，导致更大范围内的利益受损。因此，来源审查义不容辞，需拍卖各方予以高度重视。

　　从法律层面看，对非法来源标的的禁止性规定，是确保交易安全、维护市场秩序的重要措施。不仅如此，严格的审查还能促进相关领域的监管执法，如文物艺术品，对盗掘、走私行为形成有力打击，有利于文化遗产的保护传承。从商业角度来说，对标的来源的审慎把关，维系了拍卖市场公正公平的良性运行环境，为参与各方营造了公平竞争、规范交易的健康氛围，增强了交易的安全可信度，进而提高交易效率、扩大交易规模。可以说，来源审查是拍卖企业发展壮大的重要保障。

　　需要指出的是，对标的来源的审查核实是一个系统工程，需要拍卖各方共同努力。委托人作为标的权利人，应当主动提供权属证明材料；拍卖人作为专业经营者，应当审慎尽责审查；监管部门也要加强对非法来源标的的监控查处，形成合力。只有加强源头管控、过程监管和责任追究，全面落实来源合法性审查，才能真正筑牢拍卖市场的防火墙，实现拍卖交易的安全有序运行。来源合法性审查是拍卖活动合法性的前提和基石。对此，理应建立专门的审查制度和工作机制，形成常态化、制度化的检查模式，切实保障拍卖交易秩序，促进拍卖市场健康发展。

　　②非禁止流通物

　　《拍卖法》第七条明确规定："法律、行政法规禁止买卖的物品或者财产权利，不得作为拍卖标的。"该条款体现了拍卖标的的合法性原则,即拍卖标的必须是法律所允许流通的客体。根据流通性的不同,拍卖标的可分为三类:允许流通物、限制流通物和禁止流通物。

允许流通物指法律法规未对其流通设置限制的物品或财产权利,是最为常见的拍卖标的的形式。此类标的的拍卖程序较为简单,按一般规程进行即可。限制流通物是指法律法规对其流通设有一定限制的物品或权利,这类标的作为拍卖客体需按规定履行审批手续或仅限于特定范围内进行。值得注意的是,随着法律法规的变迁,部分限制流通物亦可能转变为允许流通物。

禁止流通物则是指法律法规明令禁止买卖的物品或权利,如武器弹药、毒品等违禁品。根据我国宪法规定,自然资源如矿藏、水流、森林等属于国家所有,所有权不得转让,这类"物品"自身不得作为拍卖标的。但对于矿业权、林地使用权等衍生权利,在符合法律规定的前提下,是可以有条件地进行拍卖交易的。

拍卖标的的合法性不仅体现在物品或权利本身是否允许流通,还在于委托人是否对标的享有合法的所有权或处分权。《拍卖法》第八条明确要求,标的应是"委托人所有或者依法可以处分的物品或者财产权利"。如委托人并非标的的权利人,或虽为权利人但未获得法定授权便擅自处分标的的,其拍卖均将失去合法性基础。

拍卖标的的合法性原则旨在维护交易安全,保护交易各方的合法权益,促进拍卖交易秩序的良性运行。任何非法来源或性质的标的一旦进入拍卖流程,不仅将给委托人和买受人带来财产损失的风险,更可能导致社会公平正义的受损,引发更大范围内利益的侵害。因此,审查把关拍卖标的的合法性刻不容缓,需拍卖各方予以高度重视。对此,我国《拍卖法》及相关法规对拍卖人在标的审核方面赋予了明确的权利和义务。拍卖人有权要求委托人说明标的来源和瑕疵情况;对涉嫌违法的情形,应立即报告公安机关并终止拍卖;对限制流通的文物等特殊标的,须经审核部门批准后方可拍卖。作为专业经营者,拍卖人应当审慎尽责,审慎甄别标的合法性,避免非法标的混入交易,维护市场交易秩序。

与此同时,委托人作为标的权利人亦负有配合说明标的来源及权属证明等义务。相关监管部门也应加大对非法标的的执法监管力度，形成标的合法性审查的工作合力。只有在源头管控、过程监管和责任追究环节均做到位，标的合法性审查才能切实可行，从而为拍卖交易的安全有序运行提供根本保障。

③必须具有交换价值

拍卖标的必须具备交换价值，即能够以货币衡量其经济价值，这是拍卖活动得以实施的前提条件。无论是有形资产的实物或无形资产的权利性质，只有存在交换价值，才能在市场上被有偿转移。一般而言，缺乏交换价值的财产或权利通常不适合作为拍卖标的。然而，在实践中也存在例外情况。某些标的虽然在特定时期内似乎没有交换价值，但随着市场环境和观念的变迁，其潜在价值得以发现和重新定价，由此获得交换价值的资格，成为拍卖交易的合法客体。这种情况在拍卖实务中屡见不鲜。

典型案例之一发生于安徽合肥，一家钢铁厂多年来堆积的炉渣最初被视为没有利用价值的废弃物，但后经勘探发现，渣堆中富含金属铁矿石，具有较高的经济价值。在市场需求的推动下，这批"垃圾"转变为宝贵资源，钢铁厂遂采取委托拍卖的方式，成功将渣堆变现。此案例说明，价值的发现和定位是赋予标的交换价值的关键。

再如某些文物藏品，当初可能仅被视为普通陈设物品，但后来随着知识的传播和收藏意识的觉醒，其文化内涵和艺术价值才逐步显现，由此使其获得巨大的交换价值。近年，越来越多的古董字画、珍稀器物通过拍卖市场流通，正是文物艺术品价值被认识和重视的结果。

除了上述实物标的案例，权利性标的的价值发现过程亦层出不穷。例如 20 世纪 90 年代初，工商企业的经营权拍卖在国内曾掀起热潮，许多濒临破产的国有企业通过拍卖经营权的方式止血重生。起初，经营权的概念遭到普遍质疑，其流转价值也被严重低估，但不久即被证明是一种高价值的无形资产权利。

再如近年网络直播行业的火爆，使得某些主播的"身份标识权"和"代言权"等无形权利获得前所未有的交换价值，许多企业纷纷通过拍卖方式购买这类标的，以期借力营销。这些新兴的权利性质标的的价值认知和定价过程，同样折射了人们观念视野的不断拓展。

通过上述案例可见，拍卖标的的价值认知是动态发展的过程。标的的交换价值并非一成不变，其实现程度取决于标的本身属性、市场需求、社会观念等多方面因素。随着市场和认知的变迁，原先似乎毫无价值的物品或权利，也可能转变为拥有极高经济价值的拍卖标的。这就要求拍卖从业人员必须跟上时代发展步伐，保持前瞻性思维，及时发现标的的潜在价值，为拍卖企业注入不竭动力。

4. 拍卖标的的属性

拍卖标的是一种商品，但并不是每一种商品都适合成为拍卖标的。拍卖标的除具有一般商品的属性外，还具有一些特殊性。当一种商品供不应求、供给总量不能随价格自动调整、价值无法判断或由代理人决定商品的是否出售时，商品就具有拍品的本质特征。

（1）绝对稀缺性和不可替代性

与一般商品相比，文物艺术类拍品具有绝对稀缺性。拍卖标的的稀缺性与人们需求的迫切性构成了拍卖标的的价格的基本条件。一些知名作家的画作，一画难求，希望拥有它的人总是远远多于市场能够提供的数量，特别是画家的成名作、创作顶峰的作品，稀缺性更为明显，所以我们能经常看到艺术品拍卖的消息。可见当物品稀缺到不可以随时随意购买，供给在一定时间一定范围无法增加时，它就可能成为拍卖标的，可以通过拍卖方式配置。

文物艺术品具有不可替代性，不能批量生产或无法批量供给，很难复制。艺术作品具有典型的独特性和不可替代性。不同艺术家的作品是绝对不可能完全相同的，同一位艺术家的作品由于其创作时间、情绪、精力和体力等不同，也会有不同的差异，即使艺术家模仿自己的已有作品也不可能完全相同。再比如土地不仅具有极高的稀缺性，同时也具有典型的独特性，某坐标的土地地块是唯一的，有时相邻的两块土地都具有差别极大的价格。库存积压商品、二手设备等，它们的数量有限，一旦这些商品销售完成，市场就很难再现。这些都属于适合拍卖的标的。

（2）拍卖标的供给与需求的不确定性

拍卖标的供给和需求的不确定性是由稀缺性和独特性决定的。供给的不确定性包括两层含义，一是指拍卖标的的供给者（或委托人）不固定，他们不是某类标的的常规供应商或生产商。二是指可提供拍卖标的的数量和品质等不确定。在世的著名艺术家是其作品的一个重要来源，但其他收藏者、投资者或其亲朋好友收藏的作品，可能拥有比该艺术家可以提供的更多更精美的作品。一个已经作古的艺术家的作品更是如此，很难知道谁拥有该艺术家的作品以及是否愿意出让。

拍卖标的需求的不确定性也包括两个方面。一是拍卖标的的需求群体不固定，他们不是某类拍卖标的的固定客户。二是需求量的不确定性，拍卖开始之前一般并不确切知道谁会对某件拍品感兴趣，更不知道其购买数量。拍卖人往往会在拍卖会之前采用巡展、发布拍卖公告、进行媒体宣传、发放图录、寻访潜在客户等方式招商，希望发现拍卖标的的需求方和需求数量，在竞买登记截止时间才会知道真正的竞买人数，在拍卖师宣布拍卖结束后，需求才真正确定。

（3）拍卖标的价值的随机性和成交的价格博弈性

在艺术品拍卖市场中，拍卖物品的价值评估面临着独特的挑战。这些挑战源自拍卖物品的固有特性，如其无可比拟的独特性、极度的稀缺性以及供需关系的不确定性。这些因素共同导致了对拍卖物品价值的确定性缺乏普遍适用的标准和参考，使得参与拍卖的卖方和买方均难以对物品的内在价值及其未来市场价值做出准确的预判。[①]

在拍卖现场，竞买人并不知晓拍卖标的的保留价，而其心理价位也仅有自己知道，拍卖师只能通过不断叫价来探知竞买人心理价位，能否成交及成交价的高低既与委托人的保留价和竞买人的心理价位有关，同时也与拍卖规则、叫价和竞价策略有关，是买卖双方博弈的结果。[②]例如：拍卖公司对卖家和买家各收取 15% 的佣金，卖家对其委托上拍的物品价值判断为 50 万元，加上 15% 佣金，则卖家的保留价通常为其最低成本价 57.5 万元。此时，竞买人甲对该拍品的价值判断为 70 万元，加上 15% 的佣金，则竞买人只有在将成本控制在 80 万元左右时才合适。竞买人乙对拍品的估价为 200 万元，加上 15% 的佣金，则其成本应控制在 230 万元以内。在使用英格兰式拍卖的拍卖会中，拍卖师首先报价 20 万元，然后按照竞价阶梯依次加价。当报价为 79 万元时，竞买人甲有

---

① 保罗·米尔格罗姆（Paul Milgrom），韩朝华译．价格的发现：复杂约束市场中的拍卖设计 [M]．北京：中信出版集团，2020:87.

② 保罗·米尔格罗姆（Paul Milgrom），韩朝华译．价格的发现：复杂约束市场中的拍卖设计 [M]．北京：中信出版集团，2020:90.

可能会退出竞价，此时如果再没有其他人竞价，则竞买人乙会以 79 万元成交。结算时，竞买人乙共需付出共计 90.85 万元（落槌价＋拍卖佣金），获得 139.15 万元消费者剩余，委托人将得到 67.15 万元（落槌价－拍卖佣金），获得 9.65 万元额外收入，这种竞价博弈的结果是无法预料的。如果新闻媒体现场直播、跟踪报道或有重要人物光临，可以起到新闻宣传和公关效果，为满足虚荣心，竞买人甲就有可能当场调整其心理价位和出价策略，甚至报出超过 200 万元的价格。在拍卖市场中，出现意料之外的高价成交是买卖双方策略博弈和心理动态变化的直接体现。这些出人意料的结果往往震惊业界，使得同行、投资者及收藏家对市场的预期发生根本性的调整。一个著名的实例是莱昂纳多·达·芬奇的《救世主》（*Salvator Mundi*），这幅画作的成交价达到了 4.5 亿美元，远远超出了初期的估价和市场预期。这一天价不仅重塑了艺术品市场的价值观念，也反映了在拍卖过程中，不确定因素如藏家的热情、艺术品的历史重要性以及市场对稀有作品的渴求，可以导致价格的剧烈波动。

（二）艺术品的定义与特性

在探讨拍卖标的艺术品的语境下，艺术品的身份不仅仅是艺术与审美的载体，同时也是商品与市场的媒介。它既不处于孤立的状态，也不能被视为纯粹的存在，但在文化产业领域，它受到了广泛的关注。

1. 艺术与艺术品

艺术品的定义众说纷纭，一种观点认为艺术品是一种具有艺术造型或能够表达创作理念的作品；另一种观点则认为，艺术品是人类多种形式艺术劳动的凝聚物，它具有一定的经济价值、文化价值、审美价值和科学价值。北京大学王一川教授将艺术品界定为一种符号系统的作品，其创作源自人的情感激发，旨在触动受众的情感共鸣，并强调艺术品存在于特定的社会语境之中，体现了"艺术是时代的"这一理念。艺术品作为符号系统的作品，特别是在当代，许多具有社会影响力的艺术品往往作为文化产业的产物，被艺术家以集中、批量的方式生产，带有鲜明的符号性特征。在艺术品拍卖的实践中，符号性的应用广泛存在，如根据作品是否符合某一画派特征或器型特征进行分类。

在当代社会，艺术品的概念愈发宽泛，科技的快速发展促使艺术品的媒介和表现形式不断演变。特别是当艺术品转化为商品通过拍卖等方式进入流通领域时，其概念边界不断被推进和更新。艺术品拍卖不仅包含传统的书画、油画、雕塑等，也涵盖了家具、书籍、钱币、乐器等多种类别，这些曾被视为非"艺术品"的对象也被纳入其中。王一川教授对艺术品的定义强调了艺术创作的情感基础，然而，在艺术品拍卖领域，是否所有作品都符合这一必要条件值得探讨。例如，被称为工艺品的瓷器、青铜器等，其制作过程中工匠是否体验到"感兴"；古代钱币、家具在创作之初主要追求实用性，它们是否蕴含了创作者的情感体验？

英国艺术批评家约翰·凯瑞在其著作《艺术有什么用》中提出，艺术品之所以成为艺术品，是因为有人将其视为艺术品[①]。这一观点与艺术品拍卖标的的定义紧密相连，只要存在市场需求，便可提供服务，无论其是否符合传统意义上的"艺术品"。这种需求本质上是精神层面的，反映了人们对精神富足和生活方式的追求。

随着经济的发展，人们不再仅仅满足于基本生活需求，开始关注精神世界的丰富。艺术品和文化活动，虽然看似与直接的经济利益无关，却满足了人们对美好生活的向往。正如唐朝张彦远在《历代名画记》[②]中所述，"若复不为无益之事，则安能悦有涯之生？"

2. 文物等级及划分依据

文物艺术品，作为历史发展的见证，是人类活动遗留下来的物质和非物质遗产。不同时代和文化背景下，对文物的定义和涵盖范围存在差异。在中文语境中，"文物"一词被广泛使用，而英文中则多采用"文化遗产"（Cultural Relic）来表述。起初，"文"与"物"指向的是古代的礼乐制度，如《左传》中的表述，而后逐渐演化为包含历代文献、书画、古玩器具等意义。

唐代以来，随着金石学的兴起，文人雅士对夏商周的青铜器、秦汉的石刻碑文等产

---

①　约翰·凯瑞（Jonh Carey）《艺术有什么用》（"What Good Are the Arts?"）由范博（Faber & Faber）出版社于2005年出版。在这本书中，约翰·凯瑞探讨了艺术的价值和功能，提出了许多挑战传统观念的观点。作者通过对艺术定义的质疑、艺术与社会的关系以及艺术的主观性和客观性的讨论，引发了关于艺术价值和审美标准的广泛思考。这本书是对艺术界普遍信念的挑战，提出了一种更包容的艺术观。凯瑞另有《智者的欢愉：简明现代艺术指南》（The Intellectuals and the Masses: Pride and Prejudice Among the Literary Intelligentsia, 1880-1939）一书，讨论19世纪末到20世纪初，英国文学知识分子对大众文化和大众阅读的鄙视态度。这本书挑战了传统的文学研究，揭示了文学界的偏见和阶级歧视。

②　卢辅圣. 中国书画全书（第一册）[M]. 上海：上海书画出版社, 1994:97.

生浓厚兴趣，将这些文物统称为"古器物"或"古物"。明清时期，"古董""古玩"等词汇出现，更为具体地指代了包括书画、碑帖以外的青铜器、瓷器、玉器等古代器物。进入近代，文物的概念进一步扩大，1930年国民政府颁布的《古物保存法》将文物定义为具有一定历史、艺术、科学价值的物品。[①]

在艺术品拍卖领域，不可移动文物通常不作为拍卖对象。我国对文物的界定具有明确的时代性，规定1949年以前制作的具有一定价值的文物原则上禁止出境，国家文物局《文物出境审核标准》中规定：1949年以前（含1949年）生产、制作的具有一定历史、艺术、科学价值的文物，原则上禁止出境。其中1911年以前（含1911年）生产、制作的文物一律禁止出境。同时，《文物拍卖管理办法》第二条明确规定以下几类物品应归入管理范围：1949年以前的各类艺术品、工艺美术品；1949年以前的文献资料以及具有历史、艺术、科学价值的手稿和图书资料；1949年以前与各民族社会制度、社会生产、社会生活有关的代表性实物；1949年以后与重大事件或著名人物有关的代表性实物；1949年以后反映各民族生产活动、生活习俗、文化艺术和宗教信仰的代表性实物；列入限制出境范围的1949年以后已故书画家、工艺美术家作品；法律法规规定的其他物品。

由此可见，文物的流通和交易必须通过合法途径，包括法定继承、购买、交换或其他国家规定的方式获得。具体来说，假如要进行文物买卖，必须确定该文物是依据以下几种方式获得：

首先，依法继承或者接受赠予获得的文物；第二，从文物商店购买的文物；第三，从经营文物拍卖的拍卖企业购买的文物；第四，是公民个人合法所有，并且进行相互交换或者依法转让而获得的文物；另外，是以国家规定的其他合法方式获得的文物。由此可见，我国虽然对流通文物的管理相当严格，但仍然在一定程度上鼓励民间的文物收藏

---

① 1930年国民政府颁布的《古物保存法》，是中国历史上第一部全面系统的文物保护法律。这部法律标志着中国文物保护工作开始有了法律上的规范和保障，反映了国家对历史文化遗产保护重视程度的提升。这部法律对什么是古物进行了定义，包括历史上的建筑物、墓葬、碑刻、艺术品以及其他有历史、艺术或科学价值的物品；规定了对古物进行保护的具体措施，包括禁止非法挖掘、买卖古物的行为，以及规定了古物修复和维护的基本原则；明确了文物保护的管理机构，规定了负责文物保护工作的政府机构的职责和权限；对违反文物保护规定的行为设定了法律责任，包括处罚措施。

《古物保存法》的实施，对于后来中国文物保护和管理体制的建立起到了基础性的作用，为中国及时保护和抢救大量文物提供了法律依据，也为后来的国际合作和交流奠定了法律基础。

和买卖。

此外，从事文物拍卖的企业需获得文物拍卖许可证，并且拍卖的文物须经过文物行政部门的审核和备案。国家对于珍贵和稀有文物的管理尤为严格，国家文物局曾专门制定了《关于颁发"一九四九年后已故著名书画家"和"一七九五年至一九四九年间著名书画家"作品限制出境鉴定标准的通知》[①]，通知对每一类书画家分了三档，分别是"作品一律不准出境者""作品原则上不准出境者"和"精品不准出境者"，且1949年后已故著名书画家的名录还会不断更新，部分重要艺术家作品如吴冠中作品等被列为"一律不准出境"，体现了对文化遗产保护的重视。国家对民间文物收藏和交易在一定程度上给予鼓励，但同时要求严格遵守相关法律法规，以防国宝流失。拍卖过程中的各项信息，包括文物的详细资料、买卖双方信息、成交价格等，都需报备并保存长达至少75年，以确保文物流通的透明度和合法性。

文物艺术品不仅是历史的见证，也是文化传承的重要载体。它们的保护、研究和合理利用，对于维护文化多样性、促进文化交流具有不可替代的作用。文物与艺术品相互交叉，既有联系，又有区别。艺术品可以是文物，如艺术品中一部分已故艺术家的作品或列入文物年限的可以称为文物。但是，文物不完全等于艺术品，文物的范围更宽泛。文物由所在国家的法律确定，即把一定年限内和一定范围内的物质遗存定为文物，如伟人用过的生活用品，重要的历史文件、信件等，都可以列入文物的范围，但它们不是艺术品。一般来说，文物类艺术品兼具了文物价值和审美价值，在拍卖市场中尤其受到人们的青睐。譬如，中国18—19世纪出口的瓷器，这些瓷器根据西方的来样加工，具有中西合璧的艺术特征，其中有些出口瓷器在远洋运输中遇险沉入海底，相隔几百年后又被打捞上来，具有很高的收藏价值，在国际拍卖市场上备受注重，价位不断上扬。本章将进一步探讨在拍卖领域常见的文物艺术品类别，揭示其独特的魅力和价值。

---

① 2001年11月15日国家文物局曾印发《关于颁发"一九四九年后已故著名书画家"和"一七九五年至一九四九年间著名书画家"作品限制出境鉴定标准的通知》，规定1949年以后已故书画家作品一律不准出境者有10人，1795年至1949年间书画家作品一律不准出境的20人。该文件曾于2013年进行过增补，并在2023年重新颁布《1911年后已故书画类作品限制出境名家名单》，作品一律不准出境书画家名单增至41人，并新增已故陶瓷、雕塑、扇子、织绣、玺印、烟壶、漆器7类作品限制出境名家名单。

3. 艺术品的特殊性

艺术品的价值主要体现在其稀缺性、独一无二性、历史价值、审美价值和投资价值等方面。这种价值的高度主观性和不确定性，使得艺术品拍卖成为一种最为合适的交易方式。在拍卖过程中，买家和卖家通过竞价机制，共同决定艺术品的最终成交价格，这一过程能够最大限度地反映出艺术品的真实市场价值。此外，拍卖公司作为艺术品交易的中介机构，不仅为买家和卖家提供了公开、公平的交易平台，还能够确保交易的合法性和透明度。通过专业的鉴定、推广和营销策略，还能够为艺术品注入更高的价值认知，从而实现更优的拍卖成绩。

（1）非同质性特征

在探讨艺术品市场的特性时，一个显著而独特的方面便是艺术品本身的非同质性。与大规模工业生产的标准化商品截然不同，艺术品是艺术家个性化创作和劳动的产物，它们承载着丰富的文化、历史和个人表达。这种非同质性不仅源于艺术创作的本质，也反映在艺术品的多样化、丰富性和独特性上，从而在市场上形成了独特的交易特点，激发了人们对艺术品的好奇心和追求新鲜感的欲望。

艺术品的非同质性可以从多个维度进行分析。首先，它受到文化和地理因素的影响。不同文化和地域背景下的艺术品展现出截然不同的风格和特点。例如，中国的传统绘画重视书法线条和水墨的使用，强调画面的意境和留白，而西方的古典油画则着重于色彩的运用、明暗对比和透视法则，力求达到自然主义的效果，像达·芬奇的《蒙娜丽莎》采用了独特的"渐变技法"来营造立体感和深远的空间感，而宋代画家范宽的《溪山行旅图》则通过水墨的淋漓尽致和简洁的线条，表达了中国山水画的意境美。再比如，对比中国与欧洲的雕塑风格可以看出，中国的传统雕塑多以青铜器和石雕为主，强调线条的流畅和形象的意蕴，而欧洲的文艺复兴时期雕塑，如米开朗基罗的《大卫像》则注重人体解剖的精确和动态姿势的自然，展现了不同文化背景下的艺术追求。现代与当代艺术的多样性则将艺术品的非同质性体现得更加透彻。20世纪以来，艺术的表现形式呈现出爆炸性的多样化。比如波洛克的抽象表现主义作品《秋之韵（第30号）》[*Autumn Rhythm* (Number 30)]通过滴画技法展现了艺术家的情感表达，而安迪·沃霍尔的波普艺术作品《玛丽莲·梦露》则反映了大众文化的图像重复和商业化。

（2）非实用性特征

艺术品的非实用性是其与日常生活用品区分开的一个重要特征，它指的是艺术品的主要价值并非在于其直接的功能性或使用价值，而是在于其所能提供的审美体验、情感共鸣以及文化与历史的意义。这一特性使得艺术品在历史上和当代社会中占据了一种特殊的地位，成为人类文化遗产和个人表达的载体。艺术创作最初往往源自艺术家个人的审美追求和情感表达需要。从历史角度看，许多艺术作品并非创作于实用目的之上，而是艺术家通过其独特的视角和技巧来探索和表达人类存在的各种维度。

当下流行在艺术品拍卖中的若干品类，其最初功能均具备实用性。如官窑瓷器原本作为中国古代皇室及高官贵族的专用器物，具有极高的制作标准和艺术水平。然而，在当今社会，这些瓷器作为艺术品被收藏和展示，人们欣赏它们的美学价值和精湛工艺，而非其原有的日常使用功能。再如古代的青铜器，如中国的钟、鼎、尊等，原本用于祭祀、记事和宴饮等官方礼仪中。它们的设计和制作反映了古代社会的宗教信仰和权力象征。今天，这些青铜器被视为文化遗产的重要组成部分，通过收藏和研究来探索历史和文化价值，其实用功能已经成为次要。另外，名人遗物同样是从实用物品转为"艺术品"的一个品种。在西方社会，名人使用过的衣物、个人物品被拍卖和收藏，这些物品作为纪念品被追捧，其价值并不在于遗物本身的实用性，而是在于它们所代表的历史时刻、个人故事和文化意义。

艺术品的非实用性使得对其价值的评估与认知存在较大的主观性和多样性。与实用性商品不同，艺术品的价值很难通过标准化的量化指标来衡量，更多依赖于个人的审美偏好、文化背景和市场情绪。艺术品的审美价值高度个性化，不同的观众可能对同一件艺术品有截然不同的评价和感受。这种主观性导致了艺术品市场上的价值判断和交易具有极高的不确定性。艺术品作为文化和历史的见证，其价值往往蕴含在其所传达的时代精神和文化故事中。对这些非物质价值的评估需要深厚的文化理解和历史知识，这也使得艺术品的价值评估成为一门复杂的学问。由于艺术品的非实用性和审美价值的主观性，艺术品市场呈现出独特的交易模式和价格形成机制。艺术品拍卖的普遍性就是这种市场特殊性的体现，它不仅是艺术品交易的主要形式之一，也是对艺术品价值的一种公开和集体的认证过程。

（3）非再生性特征

艺术品的非再生性是指它们的独特性和不可复制性，由于每件艺术品都是在特定的历史时期、文化背景下、由特定的艺术家创作的，这使得艺术品具有强烈的时代性和个性化特征。一旦创作完成，相同的作品就无法再次生产或复制，这赋予了艺术品独一无二的价值。非再生性不仅彰显了艺术品的稀缺性，也是其价值不断升高的重要原因之一。

该特征首先可以从艺术家创作阶段的变化中体现。毕加索是 20 世纪最著名的艺术家之一，他的创作生涯通常被分为蓝色时期、粉色时期、非洲艺术影响时期、立体主义时期和后期作品等。每个阶段的作品风格迥异，反映了他在不同人生阶段的艺术探索和情感表达。例如，蓝色时期的作品主要以蓝色调为主，表达了作者的忧郁和孤独。此外，文物与珍稀艺术品的价值也往往由其非再生性特征决定。以英国黑便士邮票为例，其作为世界上最早的邮票之一，首版仅剩极少数存世，其稀缺性使得每一次出现在拍卖市场上都会吸引全球邮票收藏家的瞩目。1991 年一枚黑便士邮票在拍卖中成交价达到了 240 万美元，展示了其非再生性所带来的极高收藏价值。

艺术品和文物的非再生性导致其具有不可复制的稀缺性，这一特点在艺术市场中创造了独特的供需关系。与其他可再生或大规模生产的商品不同，艺术品的供应是固定的，而随着时间的推移和收藏家对艺术品认识的加深，对艺术品的需求却在不断增加。在供不应求的情况下，艺术品和文物的价格往往呈现上涨趋势。这不仅反映了市场对其稀缺性的评价，也体现了人们对艺术和历史的重视。艺术品和文物的非再生性使其成为投资和收藏的热门选择。不同于其他投资品种，艺术品的价值不易受到经济波动的影响，长期来看通常能保持价值稳定甚至升值。艺术品和文物的非再生性不仅在经济层面上具有重要意义，更在文化层面上承载着历史的记忆和文化的传承。

4. 艺术品的价值体现

艺术品是有价值的，否则艺术品就不会被用来交易和拍卖，其价值的构成也与一般商品不同，更具多元的特点。

（1）审美价值

文物艺术品的审美价值，是指文物艺术品在美学领域内所具有的独特鉴赏和价值认定标准，它是文物艺术品区别于其他物品的重要属性，不仅体现在其视觉美感上，更蕴含了深厚的文化底蕴和历史意义。

文物艺术品的审美价值体现在其独特的艺术表现形式上。这些艺术品通过特定的材料、技法、色彩等元素，展现了不同历史时期、地域文化和艺术流派的美学理念和创作风格。它们以其独有的艺术语言和表现手法，向观者传达美的感受和艺术家的创造精神，引发观者的审美共鸣和情感体验。文物艺术品的审美价值还在于其所承载的深厚文化内涵和历史信息。每一件文物艺术品都是历史的见证，承载着过往社会的文化信仰、审美取向、日常生活以及科技水平等多方面的信息。通过对文物艺术品的审美和研究，可以深入理解和认识特定历史时期的文化特征和社会变迁，增进对人类文明发展的认识。

此外，文物艺术品的审美价值还体现在其独特的稀缺性上。文物艺术品由于年代久远、数量有限，具有不可复制的稀缺性，这种稀缺性使得文物艺术品在视觉审美之外，还具有特定的历史研究和收藏价值，成为连接过去与现在、传承文化的重要载体。

审美价值亦与个人的审美经验、文化素养和情感联系密切相关。不同的观者基于自己的文化背景、审美偏好和情感经历，可能对同一件文物艺术品有着不同的审美感受和价值评判。这种主观性使得文物艺术品的审美价值呈现多元化，更加丰富了人类的审美经验和文化生活。

（2）历史价值

文物艺术品的历史价值，是指文物艺术品作为历史见证和文化遗产的内在属性，它们通过自身的存在和特性，为研究历史提供了实证材料，展现了不同历史时期的社会风貌、文化信仰、技术发展及艺术成就，是连接过去与现在，促进历史与文化传承的重要载体。

文物艺术品作为历史的直接见证，具有不可替代的真实性和原始性。与历史文献相比，文物艺术品以其物质形态直观地记录了历史的痕迹和时代的特征，为历史研究提供了更为直接和具体的证据。这些物证能够帮助历史学家和考古学家验证历史事件的真实性，解读历史文化的演变过程，填补文献资料的空缺。文物艺术品还反映了历史时期的文化特征和社会生活。通过对文物艺术品的研究，可以深入了解某一时期的宗教信仰、哲学思想、生活习俗、审美趣味等文化现象，以及这些文化要素如何影响当时社会的艺术创作和日常生活。例如，古代青铜器的铸造技术反映了先民的科技水平，古代陶瓷和丝绸的制作工艺展现了当时的生产能力和审美追求。

此外，文物艺术品揭示了历史发展的连续性与变迁。在历史的长河中，文物艺术品是文化传承和创新的见证，它们不仅保存了过去的文化遗产，也展现了文化在不断交流和碰撞中的演变。通过比较不同时期的文物艺术品，可以观察到技术创新、艺术风格和文化理念的演进路径。文物艺术品的历史价值还体现在其对现代社会的教育意义。通过文物艺术品，现代人可以建立起对过去的认识和尊重，增强历史意识和文化自信。同时，文物艺术品的保护和研究也促进了公众对文化遗产的关注和参与，有助于加强文化传承和促进文化多样性的发展。

（3）收藏价值

文物艺术品的收藏价值是指文物艺术品基于其独特性、稀缺性、历史性和艺术性所固有的价值，这种价值使得文物艺术品成为收藏家、研究机构及公众博物馆等多方主体追求和珍视的对象。文物艺术品的收藏价值不仅体现在其经济价值上，更重要的是其在文化、历史、教育及美学等方面的深远意义。

从经济角度看，文物艺术品的稀缺性和不可复制性是其具有高收藏价值的重要因素。随着时间的流逝，一些文物艺术品因年代久远而变得更为稀缺，特别是那些具有里程碑意义的作品，其价值往往随着市场需求的增长而上升，因此成为收藏家投资和保存财富的一种手段。文物艺术品的收藏价值还体现在其所承载的历史和文化信息上。通过收藏和研究文物艺术品，可以深入了解不同历史时期的社会结构、文化习俗、审美标准和技术水平等，对增进对人类历史和文化的理解具有重要作用。对于学术研究者而言，文物艺术品是研究历史、艺术、文化等领域不可或缺的实物资料。

文物艺术品的收藏价值亦体现在其教育意义上。文物艺术品是历史的直接见证，通过公共展览和教育活动，可以激发公众对历史和文化的兴趣，增强民族认同感和文化自豪感。此外，文物艺术品的收藏和展示还有助于培养公众的审美情趣和艺术鉴赏能力。文物艺术品的收藏价值也在于其美学价值。无论是古代的青铜器、陶瓷，还是近现代的绘画、书法，文物艺术品以其独特的美感吸引着人们的目光，成为人们美学享受和心灵滋养的源泉。对于收藏家而言，收藏文物艺术品也是一种追求美和表达个人审美情趣的方式。

（4）经济价值

文物艺术品的经济价值指的是文物艺术品在市场交易中所体现的价值，这种价值反映了文物艺术品作为一种特殊商品，在经济活动中所具有的价值和地位。文物艺术品的经济价值不仅是其历史、文化和艺术价值的外在表现，也是市场需求、稀缺性、保存状况、历史背景、艺术成就等多种因素综合作用的结果。

文物艺术品的稀缺性是其经济价值的重要来源。由于历史文物的不可复制性及艺术品的独一无二性，使得每一件文物艺术品都具有唯一性，这种稀缺性在市场上形成了高度的需求，推动了文物艺术品价格的上升。随着时间的推移，一些文物艺术品因历史原因变得更为稀少，其经济价值亦随之提高。文物艺术品的历史和艺术价值也是其经济价值的重要组成部分。一件文物艺术品的经济价值在很大程度上取决于其在历史上的地位、艺术上的成就以及对后世的影响。艺术家的名气、作品在艺术史上的重要性、艺术风格的代表性等都会影响文物艺术品的市场评价和价格。

文物艺术品的保存状况也直接影响其经济价值。保存良好、无损伤的文物艺术品由于其较高的完整性和观赏性，往往在市场上具有更高的经济估价。反之，损毁或修复痕迹明显的文物艺术品，其经济价值会相应降低。文物艺术品的经济价值还受到市场供需关系的影响。市场上对某一类文物艺术品的需求越大，其价格就可能越高。供需关系会随着收藏趋势的变化、经济环境的波动以及公众审美的转变而产生变化，从而影响文物艺术品的经济价值。文物艺术品的经济价值还受到法律法规、市场规则的影响。各国关于文物艺术品的进出口管理、交易限制、税收政策等，都会对文物艺术品的流通和价格产生直接或间接的影响。

文物艺术品的经济价值是多方面因素共同作用的结果，它不仅反映了文物艺术品本身的稀缺性和历史、艺术价值，也与市场需求、保存状况和宏观经济环境等密切相关。文物艺术品的经济价值评估需要综合考量这些因素，以更全面地理解和评价其在市场上的价值。

5. 艺术品的市场效应

（1）投资效应

文物艺术品交易的投资效应指的是通过文物艺术品买卖所产生的经济利益及其对投资者财富增值的影响。这种效应不仅体现在文物艺术品作为一种特殊资产的价值保值和增值上，还包括其在投资组合中的分散风险作用、对经济其他领域的影响以及推动相关产业发展等方面。

首先，文物艺术品由于其独特性、稀缺性以及文化历史价值，往往具有较强的价值保全和增值潜力。与传统的金融投资产品相比，文物艺术品不易受到市场波动的影响，因而在经济不稳定时期，可以作为避险资产，为投资者提供财富保值的途径。同时，随着时间的推移及市场需求的增长，部分文物艺术品的市场价值会逐渐上升，为投资者带来可观的投资回报。

其次，文物艺术品作为投资组合的一部分，可以有效分散投资风险。由于文物艺术品市场与股票、债券等传统金融市场的波动具有低相关性，将其纳入投资组合可以降低整体投资风险，增强投资组合的稳定性。这种特性使得文物艺术品成为一些投资者眼中的优质投资选择。

再者，文物艺术品交易对推动经济其他领域的发展也有积极影响。艺术品市场的繁荣可以促进相关行业的发展，如保险、运输、鉴定评估、修复保养等服务行业，进而为社会创造更多就业机会，推动经济增长。此外，高价值的文物艺术品交易活动还能吸引国际买家，增加外汇收入，对于提升国家文化软实力和国际形象具有重要意义。

最后，文物艺术品投资促进了艺术市场的专业化和国际化发展。随着投资者对文物艺术品价值认知的提高和专业投资机构的参与，艺术市场逐渐向规范化、国际化方向发展。这不仅为投资者提供了更多元化的投资选择，也促进了全球艺术文化的交流与分享。

文物艺术品交易的投资效应显著，不仅能为投资者提供价值保全和增值的机会，分散投资风险，还能推动相关产业的发展，促进经济增长，同时也有利于艺术市场的专业化和国际化进程。然而，值得注意的是，文物艺术品投资同时也伴随着较高的风险和不确定性，投资者应进行周密的市场研究和风险评估。

（2）文化效应

文物艺术品交易的文化效应是指通过文物艺术品的买卖、交换和展览活动所产生的广泛影响，这些影响不仅体现在促进文化遗产的保护与传承上，还包括对公众文化认知的提升、文化多样性的促进以及跨文化交流的加深等方面。

首先，文物艺术品交易对文化遗产保护与传承具有重要作用。通过交易活动，许多珍贵的文物艺术品得以被收藏家、博物馆或其他文化机构收藏，这不仅保证了文物的安全，还为其提供了更专业的保养与修复条件，从而有效延长了文物的寿命，使其得以传承下去。此外，文物艺术品的交易和展示活动也有助于提升公众对文化遗产重要性的认识，增强保护文化遗产的意识。

其次，文物艺术品交易有助于提升公众的文化认知和审美能力。通过参与文物艺术品的交易和欣赏，公众能够直接接触到不同历史时期和文化背景下的艺术作品，从而丰富自己的文化知识，提升审美鉴赏水平。这种亲身经历使得文化艺术的价值得以在个人心中得到体现和认同，进而提升整个社会的文化素养。

再者，文物艺术品交易促进了文化多样性的展现与交流。在全球化背景下，文物艺术品跨国交易成为常态，来自不同文化背景的艺术品能够在国际舞台上展示，这不仅为公众提供了欣赏世界多元文化的机会，也促进了不同文化间的相互理解和尊重，为维护和促进全球文化多样性做出了贡献。

最后，文物艺术品交易加深了跨文化交流与理解。在文物艺术品的买卖过程中，买卖双方及相关从业人员需要对艺术品的历史背景、艺术风格和文化意义等进行深入的交流和讨论，这种交流不仅有助于促成交易，更重要的是促进了不同文化之间的相互理解和尊重，加深了全球范围内的文化融合与交流。

（3）广告效应

文物艺术品交易产生的广告效应指的是通过文物艺术品的买卖活动，在公众视野中形成的品牌推广、市场宣传及文化传播的综合影响。这种效应不仅为交易主体（如拍卖公司、画廊、艺术家等）提供了展示自身形象和增强品牌知名度的机会，而且通过文物艺术品的独特魅力和文化价值，激发了公众对艺术和文化的关注，促进了文化消费市场的活跃。

首先，文物艺术品交易活动本身即是一种有效的品牌宣传。通过成功组织高价值文物艺术品的拍卖和交易，拍卖公司和画廊可以展示其专业能力和市场地位，吸引更多的卖家和买家关注，从而提升其在艺术市场上的品牌影响力。此外，通过与著名艺术家和重要文物的关联，这些交易机构也能借此提高自身的文化品位和社会认可度。文物艺术品交易活动能够有效吸引媒体和公众的关注。高价值或有特殊意义的文物艺术品交易往往会成为媒体报道的焦点，相关新闻和报道不仅能够增加交易活动的可见度，也能够提高文物艺术品本身以及其背后文化的知名度。这种广泛的媒体覆盖和公众关注为文物艺术品的文化价值提供了更广阔的传播平台，同时也为相关的文化和艺术活动吸引了更多的参与者和观众。

再者，文物艺术品交易的广告效应还体现在对文化消费趋势的引导上。通过高水平的文物艺术品交易活动和对艺术市场动态的宣传，可以引导和激发公众对艺术收藏和文化消费的兴趣，推动艺术品市场和文化消费市场的发展。同时，艺术品的交易和展示还能够提升公众的审美水平和文化素养，促进社会文化氛围的提升。文物艺术品交易产生的广告效应对文化多样性的保护和推广也有积极作用。通过对不同文化背景和艺术风格文物艺术品的交易和展示，可以增进不同文化之间的理解和尊重，促进文化多样性的传播和交流。

文物艺术品交易产生的广告效应通过增强品牌形象、吸引公众关注、引导文化消费和推广文化多样性等多种方式，对文化艺术领域及其周边产业产生了深远的影响。在当代社会中，企业采用多种策略来激发媒体和公众的注意力，目的在于提升企业的知名度并增强其市场竞争力。其中，通过拍卖艺术品所产生的广泛关注效应，实质上为企业带来了无偿的广告效益。例如，东京安田火灾与海事保险公司斥资 2475 万英镑购得梵高的名作《向日葵》，而日本造纸业巨头斋藤英通过高价购得《加歇医生》，这些行为显著提升了各自公司的公众知名度。

二、艺术品拍卖品类及供需

西方艺术品拍卖市场，以两大跨国拍卖巨头——佳士得和苏富比为典型代表，呈现出极高的多样性与国际化特征。这些拍卖机构的拍品范围覆盖了绘画、雕塑、钱币、邮票、手稿、古董、钻石、摄影、唱片、书籍、海报及各类名人遗物等广泛领域，其主要市场主体为西方油画、珠宝钻石及名人遗物，大约占据70%的市场份额。这不仅体现了西方艺术品市场的广泛性，也反映了其对高端艺术品及奢侈品的偏好。

中国，作为拥有五千多年历史和灿烂文化艺术的大国，在全球艺术品市场中占有重要地位。中国艺术品主要包括绘画、书法、瓷器、碑刻、文房用具、竹木雕、彩陶、玉器、金银器、摄影、古书、信札、家具、钱币、珠宝及丝织品等，其种类之丰富与细分领域的特色，展示了中国传统艺术的深厚底蕴和多样性。中国艺术品拍卖的历史源远流长，起始于伦敦，随后扩散至纽约，直至20世纪70年代末期扩及中国香港。自20世纪90年代初，随着内地拍卖公司的相继成立，中国艺术品在经济强劲动力的推动下，其市场价值不断攀升，曾流失海外的艺术品也开始大量回流。

艺术品拍卖市场中的种类繁多，反映了人类文化和艺术的丰富性与多样性。在纯美术品领域内，可见中国书画、油画、雕塑、版画等多个细分门类。中国画以其丰富的画科，如山水、花鸟、人物等，展现了中国传统文化的审美情趣；而版画包括木刻版画、铜版蚀刻版画、石版版画等，雕塑则根据其材质的多样性（金属、石材、木材、玻璃、亚克力等）而分门别类。此外，摄影作品、珠宝首饰以及工艺美术品等，虽具有一定的实用价值，但也常被归类于艺术品的范畴内，这些作品均具有独特的艺术价值和收藏意义，吸引着具有不同兴趣背景的收藏家及投资者的关注。

（一）纯美术品

1. 中国书画

中国书画艺术，作为中国传统文化的重要组成部分，涵盖了书法与绘画两大领域，凝聚了中华民族深厚的文化底蕴和独特的审美追求。书法艺术，以其独特的文字载体和表现形式，展现了书写者的气韵生动和精神风貌；而中国绘画，则以山水、花鸟、人物等为主要题材，通过笔墨的运用，传达了画家对自然和社会的深刻感悟。中国书画自古以来便被视为高雅艺术的代表，其收藏和鉴赏历史悠久。

中国书画在拍卖市场的出现可追溯至 20 世纪初。随着拍卖业务在西方国家的发展及其拍卖模式的引入，中国的书画艺术品逐渐成为国际拍卖市场上的重要组成部分。最早将中国书画纳入拍卖品类的，是一些具有国际视野的拍卖公司，如苏富比和佳士得在中国香港设立分公司后，开始定期举办中国书画拍卖专场，推动了中国书画艺术在国际市场上的流通与交易。[①]

购买和收藏中国书画的主要群体，既包括国内外的私人藏家，也包括各类艺术机构和博物馆。这些收藏者和机构通常对中国书画艺术有着浓厚的兴趣和认知，他们通过收藏和研究中国书画，不仅丰富了个人或机构的艺术藏品，也为传承和推广中国传统文化做出了贡献。随着中国经济的快速发展和国民收入水平的提高，国内的藏家群体日益壮大，成为中国书画市场上的重要力量。这些藏家对中国书画的热情收藏，推动了中国书画市场的繁荣发展，也促进了中国书画艺术价值的再认识和提升。

中国书画板块在艺术品拍卖市场中的地位愈发显著，不仅体现了中国传统文化艺术的魅力，也反映了全球艺术市场对中国文化遗产的高度关注和重视。作为中华文化瑰宝的重要组成部分，中国书画不仅深受国内藏家的喜爱，也在国际艺术品市场上享有极高的声誉。在纽约、香港等地的中国艺术品拍卖会中，中国书画作为一大亮点，频频刷新成交纪录。在中国国内市场，尤其是北京、上海等艺术品拍卖中心，书画板块的市场份额更是达到了 65% 至 75%。

中国书画拍卖的内容涵盖了古代书画、近代书画和当代在世画家的作品三大部分。其中，古代书画以其稀缺性和艺术价值，成为拍卖市场上的重要板块。例如，隋代书法作品曾以 2200 万元成交；宋代名家作品如张先的《十咏图》、宋徽宗的《写生珍禽图》、米芾的《研山铭》和李公麟的《西园雅集》等，成交价分别达到 1800 万元、2530 万元、2999 万元和 2750 万元；元代和明代的书画作品也频繁刷新拍卖纪录，如元代鲜于枢的

---

① 郑鑫尧.世界拍卖史 [M].上海：上海财经大学出版社,2010:120.

《石鼓歌》以 4620 万元成交，明代周之冕的《百花图》和陈洪绶的《花鸟图册》成交价均超过两千万；清代康熙《朱子五言诗》以 660 万元成交，而宫廷画精品《乾隆大阅图》则以 2638 万港币成交。

近代书画作品同样在拍卖市场上受到热烈追捧，如任伯年的《华祝三多图》以 2860 万元成交，吴昌硕的《花卉十二屏》以 1650 万元成交，陆俨少的《杜甫诗意百开册》更是以 6930 万元成交，傅抱石、张大千、齐白石等大师的作品成交价也屡创新高，反映了近代书画艺术的市场价值和收藏热度。

当代在世书画家的作品在市场上同样表现亮眼。2005 年春季，嘉德拍卖会中当代画家作品 94 件全数成交，总价达 2000 多万元。范曾、崔如琢等大名家的单幅作品价格已达数百万至数千万，显示了当代中国书画艺术的生机与市场认可度。

2. 中国艺术家创作的其他材质画作

自 20 世纪 80 年代末期以来，中国西画在香港首次亮相拍卖舞台后，逐渐在北京等地区延伸并形成了一个成熟的市场。近年来，这一市场不仅维持了稳健的增长，还显示出中国西画艺术作品在艺术品拍卖中的重要地位和投资价值。

2005 年春季，嘉德拍卖公司在中国西画拍卖中实现了 7700 万元的总成交价，标志着该领域的显著活跃。此外，翰海、朵云轩、嘉泰、中贸圣佳、瀚海等拍卖公司亦分别取得了数千万元不等的成交额，进一步印证了中国西画市场的繁荣状态。

在中国西画拍卖的历史上，一些杰出艺术家的作品因其艺术价值和稀缺性而备受追捧。徐悲鸿的《风尘三侠》以 664.6 万港币的价格成交，显示了徐悲鸿作品在艺术和市场上的双重认可。吴冠中的《高原梯田》更是以 898.7 万元的高价成交，凸显了吴冠中作品的艺术魅力和投资潜力。丁绍光的《白夜》在 1992 年以 220 万元的价格成交，陈逸飞生前的作品《浔阳遗韵》在 1991 年以 137.5 万港币成交，其后的《夜宴》和《山地风》分别以 200 万港币和 286 万元人民币成交，而《罂粟花》在 2004 年以 368 万港币成交，这些成交记录不仅体现了个别艺术家作品的市场接受度，也反映了中国西画市场的整体发展趋势。

中国西画拍卖市场的发展和艺术家作品的高价成交，不仅体现了收藏家和投资者对中国西画艺术价值的高度认可，也展现了中国西画作为文化艺术传承的重要载体。随着市场的持续发展和艺术家作品价值的进一步凸显，预期中国西画市场将继续保持良好的增长势头，为艺术收藏家和投资者提供更多的收藏与投资机遇。

3. 西方传统绘画

西方绘画艺术在拍卖市场的表现，特别是油画领域，揭示了西方艺术品拍卖业的动态发展及其对全球艺术市场的影响。油画，由于其丰富的历史背景、材质特性及各流派艺术家的卓越贡献，成为拍卖市场上的重要组成部分。20 世纪至今，西方油画在拍卖市场创造的高价位，不仅体现了艺术品本身的价值，也反映了艺术投资的热潮。

在古典绘画方面，尽管流通市场的作品相对较少，但拍卖亮点频出，如鲁本斯的《屠杀无辜者》于 2002 年在伦敦苏富比以 4950 万英镑的价格成交，达·芬奇的《马上骑士》素描作品在 2001 年春季纽约佳士得以 1140 万美元拍出，证明了古典绘画在艺术市场上依然拥有不减的吸引力。

印象画派作品的拍卖成绩同样引人注目，如梵高的《向日葵》《鸢尾花》分别以 2475 万英镑和 5390 万美元的价格成交，展现了 19 世纪末到 20 世纪初这一艺术流派在拍卖市场的重要地位。

20 世纪现代画派艺术家，尤其是毕加索的作品，在拍卖市场上创造了一系列高价纪录。《皮埃雷特的婚礼》《自画像》《梦》等作品的成交价均超过了 4000 万美元，其中《拿烟斗的男孩》更以 1.0416 亿美元的价格刷新了艺术品拍卖的世界纪录，凸显了 20 世纪现代画派艺术在市场上的稀缺性与投资价值。

此外，塞尚、高更、马奈、莫奈、雷诺阿等艺术家的作品亦在拍卖市场上取得了显著成绩，如雷诺阿的《散步》和莫奈的《少女》等作品的高价成交，进一步证明了西方油画在艺术品拍卖市场上的持续吸引力。

4. 摄影作品

摄影艺术的历史可追溯至 19 世纪初，其中，法国人约瑟夫·尼塞福尔·尼埃普斯被普遍认为是世界上首位成功捕捉持久图像的摄影师。尼埃普斯于 1826 年创作的《窗外风景》标志着摄影技术的诞生，此作品通过一种原始的摄影过程，在锡版上留下了朦胧的风景影像。这一技术，受到了暗箱和光刻技术影响的启发，尽管尼埃普斯未能亲见其成果被社会广泛认可，但他的合作伙伴路易·达盖尔继续研究并最终使这一发明公之于众，这种方法后来被命名为"达盖尔银版摄影法"。

早期的摄影作品均为黑白色，彩色摄影的出现要追溯到手工上色技术的使用。其中，费利斯·贝亚托是彩色摄影发展中一个具有里程碑意义的人物，他在日本开设的照相馆采用水彩等颜料手工上色于黑白照片之上，创造出富有日本风情的彩色照片。这一手工上色方法，直至 20 世纪 80 年代前，在中国的许多国营照相馆内仍被采用。尽管这种方法成本较低，但其效果极大地依赖于上色者的色彩处理能力。

1935 年，柯达公司推出柯达克罗姆彩色胶片，这一事件标志着彩色摄影技术的重大进步，使得彩色照片的拍摄和制作不再局限于科学家和技术人员，而是普及至大众，这无疑是摄影技术发展史上的一个重要里程碑。随着技术的不断进步，摄影艺术也经历了从胶片到数字的转变，今日，随手可得的智能手机已能拍摄出细节丰富、色彩鲜明的照片，摄影已成为人们日常生活中不可或缺的一部分。尽管如此，早期摄影技术的发展和演变仍具有不可替代的历史和文化价值。对于有兴趣深入了解摄影技术发展历史的人士，中国摄影出版社出版的《世界摄影史》以及帕梅拉·罗伯茨（Pamela Roberts）的《百年彩色摄影》[①]等著作提供了丰富的信息和洞见。

摄影作品在艺术拍卖市场中的稀缺性是一个颇具争议的话题。尽管从理论上讲，摄影的复制性使其在数量上可谓无限制，但实际上，早期的摄影作品由于技术和材料的限制，并不能实现无限复制。这种局限性迫使艺术家限定版数以保证作品的品质，从而在不经意间为摄影作品市场设定了一种数量限定的规则。早期摄影作品因其版数的限制而获得了"绝对的稀缺性"，类似于版画的市场策略。

值得注意的是，摄影作品在艺术市场上的流通最初主要在画廊和艺术博览会中进

---

① 参见内奥米·罗森布拉姆（Naomi Rosenblum）. 世界摄影史（A World History of Photography）[M]. 中国摄影出版社 ,2012; 帕梅拉·罗伯茨（Pamela Roberts）. 百年彩色摄影（A Century of Colour photography）[M]. 浙江: 浙江摄影出版社 ,2011.

行，直到苏富比拍卖行于 1971 年首次为摄影作品提供了专场拍卖，这一行为是在距柯达彩色胶片问世三十多年后。艺术品拍卖市场对于新型艺术品的接受过程显示出了极大的谨慎性，这反映了商业运作中对一级市场表现的依赖，以此作为评估未来价值走向的依据。

在当代，尽管摄影技术已大大进步，底版的耐用性显著增强，理论上可以无限复制摄影作品，但艺术家和市场已形成了严格控制版数的规则。这种自律性的市场行为，实质上是为了保持作品的稀缺价值，通过限量发行来提高作品的市场价格。美国摄影师安塞尔·亚当斯的市场运作策略便是一个成功的例子。在 20 世纪 70 年代，他声明将不再公开出售其摄影作品，只为博物馆或美术馆提供，这一策略迅速拉高了他作品的市场价格，从每张 2500 美元上涨至 9000 美元，同时也提高了他的社会认知度。

摄影作品的投资价值还受到冲印过程的影响，艺术家本人亲自冲印的版本通常比后期版本更具收藏价值。例如，安塞尔·亚当斯的《月升》曾在 2014 年中国嘉德秋拍中以 69 万元人民币成交。尽管由同一底版复制出的《月升》作品多达几百张，但是由艺术家后代冲印的版本与原始版本在视觉效果及价值上存在明显差异，反映了摄影作品在投资和收藏领域的复杂性和多样性。

自 21 世纪初，中国艺术品拍卖市场开始关注摄影作品的价值，标志性事件是 2006 年北京华辰拍卖公司举办的中国首场摄影专场拍卖。该拍卖会共拍出 132 幅作品，总成交额约 250 万元人民币，其中解海龙为希望工程拍摄的宣传照片《大眼睛》以 30.8 万元成交，展现了摄影作品在艺术市场中的潜力。中国艺术品拍卖市场对于 20 世纪初期的老照片特别青睐，例如郎静山的作品。郎静山凭借其深厚的中国传统绘画功底，创造了"集锦摄影"技术，作品中的《仙山楼阁》与传统中国山水画极为相似，而《松下大千像》则完美融合了"诗、书、画、印"的传统艺术元素，表现出独特的中国式审美。

随着时间的推移，摄影不仅限于专业摄影师，许多其他领域的艺术家也开始探索摄影作为一种艺术表达方式。摄影技术的发展让艺术家们能够通过电子媒介和合成处理，创造出现实中无法实现的视觉效果，摄影术已经成为油画、水墨、雕塑等传统艺术形式旁的一种重要艺术表达方式。国内艺术市场虽然不如西方市场成熟，但本土艺术家的创新力和作品的版数控制、印刷质量都展现了中国摄影作品市场的巨大潜力。从纪实摄影到当代观念性摄影，市场上呈现出多样化的作品类型，满足了不同收藏家和观众的审美需求。

价格方面，无论是国内外摄影作品，市场价格分级都体现了艺术界的通行规则：处于市场中下游的摄影作品，无论作者国籍，其价格普遍较低，范围从几百元至几万元不等；而顶尖大师级摄影家的作品，则因其艺术价值和市场认可度高，价格有时能达到数百万乃至更高的水平，展现出摄影艺术在艺术品市场中的独特地位和投资潜力。

中国摄影艺术的市场正处于快速发展阶段，其广阔的发展前景预示着摄影作品将在艺术品拍卖市场中占据越来越重要的位置。随着更多摄影作品的成功拍卖和市场认可，预计将激发更多艺术家和收藏家对摄影艺术的关注和投资，进一步促进中国乃至全球摄影艺术市场的繁荣发展。

5. 版画

版画艺术作为一种独特的视觉艺术形式，其核心在于使用各种"版"作为媒介进行创作。这些版材质极为多样，包括但不限于金属、石版、木版、纸版、塑料版以及丝绢网等。各种材质的选择和应用赋予了版画以丰富的表现力和技术多样性。具体到版画的制作工艺，则涉及凸版、凹版、平版以及孔版等多种方式，且创作手法也包含绘制、雕刻、腐蚀等多样化方法。然而，不论采用何种制版方法或手法，版画的完成都依赖于印刷这一最终步骤。

《中国大百科全书·美术卷》对版画的定义是：通过在木版、石版、麻胶版、铜版、锌版等材质上使用刀具或化学药品进行雕刻或蚀刻，并通过印刷手段制成的图画。[①] 版画的这一定义凸显了其作为一种艺术品类的技术特性和艺术价值。

版画之所以被视为"复数艺术"，在于其可以通过固定的"版"进行反复印制，这一属性不仅增强了版画的传播性，也为艺术家提供了更广阔的表达平台。无论是印刷五件、十件，抑或数百件，只要作品附有艺术家的签名，每一件都被视为原创作品。

在艺术品拍卖市场中，藏家对作品的稀缺性极为重视。因此，版画的印制数量需设

---

① 　中国大百科全书编委会.中国大百科全书：美术卷[M].北京：中国大百科全书出版社,2014:230.

定严格的限制，这一限制被称为"印额（Edition）"。版画上的印制序号，即"张次（Edition Number）"，常以分数形式呈现，其中分子代表作品的序号，分母表示总印数，例如"5/50"表明总共印制了50份，而这是第5份作品。此外，"A.P.（Artist's Proof）"或"E.A.（Épreuve d'Artiste）"等标识，表示该作品为艺术家保留的试样，数量通常不超过总数的20%，有时艺术家仅保留10件作品，这些作品通常是原版最初的印张，因此，其质量往往优于后续印制的版本。版画的这些特性不仅体现了艺术家的创作意图和技术精湛，也反映了艺术市场对原创性和稀缺性的高度重视。通过严格的版数控制和艺术家试样的设定，版画作品在艺术收藏和投资中占据了独特的地位，同时也为艺术家提供了表达个人风格和艺术探索的广阔舞台。

版画艺术，尤其是木版雕印技术，是中国文化中的一项重要发明，其历史可以追溯至隋唐时期。中国早期的木版雕印主要聚焦于佛教题材插画，其中，敦煌发现的《金刚经》扉页插图，创作于公元868年，是古代版画艺术的代表作之一[①]。到了北宋时期，雕版刻书及出版业已经形成了完备的产业链，显著地先于欧洲的相应发展。

版画艺术的商业应用早在北宋仁宗时期就有所体现，纸质货币的出现便是其商业体系介入的成功案例之一。明代中后期，随着小说插图的繁荣，木版版画与文艺圈的无缝对接更是达到了巅峰。同时，木版年画作为民间广泛流行的版画形式，深受普通民众的喜爱和追捧。

年画通常选取吉祥物、神仙、受人崇拜的古代人物作为雕刻对象，其线条刀刻痕迹明显，使用黑色线条描绘，色彩则以饱和度极高的色块填充，具有强烈的装饰性和喜庆氛围。这些作品一般采用木版雕刻并使用水性颜料印刷，故被称为木版水印。

除了年画之外，书画复制也是木版水印技艺的重要应用之一，其中，荣宝斋和朵云轩等机构在此领域的成就尤为突出。书画复制采用的木版水印技艺不同于普通年画，它包括勾描、雕版、印刷、制色及装帧五大工序，并采用"饾版拱花"技术。这一技术要

---

① 该卷为唐咸通九年印本《金刚经》，现藏于英国国家图书馆，收藏编号 Or.8210/P.2，原始保存地为敦煌莫高窟藏经洞。这是世界上现存最早有纪年的雕版印刷书籍，它是佛教卷轴经卷的绝妙样本。扉页刻须菩提长老在给孤独园向释迦牟尼佛提问之图，画面上有十九位人物，刻画极精，刀法圆熟。经文每行十九字，卷末题记有云："咸通九年四月十五日，王玠为二亲敬造普施。"此经卷1907年由英国探险家斯坦因从敦煌藏经洞获取。

求按照原作的笔迹特征进行分版勾描，随后刻成若干块版，依次叠印，以凸出或凹下的线条展现纹理，使得成品具有浮雕效果，达到与原作近似的艺术水平。这种精湛的复制技艺，在现代彩色印刷术发明之前的一百多年里，对书画爱好者而言无疑是一项福音。

在探讨木版水印技术所产生的艺术作品在拍卖市场上的表现时，我们可以通过具体案例来加深理解。2017年，中国嘉德春季拍卖会中，一件启功和周而复题跋的《簪花仕女图》成交价达到了69万元人民币。这一成交价格不仅反映了题跋者的艺术地位与影响力，也彰显了作品本身的艺术价值与收藏意义。同样，在2015年，上海工艺美术品拍卖中，一件同版复制的作品成交价为41.4万元人民币，进一步验证了木版水印技术作品在艺术市场中的价值。

北京荣宝斋制作的木版水印作品《韩熙载夜宴图》更是展现了木版水印技艺的极致。该作品的复制过程始于1959年，经过20年的精心筹划与制作，直至1979年完成，勾描与刻版工序合计1667套，最终仅复制出35幅作品，极具稀缺性。在拍卖市场上，这35幅作品中编号为第3卷的一幅在2011年成交价达到了170多万元人民币，而第26卷的作品在2018年也以近94万元的价格成交，这些数据充分展示了木版水印艺术作品在拍卖市场中的受欢迎程度及其潜在的收藏价值。通过上述案例分析，我们不难发现，木版水印技术所创作的艺术品在拍卖市场上具有显著的表现力和稀缺价值，其成交价格的高低在很大程度上取决于作品的艺术质量、历史背景、技术工艺以及市场的供需关系等多重因素。

在探讨中国与西方版画艺术的发展历程与其在艺术市场上的表现时，值得注意的是，这两个文化背景下的版画艺术各有特色。中国的版画艺术源远流长，而在北宋时期，雕版刻书与出版业已形成完备的产业链。相比之下，欧洲的版画艺术虽然起步较晚，但其发展同样引人注目。公认的欧洲最早的版画作品是1898年在法国发现的一块胡桃木雕版的残片，创作于1380年的文艺复兴时期。

版画艺术在材料和技术上的多样性是其一大特色。西方艺术家在材料使用上独辟蹊径，例如铜版蚀刻版画、石版印刷、丝网印刷等，为版画创作带来了新的可能性。15世纪中期，铜版画在德国等地的小作坊中兴起，文艺复兴时期的艺术家如丢勒、伦勃朗、弗兰德斯的凡·戴克等人，通过其作品为版画艺术注入了深刻的时代和哲理特色，使版画成为欧洲艺术的重要组成部分。

18世纪石版印刷术的出现进一步丰富了版画艺术的表现手法，十九世纪欧洲海报印刷中尤为流行。捷克艺术家阿尔丰思·穆夏的海报作品，主要采用石版印刷技术，广泛影响了后世的视觉艺术。进入20世纪，版画艺术的创作手段因科技的发展而更加多样化，如胶版、纸版、丝网版等材质被广泛应用于版画创作中。丝网印刷，尤其是由安迪·沃霍尔等波普艺术家使用，成为现代版画的标志性技术。

在艺术市场上，版画因其复数艺术的特性，为更广泛的公众提供了收藏与欣赏的机会。尤其是那些将版画视为创作主体的艺术家，他们的作品在拍卖市场上的表现尤为突出。例如，中国当代艺术家徐冰的《桃花源记》手写作品在2014年拍卖中以828万元人民币成交，而他的版刻作品的成交价格则相对更加亲民，提供了不同收藏层次的机会。

从历史到现代，版画艺术的发展历程与其在拍卖市场上的表现，不仅展示了技术与材料创新的重要性，也反映了艺术市场需求的多样性及其对艺术家创作的影响。版画作为一种独特的艺术形式，其价值与影响力在全球艺术市场中持续显现。

6. 当代艺术品

在探索任一商品类别的市场动态之前，本质上有必要先界定该商品的基本属性和范畴。之前讨论的艺术作品，它们几乎均具备了明确的物质组成、表现技法以及外观形态等特质。相较之下，当代艺术的定义则显得较为模糊不清。它既不似那些已定论的古代艺术作品——比如，蕴含儒家和道家哲学的宋代花鸟画，或是被誉为"元四家"的杰出山水画作，亦不同于欧洲洛可可时期的精致复杂风格，或是对光线和色彩着迷的印象派风格——以上这些艺术流派均可通过一系列美学概念进行明确界定。唐·汤普森在其《疯狂经济学》一书中探讨了"如何界定当代艺术"的问题，并尝试以他理解的"二次元"艺术作品为例，来解释"当代艺术"的概念，即那些"非传统的，创作于1970年之后，或被主流拍卖行视为'当代艺术'并予以拍卖的艺术家作品"[①]。然而，这一定义显然既不完整也未获普遍接受，仅对当代艺术开始年代的讨论便已充满争议。

① 唐·汤普森. 疯狂经济学 [M]. 谭平译. 海口：南海出版公司,2013:154.

在中国文化语境中，吕澎在其《中国当代美术史》中，以 1949 年新中国的成立作为中国当代美术的起点，这一划分基于历史时期的区分。如今，艺术批评界对于中国当代艺术的时间界点基本上达成了共识，即 20 世纪 70 年代末至 80 年代初，更准确地说是 1978 年。[1] 然而，在艺术历史的范畴内，不论是在西方还是中国，当代艺术的概念使用与历史时期的划分并无直接关联。

在西方艺术历史的不同著述中，关于当代艺术的界定亦有所不同，既有将"20 世纪 40 年代"作为分界点的，也有认为"20 世纪 80 年代"才是当代艺术开始的观点。英国艺术评论家朱利安·斯塔拉布拉斯（Julian Stallabrass）在其著作《当代艺术》中，选定 1989 年为当代艺术的标志性时间节点，标志着一个史无前例的经济全球化时代的开始。在斯塔拉布拉斯看来，当代艺术即是全球化时代的艺术。[2]

美国艺术批评家泰瑞·巴利特（Terry Barrett）区分了"艺术"一词的两种基本定义：首先，是将艺术视为高尚存在的观点，即艺术作品必须是伟大的、优秀的、光荣的、卓越非凡的。然而，这一观念易引发偏见，并可能激发艺术家故意的挑衅行为，其中最著名的案例便是 1917 年马塞尔·杜尚的作品《泉》。在当代，许多艺术家继续以此挑战传统艺术观念。因此，转向第二种定义，即分类性定义变得尤为重要。这种定义认为，将某物品称作"艺术品"并不意味着它就是优秀的艺术作品，而仅表明它被某特定群体视为艺术之物，例如，如果赫斯特的鲨鱼被置于医学院或生物实验室，则仅是一件科学标本；但若其展出于博物馆，便成为一件艺术品。[3] 这与英国艺术批评家约翰·凯利（John Carey）的看法相吻合。[4]

在这一讨论背景下，引入艺术理论显得尤为必要。当代艺术世界的多样性前所未有，科技进步和材料创新极大丰富了艺术观念、表现手法及其受众。从杰夫·昆斯的巨型不锈钢气球狗，到达明·赫斯特剖开的奶牛和羊羔标本，从村上隆的"宅文化"画作、手办和电影，到草间弥生以其"波点"作品引发密集恐惧症者的畏惧，以及过往仅被视为

---

① 吕澎.中国当代美术史[M].北京：中国美术学院出版社,2013.

② Julian Stallabrass.Contemporary Art: A Very Short Introduction[M].Oxford University Press,2006:35.

③ Terry Barrett.Criticizing Art: Understanding the Contemporary[M].McGraw-Hill Education,2011:68.

④ 约翰·凯利.艺术有什么用[M].刘洪涛，谢江南译.南京：译林出版社,2007.

玩具的 KAWS 玩偶，这些作品都在当代艺术拍卖市场上受到追捧。此外，打破传统展览方式的 Teamlab 声光电展览，佳士得拍卖的价格超过毕加索的 AI 艺术品，以及班克斯作品拍卖时自毁的行为，都代表着当代艺术的多样性。尽管我们可能仅偏好某一类艺术品，例如写实主义作品，对一些价格昂贵却难以理解的作品感到困惑，但我们可以尝试接受它们作为艺术品的事实，并尝试从不同的艺术视角，如表现主义、解构主义来解读它们。这种转变的视角可以拓宽我们的视野，使我们能够欣赏和理解更广泛的艺术类型。

十八世纪哲学家大卫·休谟在其著作《论品位的标准》中展开了对美学判断的深入讨论，提出了一种观点，认为在评价某物是否美丽，或者是否可被视为艺术品时，我们实际上是在表达一种个人态度——即对于客观现实的主观感受和心理倾向，而非执行一个客观的判断过程。休谟进一步阐释，这种个人态度并非固定不变，而是会随着个体经验的累积而发生变化。

据休谟所言，个人经验的积累导致态度的变化，而这种态度的转变进一步影响了我们评价艺术品的能力。因此，对艺术品的深入观察和视觉经验的累积，是决定一个人艺术鉴赏水平的关键因素。以一种较为具体的比喻来说明，假设一个人之前未曾见过所谓的"美女"，则他对于"美"的定义及判定很可能不会被大多数人所接受。

休谟借用《堂·吉诃德》中的一个情节进一步证明了他的观点：书中描述两人能够从酒中尝出金属和皮革的味道，并因此受到嘲笑，被指责为装作通晓。然而，当酒桶被喝空，人们发现桶中有一把用皮绳拴着的钥匙时，这不仅让那些嘲笑他们的人感到尴尬，同时也验证了这两人品酒能力的非凡。休谟借此强调，对味道的精准判断来源于长期的观察与经验积累，以及感官和想象力的敏锐性。

在艺术鉴赏的领域内，休谟的这一论述同样适用。艺术鉴赏不仅仅是对艺术品表面特征的评价，而是一种包含深度观察、历史背景理解以及文化意义解析的综合过程。这一过程不断地挑战并扩展我们的感官体验和心理认知，进而提升我们对艺术的理解和欣赏能力。因此，休谟的美学理论强调了个人经验和主观感受在艺术鉴赏中的核心地位，同时也指出了个人鉴赏能力的可塑性和发展潜力。这种观点不仅为理解个体对艺术品的不同反应提供了理论基础，也为艺术教育和批评提供了重要的视角。

　　继承并发展了刘勰在《文心雕龙》中提出的"时运交移，质文代变"的美学思想，中国艺术的发展轨迹早已超越了单一的笔墨传统，涉足了从近代西方绘画到政治波普，从新文人画到新工笔画等多样化的艺术表现形式。这种传统与现代、本土与国际的复杂交融，使得中国当代艺术展现出独特的混合特性。在这个多元化的艺术背景下，我们见证了蔡国强利用中国火药进行的全球性的爆破艺术，徐冰对中国文字进行再解读的《鸟飞了》系列，以及在国内艺术展中新生代艺术家使用个人发丝编织的文稿和通过平板电脑与掌机编程创作的展品。这些当代艺术家们渴望将自己视为国际艺术实践的一部分，旨在让观众通过他们的艺术作品感受到中国的存在，而无须刻意寻找中国元素。他们追求的，是探寻人类本性的存在，以及作为一个思考者在当前时代生存状态的体现。

　　学者王端廷评价称，无论艺术创作的语言和主题何为，无论是探索宇宙与自然的奥秘，还是表达人际关系，或是揭示灵魂与肉体之间的冲突，那些能够传递人本主义、理性主义和普适主义的精神内涵，表现出工业化、城市化及全球化时代所需的理性与秩序、自由与平等价值取向的艺术作品，均可视为中国当代艺术的代表。[①] 艺术家的成就，永远依赖于其艺术语言的独特性与精细度，以及对人性探索的深度与广度。这种观点不仅强调了艺术家个人在艺术创作中的主观能动性，也突出了艺术作品在文化与社会中所承载的价值和意义，进而为理解中国当代艺术提供了一种全面而深刻的视角。

　　一旦艺术品踏入市场领域，它们便不可避免地被视为商品，无论其创作者是否愿意承认这一点。然而，艺术品的定价机制具有其独特性，尤其是在评价的过程中所遇到的困难。对于历史上已故的艺术家而言，其艺术成就及市场地位相对明确，如今市场上极受欢迎的齐白石、黄宾虹等人的作品价格便较为稳定。相反，当代艺术家大多健在，其中一些甚至刚从美术院校毕业，他们的作品价值评估则显得更加复杂。

　　邦瀚斯拍卖行现当代艺术部主管霍华德·鲁考尔斯基指出，不应低估买家对于当代艺术作品的不确定感。他们需要不断地获得确认，以缓解对投资的疑虑。这种对确认的需求，并非仅限于当代艺术领域，而是艺术收藏的所有门类中普遍存在的现象。所谓的"确认"，指的是在艺术市场上看到与个人所收藏的作品风格、尺寸、创作时间相似，

---

　　① 王端廷. 王端廷自选集 [M]. 太原：北岳文艺出版社，2015:156.

且持续畅销的同一艺术家的其他作品。

买家对当代艺术的不确定感，还源于艺术品评价中所使用的词汇。在评论印象派作品时，专家们可能会用"有深度""善于运用光线""色彩丰富而透明"等形容词，而当讨论到当代艺术时，则可能转而使用"革命性的""值得投资的"或仅仅是提及某位艺术家目前很"火"，这种描述方式似乎与美学和艺术本质无关。因此，收藏者往往不够信任自己的判断力，转而依赖具有品牌效应的艺术品经销商和拍卖行的意见。

在当代艺术市场中，这种"品牌"的力量显得尤为重要。举例而言，如果某人宣称自己花费 600 万购买了一幅画作，可能会遭到朋友们不解的目光；但如果他提到这幅画是在苏富比或高古轩购得，或者是一件杰夫·昆斯的作品，那么他可能会获得朋友们敬佩的目光。因为这些艺术家和经销商的品牌不仅为作品本身加分，也为收藏者本人贴上了"财富阶层"和"独特品位"的标签。如此现象反映了当代艺术市场的一个重要特征，即品牌效应对艺术品价值的显著影响，这种影响不仅关乎艺术品本身的质量与价值，还涉及市场定位、社会认知以及文化资本的累积。

品牌效应在艺术市场上确实扮演了一个不可忽视的角色，尤其是在评估艺术品价值和信赖度时。然而，正如唐·汤普森所指出的，品牌并不能作为一个绝对可靠的信赖指标。汤普森提到的实例深刻揭示了艺术市场的变动性和不确定性：通过回顾十年前《费列兹》艺术杂志所列的大型画廊，发现其中一半已经消失不见；同样，从十年前佳士得或苏富比的夜场拍卖目录来看，一半的艺术家已经不再被拍卖场所关注。更加令人深思的是，在 20 世纪 80 年代，数千位艺术家在纽约和伦敦举办过个展，但到了 2007 年，仅有不到二十位艺术家的作品还能在佳士得或苏富比的拍卖会上见到。[①] 他所揭示的现实情况表明，大量直接向艺术家购买的艺术品以及拍卖会上成交的艺术品，其实价值往往难以保持，更不用说以原价售出。

汤普森运用"contemporary"（当代的）一词的词根"temporary"（暂时的）进行了巧妙的玩笑，以此来讽刺当代艺术的即时性和易变性。这种观点在某种程度上确有其道理，因为时间的流逝无疑会对艺术领域产生深远的影响。正如常言所述，时间是把

---

① 　唐·汤普森.疯狂经济学[M].谭平译.海口：南海出版公司,2013:189.

双刃剑，它既能够造就历史和文化的沉淀，又能在不经意间改变事物的价值和地位。在艺术界，时间的影响尤为显著，它不仅能够提升某些艺术作品的价值，让它们成为经久不衰的经典，同时也可能使其他作品逐渐被遗忘，或是因市场趋势和审美观念的变化而失去原有的光环。

因此，在艺术市场的复杂环境中，品牌效应虽然可以作为参考，但投资者和收藏家应保持谨慎，不应过度依赖品牌作为价值和质量的唯一指标。真正的艺术鉴赏和投资，需要深入了解艺术作品本身的质量、艺术家的创作历程以及作品在艺术史中的地位。此外，考虑到艺术市场的不确定性和时代变迁对艺术品价值的影响，更加综合和动态的评估方法是必要的。

从艺术创作群体来看，其在结构上呈现出金字塔式的分层。以纽约和伦敦的艺术家群体为例，总数约达八万人，其中仅有七十五位艺术家能够达到超级巨星的地位，年收入超过百万美元。位于金字塔次层的是能在大型画廊展出作品的三百位成熟艺术家；紧随其后的是拥有一定程度代理的艺术家，这些艺术家的主要收入来自教学、写作或伴侣的支持；金字塔的底层则由广泛的"群众演员"组成，这些人日复一日地在画廊周围寻找展出的机会。然而，受到媒体对当代艺术天价交易报道的影响，大量年轻艺术家和艺术学科的应届毕业生被吸引加入这个行业中，导致艺术家的总体数量每年都在增长。

从每年数十万计的美术高考生到大学毕业生，再到各级各类的画院、美术协会组织，无数艺术工作者形成了一个庞大的群体。但是，对于这些艺术家而言，十年或二十年后，市场最终能够接受的又有多少人呢？这个现象看似残酷，实则反映了艺术界的普遍规律。即便回顾古代艺术史，尽管从事艺术创作的人数不及当代以百万计，艺术的各种流派和思潮、艺术工作者的工作室和小作坊也遍布各大小城市，但最终能被铭记在美术史上的又有几人？因此，"temporary"所蕴含的艺术的暂时性和混乱性，虽在短期内显得让人困惑，但时间最终会筛选出其中的精华，留存于艺术史中。这一过程不仅是艺术品质的检验，也是时间对艺术价值认定的最终裁决。艺术界的这一现象促使我们反思艺术的本质和价值，以及如何在不断变化的艺术市场中，寻找和保留那些真正能够经受时间考验的艺术作品。

艺术品投资的现象在当今社会愈发受到关注，但是否适合每个人，或者是否艺术品消费才是未来的蓝海市场，这是一个值得深入探讨的问题。事实上，艺术品，特别是当代艺术的投资，往往涉及较高的风险，其性质不无赌博之嫌。这种风险性源自艺术市场的不确定性和艺术作品价值的主观性。正如那些成功炒股的人士往往只会分享他们的成功案例而隐瞒失败的经历，艺术投资领域也存在相似的现象。在资本主导的艺术拍卖市场中，艺术作品往往被视为一种金钱游戏，许多投资者甚至在未曾真正欣赏艺术作品的情况下，就急于在下一次拍卖中以更高的价格转手卖出，以此自豪。

尽管如此，对于许多艺术爱好者而言，收藏艺术品的最大价值可能并非在于其潜在的经济回报，而是个人对艺术本身的喜爱和热情。这种由内心驱动的收藏方式，尽管面临市场波动时可能难以坚持原初的心意，却是真正的艺术欣赏和收藏的高境界。与股票市场不同，艺术品的价值不仅在于经济价值，还包括了艺术家的创作背景、艺术作品所承载的文化和历史意义等多维度的价值。

将视角转向艺术品消费，对于大多数人来说，能够购买到一件自己喜欢的艺术品本身就是一种乐趣。无须过于关注其未来的升值潜力，只需享受艺术带来的美好即可。从日本"工薪族"收藏家宫津大辅①到热衷于 KAWS 的 80 后藏家，他们的故事充分说明了因个人兴趣而进行的艺术品收藏，不仅可以成为一种生活的享受，还可能随着时间的推移而逐渐成为对艺术市场有影响力的收藏家。这种以消费者身份参与艺术世界，逐步将艺术融入生活的过程，恰恰体现了艺术品消费的真正价值所在——不仅仅是金钱的投资，更是对生活品质和文化理解的投入。

（二）工艺美术品及亚艺术品

1. 珠宝

珠宝作为国际艺术品拍卖市场上的一大重要品类，以其独特的美学价值、稀缺性以及深厚的文化底蕴，在全球范围内受到了极高的关注和追捧。这一领域不仅涵盖了钻石、

---

① 　日本宫津大辅. 工薪族当代艺术收藏之道 [M]. 宋晨希译. 北京：金城出版社出版，2014.

　　知名"工薪族"收藏家宫津大辅，既没有继承过任何遗产，也不是来自富裕家庭，更没有任何艺术背景。他以独特的眼光著名，自从 1994 年以分期付款方式买下了一幅草间弥生的画作后，在 19 年里他靠省吃俭用，陆续购进了三百多件当代艺术品，很多是著名艺术家的早期作品。

翡翠等天然珍贵石料，也包括了经过精湛艺术设计和加工的珠宝作品，它们不仅仅是装饰物，更是贵族阶层、收藏家以及投资者眼中的艺术品和财富象征。纽约、伯尔尼、香港等地均为国际知名的珠宝拍卖中心，这些城市每年都会举办数场大型的珠宝拍卖活动，成交金额往往令人瞩目。尤其是香港，以其独特的地理位置和经济环境，成为亚洲乃至全球珠宝拍卖的重要市场之一。香港的春秋两季拍卖会上，珠宝品类的成交价通常占到两大拍卖公司总成交价的 55% 至 65%，充分展示了珠宝拍卖在整个艺术品市场中的重要地位。珠宝在西方艺术品拍卖领域的主导地位是历史悠久且持续稳定的这一现象在很大程度上得益于全球性的珠宝价格评估体系的存在。这种标准化的估价体系不仅为珠宝的买卖提供了一个相对稳定的价格参考，也为投资者提供了一定程度的安全感。

从 17 至 18 世纪，随着欧洲贵族庄园的大量拍卖，他们的金银器皿及珠宝首饰成为清算资产中的重要部分。佳士得，作为世界上最早的拍卖行之一，自 1766 年成立之初就开始涉足珠宝拍卖。在战乱和经济危机的时代背景下，珠宝等小型艺术品的拍卖不仅为佳士得带来了稳定的收入，也帮助其度过了不少经营危机。

法国大革命期间，珠宝拍卖的风险性也得到了显著体现。杜·巴利夫人的故事凸显了当时社会动荡背景下珠宝拍卖的复杂性。她因为拍卖珠宝而暴露身份，最终在回法国企图将更多珠宝转移到英国拍卖的途中，被捕并送上断头台，这一事件不仅反映了珠宝作为财富象征的双刃剑特性，也揭示了当时社会政治环境对艺术品拍卖市场的深刻影响。

此外，名人物品的拍卖往往与珠宝拍卖紧密相连，温莎公爵夫人的珠宝拍卖便是一个典型例子。1987 年苏富比拍卖的温莎公爵夫人首饰集合，不仅因其卡地亚和梵克雅宝等品牌的私人定制背景和杰出的艺术设计而备受瞩目，更因温莎公爵夫人的独特身份和名人效应而价值倍增。这些珠宝最终的高价成交，不仅体现了名人和顶级珠宝品牌对拍卖价格的巨大影响，也反映了社会对名人文化和艺术设计的高度重视。温莎公爵夫人的创意也为珠宝设计领域带来了创新的风潮。她向当时的梵克雅宝艺术总监提出的以拉链为灵感的设计建议，不仅体现了她对珠宝创新设计的独到见解，也展现了她与众不同的审美品位。这种合作最终促成了 Zip 系列项链的诞生，该系列不仅因其独特的设计理念而备受关注，更因其实用性与美观性的完美结合而成为梵克雅宝的标志性创作之一。

拉链中的流苏合拢后转变为手链的佩戴方式，展示了珠宝设计中的创新与多功能性，这种设计不仅为珠宝设计带来了新的可能性，也进一步巩固了梵克雅宝在珠宝设计领域的先锋地位。

历史上，珠宝拍卖市场上曾出现过多次轰动一时的高价成交案例，体现了珍稀珠宝在全球收藏家心中的非凡价值。例如，1983 年苏富比拍卖的珠宝达到 5028 万美元的天价，1990 年英国温莎公爵夫人的首饰集合更是以 5470 万美元成交，1995 年更是有一颗重达 100 克拉的纯白钻石以 1654 万美元的价格售出。这些案例不仅展现了珠宝本身的价值，也反映了市场对于高端珠宝的巨大需求。珠宝拍卖中的艺术欣赏角度同样不容忽视。温莎公爵夫人的蓝宝石猎豹胸针和火烈鸟胸针等杰作，不仅因其珍贵的材料和精湛的工艺受到追捧，更因其独特的设计理念和艺术表现成为收藏家和艺术爱好者心中的珍品。这些作品的成功拍卖，展现了珠宝作为艺术品的价值，以及其在艺术和文化史上的重要地位。

在香港市场，珠宝拍卖同样屡创高价。例如，1994 年佳士得秋季拍卖会上的一串翡翠项链以 3302 万港币成交，1997 年一条双彩翡翠玉珠链以 7262 万港币成交，打破世界纪录。苏富比于 2005 年拍卖的　只缅甸卵形翠玉戒指以 1940 万港币刷新了亚洲宝石拍卖的新纪录。此外，1998 年香港的"宝咏琴珠宝私人珍藏拍卖"总成交额高达 5143 万港币，这些数据均展示了珠宝在艺术品拍卖市场中的强大吸引力。

2018 年日内瓦苏富比举办的"波旁·帕尔玛家族皇室珠宝"专场拍卖，以 100% 的成交率和 5350 万瑞士法郎的总成交额，成为继温莎公爵夫人珠宝拍卖纪录之后的又一历史性时刻。尤其是曾属于法国路易十六皇后玛丽·安托内特的异形珍珠吊坠，以 3640 万瑞士法郎的惊人价格成交，不仅刷新了天然珍珠拍卖的世界纪录，也让这位历史上的悲情皇后再次成为人们讨论的焦点。这件珍珠吊坠的成交不仅彰显了其珍贵的历史价值和艺术价值，更体现了皇室珠宝以及与之相关的历史人物对珠宝拍卖市场的深远影响。

自 20 世纪 90 年代艺术品拍卖在中国兴起以来，珠宝拍卖市场的发展历程体现了中国经济和社会消费水平的显著提升。1995 年，中国嘉德举办的首场珠宝专场拍卖标志着国内市场对于珠宝艺术品拍卖的初步探索。尽管初期由于市场不成熟和战略规划上的问题，一些拍卖行的珠宝拍卖项目未能持续，但随着社会消费水平的提升，特别是2010年之后，中国的珠宝拍卖市场逐步成熟，各大拍卖公司纷纷增设珠宝拍卖专场，拍卖规模和频次都有明显增长。

根据麦肯锡公司2010年的预测，中国消费者在奢侈品上的年增长率将达到18%，这一预测在随后的珠宝拍卖市场表现中得到了验证。北京保利拍卖公司2011年6月举办的首届珠宝专场拍卖成交额就接近1.4亿元人民币，此后每年的艺术品拍卖季都会有珠宝拍卖专场，且中国买家的购买种类也从钻石、翡翠等传统珠宝扩展到其他种类。

翡翠，作为中国文化中的一大象征，因其在全球范围内被公认和频繁出现在艺术品拍卖中而受到特别关注。相比其他玉石，翡翠能够建立起相对统一的质量评价标准，价格透明，鉴定成本极低，这些特点使得翡翠在国际珠宝拍卖市场中占有一席之地。然而，随着市场的发展和消费者偏好的变化，翡翠的市场地位经历了起伏。早期，翡翠的成交额只占珠宝类总成交额的5%~10%，但到了2004年中期，翡翠与钻石的成交额已经不相上下。尽管如此，随着时间的推移，翡翠市场相较于全球更通用的钻石市场逐渐显得较为"冷淡"。

另一方面，钻石，尤其是彩钻，由于其高价值、易于变现的特性，以及能够获得如美国GIA等权威机构出具的珠宝证书，越来越受到个人投资者的青睐，成为资产储值和增值的重要选择。这一趋势反映了珠宝消费和投资市场的动态变化，同时也指向了未来珠宝拍卖市场可能的发展方向。随着中国及全球消费者对珠宝艺术品认知的深化和审美的提升，珠宝拍卖市场预计将继续保持多样化和国际化的发展趋势。

近年来，珠宝拍卖市场的创新举措频频出现，使得各类珠宝品种在市场中争奇斗艳，拍卖公司也在不断推出新颖的拍卖形式来吸引公众的注意。特别是无底价拍卖的实施，已经在中国的珠宝拍卖市场中成为一种趋势。例如，2018年秋拍期间，杭州西泠拍卖的"东方瑞丽·珠宝与翡翠专场"中采用无底价起拍的方式，让三五千元人民币的吊坠、耳环与价值数百万、千万的珠宝共同登台竞拍，同样的情形也出现在香港佳士得的珠宝专场中。这种无底价拍卖方式正逐步改变人们对拍卖的传统看法，使拍卖会变得更加亲民，并吸引了更多潜在消费者的参与。

通过分析每年的拍卖数据，我们可以观察到一些有趣的市场变化。例如，收藏者对彩色钻石、祖母绿和红蓝宝石的兴趣日益浓厚，这些珍贵宝石的拍品常常在成交价格上位列前茅。此外，一些拍卖公司也在尝试新的策略，直接将矿晶作为拍品呈现在拍卖会上。2017 年 12 月，北京保利拍卖的"天纵晶华——首场臻美矿晶艺术"专场中的 61 件拍品，包括祖母绿晶体、自然金块以及葡萄玛瑙和方解石标本等，最终总成交额达到三百多万元，显示了市场对矿晶艺术品的高度认可。

珠宝拍卖市场的变化也反映了人们对个性化和创新设计的追求。不再满足于传统的、工业化生产的珠宝设计，市场对独特设计和个性化珠宝的需求越来越旺盛。拍卖公司对此敏锐地捕捉到了这一趋势，纷纷将现代珠宝设计师的作品纳入拍卖专场，以满足消费者对个性化珠宝的追求。

对于珠宝收藏和投资而言，消费者应在自己的经济能力范围内谨慎行事，并且不断学习珠宝知识，了解市场动态。参与 GIC 或 GIA 的相关培训课程，获取宝石分级评估证书等，都是提升自身鉴赏能力和市场判断力的有效途径。在购买珠宝时，应遵循"少而精"原则，选择质量上乘而非数量众多的珠宝，以确保收藏和投资的价值最大化。

2. 瓷器

当提及瓷器，一个广为人知的词汇便是"china"。这一术语不仅指代中国本身，亦涵盖了"瓷器、瓷制品"的含义，特指源自中国的高品质瓷器。自东印度公司在 200 余年前推销中国瓷器之时起，"china"便被用以象征"瓷器之国"。在日常语境中，"陶瓷"一词广泛使用，其实涵盖了两种材质的器物：即陶与瓷。这两种材质在成分、历史时期的出现上均有所不同。陶土的组成较瓷土而言，更为复杂，主要包括高岭土、云母、蒙脱土、石英以及长石等。其成分颗粒大小不一，常含有砂粒、粉砂及黏土等，导致陶土通常呈黄色或灰色。陶器在东西方古代文明均有发现，如中国的马家窑文化、仰韶文化，以及欧洲爱琴海地区的古希腊文明，均生产过极为精细的彩绘陶器。然而，由于文化背景的差异，东西方陶器在图案选择上存在显著差异，例如古希腊的黑绘和红绘时期彩陶，多选用神话故事为主题，绘制大量人物图案。

瓷器之所以成为古代中国的重要出口商品，乃至一度成为中国的专利产品，源自其独特的制作材料。瓷器的生产需使用瓷土，例如高岭土，这种瓷土因其极高的纯度和洁白度而显著，且产地相对有限，非如陶土那般易于获取。中国自商朝起便已开始生产原始青瓷，与陶器相比，青瓷在多个方面呈现显著差异。例如，青瓷的胎质含铁量仅约 2%，使得其胎色明亮洁白；由于其土料中铝硅酸盐含量高、熔点较高，因此其烧成温度可达1000 至 1200 摄氏度，远高于一般陶器的烧成温度。最为直观的区别在于，瓷器表面通常覆有经高温烧制的釉质，而陶器则无此特征。

　　直至 18 世纪之前，中国瓷器制作的秘密始终未被外界所洞悉。鉴于古代中国在全球瓷器贸易中占据主导地位，此一秘密的保护无疑对维护其出口优势至关重要。然而，这并未能阻止欧洲人对探索此一技术奥秘的渴望。18 世纪初期，一位名为佩里·昂特雷科莱（中文名殷弘绪）的法国传教士抵达中国，其卓越的人际交往技巧使他赢得了康熙皇帝的信任，随后被派往景德镇担任驻地传教士。在景德镇的时光里，殷弘绪逐渐掌握了中国瓷器的原料配比及其制作工艺，并撰写了两封详尽的书信，将其观察到的制瓷技术详细记录并发送给了欧洲的奥日神父，伴随着收集到的原料样本。殷弘绪的这一行为，对后来欧洲瓷器产业的发展产生了极为重要的影响。

　　尽管有人批评殷弘绪的行为等同于商业间谍活动，认为其明目张胆地盗取并传播了中国的瓷器制作技术，但也有另一种观点认为，殷弘绪的书信在今天对于研究和恢复古代瓷器制作技艺具有不可估量的价值。由于中国古代对工艺技术的系统性记录相对稀缺，许多宝贵的制瓷技术未能完整地传承至今。在这种背景下，殷弘绪的书信无疑为研究人员和匠人们提供了宝贵的辅助资料，帮助解开了一些制瓷技术的未解之谜。因此，从更广泛的视角来看，殷弘绪的贡献可以被视为跨文化交流的成果之一，他的记录不仅促进了欧洲瓷器工艺的发展，也为当代学者提供了研究中国古代瓷器制作技艺的珍贵资料，展现了文化交流与技术传播的复杂性与多维价值。

　　继原始青瓷的问世后，中国瓷器制造业经历了持续而深刻的发展，尤其到了宋代，中国古代瓷器业迎来了其发展的第一高峰。宋代不仅政治相对稳定，经济、文化也达到了繁荣的状态，这为瓷器制造业的兴盛提供了良好的社会环境和需求基础。宋代瓷器以其精美的器型、雅致的釉色以及简洁或精细的纹饰而闻名于世，成为后世评价和学习的重要对象。

在对一件瓷器进行评价时，专家们通常会从器型、釉色和纹样等方面入手，这些特征能够帮助鉴定出瓷器的时代、窑口以及其市场价值。器型的设计反映了瓷器的功能性与审美倾向；釉色则能展示瓷器的材料特性和烧制工艺的成熟度；纹样的选择和创造则直接体现了制瓷工匠的艺术创意与当时的文化背景。艺术品拍卖市场对宋代瓷器尤为重视，一旦有宋瓷拍品出现，拍卖公司会投入大量资源进行考证和宣传，力图揭示其历史价值和艺术价值，从而挖掘其潜在的市场价值。例如，2014年香港苏富比拍卖的"定窑划花八棱大碗"以及2018年佳士得拍出的"汝窑天青釉茶盏"，这两件拍品均经过了深入的学术研究和历史考证，其时代背景、艺术特性和流传经历都被详细探讨，这不仅丰富了藏家和学者对宋代瓷器的认识，也极大地提升了这些瓷器在市场上的价值和收藏家对它们的追捧程度。

讨论宋代瓷器，绕不开"五大名窑"——汝、官、哥、钧、定的概念。这一命名，虽在学术界有所争议，但普遍被接受作为代表宋代瓷器制作技术和艺术审美高峰的象征。这五大名窑各自具有独特的艺术风格和技术特色，以青釉和白釉为主，也涵盖了其他颜色釉料，展现了当时制瓷业的卓越成就。

宋代的瓷器审美倾向于简约而高雅，多数高级瓷器以单色釉为主。尽管也存在如建盏这样的结晶釉品种——兔毫盏、油滴盏以及在日本备受推崇的"曜变天目"盏，但是如汝、官、哥、钧、定这些著名窑口的作品，更多地体现了宋代高冷的审美特征。例如汝窑的天青釉，以其浑然天成的釉色和精致的器型，成为宋代瓷器中的瑰宝。故宫收藏的"宋汝窑天青釉圆洗"和"宋汝窑天青釉弦纹樽"，均以其凝脂般的釉面、清透的天青色泽及巧夺天工的造型，展现了汝窑技艺的非凡境界。

进入元代及其之后的时期，随着少数民族统治者和外来文化的影响，彩瓷开始在市场上占据主导地位。明清时期，随着彩瓷技术的不断发展，出现了更多样化的彩瓷品种，尤其是大量的外销瓷器，大多采用了彩瓷的制作技术。彩瓷的种类主要包括釉下彩、釉上彩以及两者相结合的品种。其中青花瓷是釉下彩的典型代表，其生产过程涉及在白瓷胎体上先用含钴的蓝料勾勒纹饰，然后覆盖一层透明或青色釉料，最后在高温下烧制完成。这种技艺使得纹饰被釉面所保护，不易磨损。明宣德时期的青花瓷，如 2016 年佳士得拍卖的"明宣德青花五爪云龙纹大罐"，以其精美的造型、高质的进口青料和精湛的绘制技法，被誉为中国青花瓷制作的巅峰之作，体现了宣德年间皇室对瓷器制作的极高热情和对技术创新的重视。

在明清时期，中国彩瓷艺术经历了前所未有的发展和繁荣，产生了众多独具特色的彩绘瓷器品种，其中包括五彩、斗彩、珐琅彩和粉彩等。这些彩绘品种的出现和流行，不仅体现了中国瓷器艺术的创新能力，也反映了不同历史时期文化审美和技术进步的特点。

五彩瓷以其丰富的色彩和复杂的图案而闻名，采用多种色釉相结合的方式进行装饰，能够表现出极其生动的艺术效果。斗彩，则是在明成化年间流行起来的一种彩瓷，它通过不同彩料的巧妙搭配，形成了独特的视觉冲击力和艺术魅力。珐琅彩和粉彩瓷器在"康乾盛世"时期尤为盛行，珐琅彩采用金属胎底上绘制彩色珐琅釉，而粉彩则是在康熙年间兴起，其独特之处在于采用了工笔画的绘制技法，将细腻的彩绘艺术和瓷器制作完美结合。

尤其值得一提的是粉彩瓷器，以其精致的绘画技法和淡雅的色彩搭配，制作出许多精美绝伦的彩绘瓷器。如清乾隆时期的"粉彩九桃瓶"，便是粉彩瓷器中的代表作之一。该作品以九桃为主题，象征长寿和吉祥，画面工细入微，色彩层次分明，展现了当时流行的祥瑞题材，反映了康熙至乾隆时期文化和审美的高度成就。

近年来，国际艺术品市场对中国古瓷的需求和评价持续上升，特别是元明清时期的官窑瓷器因其精湛的制作工艺、稀缺的存量以及独一无二的艺术特色而尤为受到藏家和投资者的青睐。在伦敦、香港、纽约等国际拍卖中心，官窑瓷器的拍卖价位已经达到了数千万元，甚至在 2005 年春季的拍卖中突破了亿元人民币大关。

例如，1997 年苏富比拍卖的 9 件明清官窑瓷器以 8042 万港币成交；2000 年，佳士得拍出的清乾隆粉彩花蝶纹如意耳尊以 3304 万港币成交；同年苏富比拍出的明嘉靖五彩鱼藻纹盖罐以 4404 万港币成交；2002 年苏富比拍出的清雍正粉彩蝠桃福寿纹橄榄瓶以 4150 万港币成交；2005 年春季拍卖会上，一件清代外粉表釉浮雕青花六方套瓶以 4492 万港币成交。同年，元代青花《鬼谷子下山图罐》在伦敦佳士得的拍卖中以 1568.8 万英镑（约合 2.25 亿元人民币）的价格成交，刷新了中国艺术品拍卖的纪录。

除官窑瓷器外，中国清代的出口瓷器同样在国际市场上引起了广泛关注。1986 年，佳士得在荷兰拍卖的"南京货船"沉船出口瓷引发了巨大轰动，拍卖持续六天，总成交额接近千万美元。1995 年 3 月，荷兰拍卖从"戴安娜号"沉船中打捞上来的瓷器，成交总额达到 435 万美元。2001 年 1 月，纽约佳士得举办的"中国外销艺术拍卖"，出口瓷器成交总额达到 265 万美元。

这些拍卖纪录不仅证明了中国古瓷在国际艺术品市场上的高度认可和珍贵价值，也反映了国际藏家对中国古代瓷器文化的浓厚兴趣和尊重。尽管境内市场对顶级瓷器的拍卖成绩相对境外市场较低，但仍不时出现五百万至一千万高价的瓷器成交，显示了中国古瓷艺术仍然拥有广阔的市场前景和文化价值。

3. 漆器

漆是一种源自漆树汁液的天然物质，历史悠久，远在八千年前的新石器时代，我国先民已知利用其为木制品提供防腐和防水的保护。漆液在中国文化中有着"大漆""土漆"和"国漆"等多个称谓，彰显其在中国传统工艺中的重要地位。萧山跨湖桥新石器时代遗址出土的弓和余姚河姆渡遗址发现的朱漆木碗，均见证了漆在古代生活中的广泛应用。西周时期，中国已有人工种植的漆树林，战国时期，庄子还曾担任漆园管理员，说明了漆的采集与应用在当时社会的普及和重要性。然而，漆的采集极为艰难，"百里千刀一斤漆"形容其采集过程的艰辛极其珍贵。生漆直接接触皮肤会引起剧烈的过敏反应，显示了在古代漆工艺发展中面临的挑战。成语"如胶似漆"便是从漆的黏性特点而来，形容关系密切，不可分割。漆的这一特性，使其在完全干燥后变得坚硬耐用，能够抵御高温，是古代制作餐具、家具以及漆雕、漆画等工艺品的理想材料。清代的"漆雕剔彩如意"与明代的"朱漆雕牡丹花纹圆盒"，都是漆器工艺中的杰出代表，展现了漆艺在中国传统工艺中的高度成就。

特别是雕漆技艺，通过在厚重的漆层上雕刻细致的花纹，创造出极富装饰性和艺术价值的器物。明代的"百宝嵌"工艺，更是将黄金、象牙、玉石等贵重材料与漆艺结合，展现了中国漆器工艺的精湛和奢华。这些技艺不仅体现了中国古代工艺人的高超技艺，也反映了中国传统文化的深厚底蕴和审美追求。在中国历史长河中，那些精湛的技艺往往未能得到充分的文献记载，这一现象部分源于古代士大夫阶层对于"奇巧淫技"等手工技艺的轻视态度，认为这些技艺不足以入书。因此，能够传世的关于建筑、漆艺等专门技术的著作极为珍贵，《营造法式》和《髹饰录》便是此类珍稀文献中的杰出代表。

《髹饰录》由明代的漆匠黄成编撰，是一部专注于漆器工艺的著作，详细记载了各种漆艺技法。著名鉴定家和收藏家王世襄先生对这本书进行了深入的研究和注解，历时八年完成了《髹饰录解说》[①]，使得这部古籍不仅对专业人士，甚至对外行人也具有较高的可读性和指导价值。王世襄先生的注解工作，无疑为后世研究和传承中国传统漆艺技术提供了宝贵的文献资料。《自珍集：俪松居长物志》中提及的"紫鸾鹊谱纹雕填兼描漆长方盒"，是王世襄先生在研究《髹饰录》期间，向当代著名漆艺大师多宝臣学习的实物例证。[②]通过多宝臣的亲自示范，王世襄先生深入理解了"戗金细钩填漆"和"戗金细钩描漆"等高难度漆艺技术，这两种技法在提升漆器装饰效果和艺术价值方面具有重要作用。

在探讨漆器的英文命名上，值得注意的是，尽管漆器起源于中国，其英文名称"japan"却与日本关联。这一现象的背后，揭示了漆器在东亚文化交流中的独特地位及其对外传播的历史轨迹。漆器技艺自唐代传入日本，经过长时间的发展和演化，形成了具有日本特色的漆器艺术。日本作家谷崎润一郎在其著作《阴翳礼赞》中，便对日本漆器的美学特质进行了深情的描绘，强调了漆器在日常生活中所带来的独特审美体验。[③]

"japan"作为漆器尤其是日本黑漆器的代称，其普及与1900年巴黎万国博览会不无关系。该博览会上，来自日本的漆器以其精美的工艺和独特的美感，引发了欧洲对漆艺的广泛兴趣，并催生了漆艺运动。此后，法国等国的艺术家开始探索漆画艺术，而这一技术又由华人留学生雷圭元和沈福文引入中国，两人创作的漆画作品，如沈福文的《堆漆金鱼》，在1984年第六届全国美展上向中国观众展示了漆画的魅力。

---

① 王世襄.髹饰录解说[M].北京：生活·读书·新知三联书店,2013.
② 王世襄.自珍集：俪松居长物志[M].北京：生活·读书·新知三联书店,2020.
③ 谷崎润一郎.阴翳礼赞[M].陈德文译.上海：上海译文出版社,2016.

随着时间的推移，制瓷技艺的成熟逐渐影响了漆器在日常生活中的地位，使其从一种主要的日用器物转变为奢侈品。然而，漆器的技艺并未完全消失，在一些传统乐器制作中得到了保留，特别是古琴。《诗经·国风》中就有提及利用漆饰琴瑟的记载。传统古琴的漆层上常见的断纹，成为鉴定其年代的重要特征之一。例如，"大圣遗音"一琴，这件唐代古琴因其独特的断纹而被高度珍视，曾属王世襄先生私藏，其后在市场上以高达一亿一千五百万元人民币的价格成交，显现了漆器艺术及其应用在古代至今文化中的深远影响和价值。

古琴作为一种携带着深厚文化底蕴的传统乐器，其制作过程体现了中国古代工艺人对于美学和工艺的极致追求。在众多制作步骤中，上灰胎工序是尤为关键的一环，这一过程涉及将鹿角霜与大漆混合后均匀涂抹于琴体上，以形成坚实的基底。此过程并非简单一次完成，而是需要经过多次反复涂抹和打磨，以确保琴体表面的平滑和坚韧。

精湛的斫琴师会在初步涂抹一层粗灰胎后进行阴干和打磨，随后依次上中灰、细灰，甚至于最细致的斫琴师还将施加一层特细灰，以达到更高的工艺标准。上漆过程也需经过多次反复，每一次上漆后均需等待漆层彻底干燥，继而进行后续的打磨和推光处理，整个制作周期既漫长又繁复，体现了制琴师对古琴艺术的尊重和热爱。2003 年，古琴艺术荣获联合国教科文组织"世界非物质文化遗产"认定，标志着国际社会对于这一传统艺术形式的高度认可。在中国传统文化复兴的背景下，古琴以其深沉而悠远的音响，吸引了越来越多人的关注和喜爱。艺术品拍卖市场上不时出现的珍稀古琴拍卖纪录，不仅反映了人们对古琴这一古老乐器价值的重新认识，也通过对古琴的收藏与研究，使人们能够更加贴近并感受到中华文明的博大精深。

4. 古籍善本与碑帖拓片

古籍作为传统文化的重要载体，其意义和价值远超过其物理形态——瓷青色的封皮、白色的线装以及封皮同色系的函套等。虽然它们的内容主要是文言文，似乎与现代人的生活息息相关，然而，古籍作为艺术品拍卖的对象，其背后的文化价值和历史意义是不可小觑的。

古籍的分类和定义方式多样且不统一。按照《古籍定级标准》，古籍主要指书写或印刷于 1912 年以前，并具有中国古典装帧形式的书籍。这一定义虽然为学术研究提供了一定的标准，但在艺术品拍卖的实践中，古籍的范围要比这更为广泛。不仅包括雕版刻本、手写本、活字本等传统形式，还涵盖了地图、信札、照片及碑帖印谱等多种形式的文献，甚至包含了木牍、甲骨等古代记录材料。

古籍代表了古代社会的文化水平和审美趣味。每一件古籍都是历史的见证，通过它们，我们能够窥见古人的思想观念、社会风俗、科学技术以及艺术成就等各个方面。对于研究历史、文学、哲学、艺术等学科的学者来说，古籍是不可或缺的研究资料。对于普通人而言，古籍也提供了一扇了解和接触传统文化的窗口，是连接过去与现在、传承和弘扬优秀文化遗产的重要桥梁。

古籍之所以频繁出现在艺术品拍卖场上，其根本原因在于其稀缺性及其所蕴含的深厚价值。艺术品拍卖场所追求的是那些不仅稀有而且具有独特文化和历史意义的物品，而古籍正是这一特性的典型代表。古籍的价值不仅仅体现在其作为信息和知识传递的载体上，更在于其自身随时间积淀下来的历史厚度和文化深度。一些版本精美、内容翔实、并有著名文豪、学者乃至藏书家批注或收藏印记的古籍，其价值自然是显而易见的。这些古籍不仅反映了作者的智慧和时代的精神，还记录了后世读书人和藏书人对其价值的认可和推崇。

自春秋战国时期以来，中国就有着悠久的藏书传统。从老子担任国家图书馆管理员，到"学富五车"描述的惠施的藏书热情，再到唐代李泌的"插架三万轴"，每一个时期都有其代表性的藏书家和藏书故事。宋代以后，随着雕版印刷技术的发展，书籍成为更广泛的文化传播工具，藏书成为文人士大夫的一种文化追求和社会风尚。明清时期，藏书家和书籍交易者的数量更是达到了前所未有的规模，清晚期学者洪亮吉甚至为他们制定了五级评价标准。

此外，古籍所记录的不仅是知识和思想，还包括了社会风俗、人际关系以及历史变迁等多方面的信息，特别是名人的信札和日记等，这些文献为后人提供了宝贵的第一手资料，让我们能够洞察历史深处的社会细节和文化脉络。

名人书札的收藏活动自汉代以来便有迹可循，至今已有数千年的历史。这些书札不仅在书法艺术上具有极高的价值，更因其蕴含的丰富思想和人文情怀而备受藏家们的珍视。例如，王羲之的《快雪时晴帖》现藏于台北故宫博物院，以及 2016 年在嘉德拍卖的曾巩的《局事帖》以两亿多元成交，均是以书法艺术形式呈现的名人书札的代表作品。然而，当代的藏家们在收藏书札时，不仅重视其书法价值，更加注重书札所体现的思想深度和人文情感。特别是民国时期的书札，由于其特殊的历史背景——晚清民国时期，中西文化大碰撞，社会形态独特，政治虽分裂但文化极其开放，因此这一时期学术界人士的书信所包含的思想精华尤为宝贵。这使得民国书札在当前的收藏市场上价值凸显，甚至远超明代人的书信，反映了藏家们对于该时期独有文化氛围和思想价值的高度认可。

除了书札外，古籍的艺术价值还体现在书法和版画上。书法艺术价值不仅显现于名人手札，也体现在许多精致的雕版印本和手抄本中。手抄本作为手书作品，其艺术价值在于展现了书写者的书法技艺和艺术风格。至于雕版印本，则是将名家手写的书稿，通过专门的刻工进行精细雕刻而成。刻工将原稿反贴于木版上，通过特殊工艺将纸张纤维搓至极薄，既便于雕刻，又能完美保留书法的原貌和韵味。这一过程不仅体现了精湛的工艺技术，也使得雕版印本成为连接书法艺术与印刷技术的重要载体。

古籍的艺术性在版画领域表现尤为突出，中国传统的版画艺术以木版版画为主，尽管使用的材料相对单一，但其在色彩运用和刻工精细度上却达到了高超的艺术水平。例如，明代闵齐伋的《西厢记》套色印本和凌濛初的《拍案惊奇》系列均是套色印本的代表作，展示了当时版画艺术的高度成就。尤其是清初的《三国演义》版画，其采用的八色套印技术，在当时甚至超越了同时代欧洲的海德堡套印术所能达到的四色水平，显示了中国古籍版画艺术的先进性和独特性。

书籍的收藏和交易活动不仅限于中国，世界各地只要重视文化，就存在着藏书的行为。在中国，古代至近代的书籍收藏中，宋版书或明活字版往往被视为藏书家收藏水平的重要标准。如清末藏书家陆心源以"皕宋楼"命名其藏书楼，便是向外界展示其收藏实力的象征。而在国际上，尽管美国的历史仅两百余年，却涌现出了众多享誉世界的大藏书家，他们的藏书不一定古老，但同样珍贵，这反映了藏书类别和标准随时代而变化的现象。

中国古籍拍卖虽然起步较晚，但近年来古籍的价值日渐被发掘，价格水涨船高。尽管与欧美拥有两百多年古籍拍卖历史相比，中国的古籍拍卖尚处于起步阶段，但已经在不断学习和进步，向更精细化的分类方向发展。目前的古籍拍卖已经包含了写本写经、金石碑拓、书帖印谱、近代书刊等专场，展现了市场的多样化和专业化。未来，中国古籍拍卖的进一步发展将需要更多专业人才进行深入研究，以实现类目的细化和专业化，从而更好地服务于藏书家和研究者的需求，促进中国古籍艺术的传承与发展。

5. 名人遗物

在 20 世纪后期，名人遗物拍卖活动受到广泛追捧的现象开始显著增加。这一时期，随着全球战争的结束和社会财富的显著增长，结合西方社会，特别是美国对名人崇拜文化的背景，名人物品拍卖活动愈发频繁。

1996 年 4 月，纽约苏富比举行了一场引人注目的拍卖会，美国前总统肯尼迪的遗孀杰奎琳·肯尼迪的个人物品成为拍卖的焦点。苏富比在宣布将拍卖杰奎琳近六千件个人遗物后，其纽约总部便出现了前所未有的热闹景象，人们纷纷前往观看拍品，苏富比的员工忙于应对络绎不绝的电话咨询。拍卖会现场，人们目睹了一连串的竞价狂潮，例如，一条原估价仅为 700—900 美元的仿品珍珠项链最终以 21 万美元的价格成交；一只刻有杰奎琳名字首字母"J"的打火机，原市场价约 300—400 美元，竟拍出了八万五千美元的高价。这场为期四天的拍卖会最终成交额高达 3450 万美元，远超最初的 400 万美元估价。

此类名人遗物拍卖受到追捧的主要原因在于"名人效应"的显著影响。杰奎琳作为美国的"第一夫人"，曾是美国女性的偶像，她不仅改变了"第一夫人"传统的着装形象，引入法国时尚至白宫，还曾以四种不同语言向选民发表演讲，与丈夫共同赢得总统选举。她被视为美国的象征，代表着活力、乐观、智慧和工作热情。因此，杰奎琳的私人物品因其独特的历史地位和人文价值而受到广泛追捧。在社交场合，拥有杰奎琳遗物的人可能会以此作为炫耀的资本，展示这些物品不仅仅是因其实用价值，更多的是它们承载的一段历史记忆和文化意义。

2016 年 11 月，美国朱利安拍卖行举行了一场为期三天的拍卖活动，专注于拍卖玛丽莲·梦露的个人物品。此次拍卖共计超过一千件物品，涵盖了梦露在其影视生涯中使用过的戏服、手套，以及其日常生活中的时装、皮草、手包、手表、耳环等个人用品，甚至包括她使用过的小药瓶和口红，以及给母亲写的支票、出租车发票和书信等物品。

此次拍卖中最受瞩目的物品之一是梦露为约翰·F·肯尼迪总统演唱生日快乐歌时所穿的纱裙，该裙以480万美元的高价售出，买家是一位开设私人博物馆的梦露超级粉丝。值得注意的是，这并非梦露遗物中售价最高的一件，早在2011年，梦露的一件标志性白色百褶裙就已经以超过五百万美元的价格拍卖成功。这些拍卖活动不仅展现了梦露作为一个文化符号在全球范围内的巨大影响力，也反映了收藏家对于名人个人物品的极高兴趣，这种兴趣不仅仅因为物品本身的价值，更在于它们所代表的历史时刻和文化意义。通过对这些遗物的收藏和展示，收藏家和拍卖参与者不仅是在追寻与名人的某种连接，也是在致敬那些曾经塑造和影响过社会文化氛围的杰出人物。

在中国，名人遗物的拍卖逐渐被社会所接受，并出现了一系列具有代表性的拍卖活动。例如，2015年，因癌症去世的歌手姚贝娜的家人组织了一场慈善拍卖，将其六百多件私人物品，包括创作手稿、眼镜、演出服等物品纳入拍卖清单，最终拍卖所得的二百多万善款全部捐赠给了新疆塔什库尔干县的一所小学，展现了名人遗物拍卖活动的积极社会价值。

从这些例子中可以观察到，拍卖市场中的名人物品大多与已故名人相关联，这些遗物因其绝对的稀缺性和不可再生性而尤为珍贵。对拍卖公司而言，处理这类遗物相对于在世名人的物品来说，法律和道德风险较低，尤其是那些不牵扯其他法律权利的个人生活用品。只要有粉丝的支持，这类拍卖活动通常能够顺利成交。

然而，并非所有名人物品的拍卖都能达到人们预期的欢喜结局。例如，2012年在北京匡时拍卖的"南长街54号藏梁氏重要档案"专场，尽管在拍卖前遭到梁启超后人的质疑，但最终仍以6709万元人民币成功收官。2015年，英国已故前首相撒切尔夫人的个人珍藏及遗物拍卖在佳士得举行，尽管其儿子马克对拍卖持抵制态度，与孪生妹妹因此产生矛盾，但拍卖仍旧以450万英镑的总成交价结束。这些案例表明，拍卖市场是一个开放且基于所有权或处分权的平台，个人有权决定是否将自己的物品拍卖。

在艺术品拍卖领域，名人手稿类遗物由于其稀缺性及独特的文化和历史价值，一直受到市场的高度关注。这些手稿不仅反映了名人的思想情感和时代背景，还可能包含着书法艺术的价值，使得每一份手稿都成为无法复制的孤本。尤其是名人的信札，通常直抒胸臆，能够为后世提供解读历史的关键线索。

然而，名人手稿的拍卖并非总能顺利进行，经常会涉及复杂的法律权利问题，如发表权、著作权等。近年来，这方面的争议案例屡见不鲜。2014年，文学家茅盾的手稿拍卖打破了中国文学手稿拍卖纪录，拍卖之后，茅盾的后代提出异议，主张其著作权被侵害，并最终通过法律途径要求拍卖公司赔偿并公开道歉。此案例反映了手稿信札类物品拍卖的法律风险及其复杂性。另一个案例是2013年中贸圣佳拍卖公司对钱锺书手稿及信札的拍卖，该事件引发了钱锺书夫人杨绛的坚决反对，因为拍卖的书信中含有大量私人生活信息。在北京市第二中级人民法院的介入下，拍卖活动最终被叫停，并对杨绛进行了赔偿。

这些案例展示了手稿信札等遗物拍卖的特殊性，其中蕴含的艺术品和文学著作特性，以及名人的个人魅力，使得这类物品成为拍卖公司和藏家热衷追求的对象。然而，书信作品的著作权与物权的分离状态，也给拍卖过程带来了复杂的法律和道德挑战。收信人虽然拥有信件的物权，可以自由处置，但这种处置权是有限的，必须尊重著作权法的规定，避免侵犯他人权益。因此，名人手稿和信札的拍卖，既需要遵循法律和道德底线，也需要充分考虑到文化遗产的保护和尊重。

6. 文房四宝

文房四宝是中国传统文化中非常重要的概念，指的是文人书房中必备的四种文房用品：笔、墨、纸、砚。它们不仅是书写和绘画的工具，也代表了中国文人的文化品位和审美追求。在文物艺术品拍卖中，文房四宝同样占有重要地位，受到收藏家和艺术品爱好者的高度重视。

（1）毛笔

在中国传统文化中，"笔、墨、纸、砚"被誉为文房四宝，其中"笔"作为书写和绘画的基本工具，占据了极其重要的地位。传统的书写工具毛笔，是由各种动物毛或羽毛制成，其材质和制作工艺随历史时期和地理位置的不同而有所变化。其中，兔毫笔的历史悠久，据传秦朝大将军蒙恬便曾采用山中兔毛制笔。1954 年，在湖南长沙出土的战国时期墓葬中发现的兔毫笔，是迄今为止发现的最早的毛笔实物，其年代甚至早于蒙恬。

兔毫主要用于制作硬毫笔或兼毫笔。所谓"紫毫笔"，特指由成年兔颈部毛发制成的硬毫笔。而"三紫七羊""九紫一羊""七紫三羊"等搭配，是指将兔毫与羊毫按不同比例混合制成的兼毫笔头，展现了毛笔材质的多样性与应用的广泛性。除兔毫外，硬毫笔还可采用狼毫、鼠须、鹿毫、马毫、猪毫等动物毛发制成，这类笔刚韧有力，弹性佳但吸墨能力较弱，适合书写小楷、绘制树木枝干、山石轮廓及水波细线等。软毫笔则以白色山羊毛为主，其特点是笔性柔软，弹性较差但蓄墨能力强，使用时便于呈现水墨的流畅与淋漓效果。兼毫笔结合了不同动物毛发的特性，通过特定比例的混合配置，达到软硬适中、刚柔并济的效果，展现了毛笔技艺的精妙和复杂。就软硬度而言，"九紫一羊"与"三紫七羊"相比较，"三紫七羊"中羊毫的比例更高，因此其笔性相对更为柔软。

在 2012 年中国嘉德秋季拍卖会上，一批归属于我国近现代杰出书画家张大千的毛笔，被以 103.5 万元的高价拍卖成功。这 21 支毛笔不仅是由著名笔庄"艺坛主盟"高诚堂和玉川堂特选的牛耳毫制成，更是张大千个人使用过的画笔。其价值的高度体现不仅在于笔的质量与工艺，更因其背后的文化意义及其主人的艺术地位。

张大千作为 20 世纪中国艺术界的巨擘，与黄宾虹、齐白石齐名，其对书画工具的选择尤显挑剔。在大陆期间，张大千偏好使用上海杨振华制作的毛笔，对毛笔的品质有极高要求。海外游历期间，他更是定制毛笔，包括特制的牛毫笔。特别是在巴西期间，张大千特意购买牛耳毫，并委托日本的玉川堂与高诚堂制笔庄制作了五十支毛笔，这批毛笔被他命名为"艺坛主盟"，并赠送给了包括毕加索、谢稚柳在内的多位艺术界重要人物。

"艺坛主盟"之名源自张大千对这批牛毫笔的高度评价："既然用的是牛耳毛，用此笔如同执牛耳"。这一表述借鉴了中国古代诸侯盟会时的习俗，象征着主持者的领导地位和诚意的展现，暗示使用这批毛笔如同艺术界的领军人物。这批牛毫笔之所以能在拍卖中获得如此高的价值评估，不仅因其本身的制作工艺和品质，更因其与张大千这一艺术巨匠的紧密关联以及其独特的文化寓意。这些因素共同构成了这批毛笔在艺术品拍卖市场中的非凡地位，彰显了艺术与文化遗产的无限价值。

在中国传统文化中，毛笔不仅是书写与绘画的工具，其审美价值亦同样重要，特别是在笔杆的装饰艺术上。清乾隆年间，文人们便对装饰华丽的毛笔进行了生动的描述："雕以黄金，饰以和壁，缀以隋珠，文以翡翠。管非文犀，必以象牙，极为华丽矣。"这种用黄金、玉石、宝珠、翡翠等贵重材料装饰笔杆的做法，不仅体现了审美的追求，也展现了一定程度上的物质财富。

以 2017 年邦瀚斯拍卖的一件清中期沉香木雕如意莲瓣纹管毫笔为例，其成交价高达 25 万港币。该毛笔的价值不仅在于其年代久远且雕工精细，更在于笔管所使用的材质——沉香。沉香，作为一种传统香料，因其生成过程中的偶然性而极具珍贵性，仅在沉香树因雷击、虫蛀等原因受伤后才会分泌出香味浓郁的树脂，经过长时间的沉淀才形成质地沉重的"沉水香"。此次拍卖的毛笔笔管正是由含有高量树脂的沉香木雕刻而成，其珍贵性在于这种材料的稀有及其背后的文化寓意。

这两个例子充分展示了毛笔价值的多维度，包括笔毫的品质、笔杆的装饰艺术以及所附带的文化价值。对于国画和书法的学习者而言，在选择毛笔时，应注重毛笔的"四德"——尖、齐、圆、健，这反映了毛笔本身的工艺美学以及使用性能。同时，精细的笔杆工艺和笔毫的良好保存状态也是评价毛笔品质的重要标准。毛笔作为中国传统文化的象征，其艺术与实用价值的结合，不仅是文人雅士书写绘画的工具，也是承载着丰富文化内涵的艺术品。

（2）墨锭

在中国传统文化中，墨作为书写与绘画的核心材料之一，自古以来便备受文人墨客的重视。墨的别称众多，如"玄霜""乌玦"，其充满神秘色彩的称谓仿佛映射了其在文化艺术中的独特地位。历代文人将优质的墨比作良马，用以象征墨的质量对于书画作品的重要性。

墨在中国的历史悠久，早在三千年前的新石器时代，彩绘陶器便见证了墨色使用的先例。随后，甲骨文的创作亦多采用墨色，显示了其在古代文明中的广泛应用。东汉许慎在《说文解字》中对"墨"字的解析"从土从黑"，暗示了墨的起源与土质物质的关系，而墨的形态从简单的土粉发展至墨锭，进一步丰富了其使用与携带的便利性。

墨的制作分为松烟墨和油烟墨两大类。松烟墨通过燃烧松枝收集烟尘制成，而油烟墨则由植物油燃烧所得。墨的质量受到制作材料和技术的影响，优质墨锭特点包括细腻的烟料、适宜的胶质比例、坚固的质地、独特的墨香及美观的模具设计。特别是在制作过程中加入的珍珠粉、金箔等添加物，既增色添香，又具有防腐效果。

优质的墨锭在中国传统文化中不仅是书写与绘画的必备工具，也是文房四宝中不可或缺的一员。一个高品质的墨锭具备以下几个显著特点：烟料之细腻、胶质之轻盈、质地之坚固、墨香之独特以及模具之美观。

在墨锭的制作过程中，烟料与动物皮胶的混合是一个极为关键的步骤。为了增加墨锭的色泽、香气及防腐性，匠人们会在此阶段加入珍珠粉、藤黄、金箔、紫草等多种添加剂。胶质的比例调节至关重要，过浓的胶质会导致烟料颗粒紧密黏结，影响墨锭的上色和流畅度。

墨锭的质量还取决于捶打过程的严谨性。通过匠人的反复捶打与搓揉，烟料与胶质得以充分融合，同时去除了多余的水分与气泡。这一过程不仅赋予墨锭光泽，还增强了其抗裂与坚韧性，确保了墨锭的持久使用。

墨锭模具的设计与使用亦是一个颇具艺术价值的环节。传统上，文人雅士会定制专属墨模，邀请著名的书画家设计，使得每一枚墨锭都成为承载着艺术与文化内涵的独特存在。这些精美的墨锭不仅在实用上满足了书画创作的需求，也在艺术上反映了其时代的审美趣味与文化追求。

墨锭在当代虽然由于墨汁的便捷性而逐渐减少了日常使用频率，但对于追求墨色层次与质感的书画艺术家而言，墨锭拥有无法替代的独特价值。尤其是在表达墨色丰富性方面，传统所言的"墨分五色"便是其显著特点。相较于墨汁，墨锭在制作过程中所需添加的胶质较少，不必为保持液态而加入防干燥剂和化学防腐剂，因此，使用墨锭制作的书画作品更有利于长期保存，不易引起纸张变脆。

举例而言，安徽歙县人曹素功是清代四大制墨名家之一。清朝顺治年间以制墨为业，斋号称"艺粟斋"。他制造的墨品非常精良，在康熙时期还进贡内廷，皇帝称赞他的墨为"紫玉光"，从此名声远扬，有"天下之墨推歙州，歙州之墨推曹氏"的美誉。曹素功制心经墨，重约64克，2017年在杭州西泠拍卖以32200元人民币成交，平均每克503元，其价格甚至超越了当时黄金的每克价格。这组墨锭的设计精美，正面绘有涂金佛像，背面雕刻《心经》内容，反映了曹素功九世孙端友氏的精湛工艺。曹素功，清代四大制墨名家之一，以其制作的墨品质优良著称，康熙年间其墨品曾进贡内廷并受到皇帝的高度赞誉。

再如清康熙年间的曹素功制黄海山图紫玉光墨，外包装极为考究，一函两层的大套，每层小盒装有两层墨锭，共有36块。这些墨锭的正面有山峰图样，并有填金或填蓝隶书"紫玉光"三字；背面是楷书字体的诗文和山峰名字。不仅如此，这套墨的外包装也非常讲究，两个小屉外部由锦绣包成，外函盒是黑漆制成，盖上还有描金和彩绘，可谓是相当精致的收藏级墨锭，展示了当时制墨艺术与收藏价值的高度结合。除曹素功外，汪近圣、胡开文等制墨家及一些小型墨庄如詹大有、查二妙堂等，因其精选材料与严谨工艺，同样具有较高的收藏价值。民国时期的优质松烟墨，以及20世纪70至80年代初的三大厂产品，也在收藏领域占有一席之地。

由此可见，墨锭作为书画创作的重要材料，其本身的制作工艺、材质选择、文化寓意以及与书画家之间的深厚联系，均使其成为中国传统文化中不可或缺的组成部分。对现代人而言，它不仅仅是书画创作的工具，更是承载着深厚文化底蕴和艺术价值的收藏品。

（3）宣纸

在中国传统文化中，书画艺术是传达文人韵味与情感的重要手段，而承载这些艺术作品的载体材料主要有纸张和绢帛两种。历史悠久的纸张与绢帛各有特色，但在耐久性和修复便利性方面，纸张以其更长的寿命和更易于修复的特点而备受推崇，因而有"纸寿千年，绢八百"的说法流传至今。

宣纸作为中国传统书画用纸的代表享有盛名。其名源于产地安徽宣城，自唐代以来便是优质纸张的重要产地和交易中心，张彦远曾在《历代名画记》中建议书画收藏家"宜置宣纸百幅，用法蜡之，以备摹写……"。宣纸以其独特的洇水洇墨能力被书画艺术家所青睐，分为生宣、半熟宣和熟宣三类，以满足不同书画技法的需求。宣纸的制作材料及工艺历史悠久，最早可追溯至西汉时期出土的"灞桥纸"，该纸张样本标志着中国纸张制作技术的早期发展。

随着时间的推移，特别是在魏晋时期，纸张制作材料开始丰富多样化，除了传统的麻纤维，还增加了树皮、竹纤维等新材料，大大提升了纸张的产量和质量。宣纸正是在这种背景下诞生和发展起来的，它采用青檀树皮、沙田稻草等传统材料制浆，结合仙人掌汁、猕猴桃藤汁、黄蜀葵汁等天然黏合剂，赋予了宣纸"韧而能润、光而不滑"的独特质地。

宣纸的计量单位"刀"，即一百张为一刀，反映了宣纸作为贵重材料的身份。尽管高质量的宣纸价格不菲，可达数千至数万元人民币一刀，但书画用品店亦提供拆分销售，以适应不同消费者的需求，既体现了商家的灵活经营，也满足了广大书画爱好者对于高品质宣纸的需求。常见的纸张尺寸有二尺、四尺、八尺、四尺斗方等，而装帧形式则包括扇面、圆卡、方卡、册页等，每种尺寸和形式都能带给书画作品不同的视觉效果和审美体验。这些多样化的选择不仅丰富了书画艺术的表现手法，也反映了中国古代文人对于书画艺术的精细追求和高度个性化的表达。

然而，并非市面上所有标榜为"宣纸"的产品都能达到传统宣纸的品质。由于造纸原料的成本上升，市场上出现了一些价格低廉的"书画纸"，这些纸张虽然名为"宣纸"，但实际上在生产过程中可能会使用工业烧碱、漂白液等化学物质进行漂白，以及添加树脂胶等不易分解的化学助剂，以缩短生产周期并增加产量。这种工业化生产的纸张虽然成本较低，但其最大的弊端在于保存时间短暂，易于老化发黄，远不及传统手工制作的纸张能够长时间保持良好的品相。

相比之下，使用古法制作的宣纸不仅能保持纸张的天然质感和良好的吸墨性，而且其耐久性远超工业化生产的纸张。这就解释了为什么博物馆中数百年历史的书画作品仍能保持良好的状态，而近现代工业化生产的纸张却容易随时间老化。因此，追求书画艺术长久保存的收藏家和艺术家，选择高质量的传统宣纸显得尤为重要。这不仅是对作品本身的尊重，也是对中国传统文化和手工艺技术的传承与保护。随着人们对传统文化价值的重新认识，古法制纸技艺得到了更多的重视和发展，这对于推广传统书画艺术，保护文化遗产具有深远的意义。

纸张在中国古典书画艺术中扮演着至关重要的角色。良好的纸张能够显著提升作品的艺术表现力，墨色在高质量的纸上可以展现出油光黑亮的效果，而在较差的纸张上则可能显得发灰发暗，从而使作品失去生动的神采。此外，不同纸张的润墨性不同，在优质的纸上，水墨能够自然流动而不相互干扰，使作品能够呈现出由浓至淡的层次感和丰富的质感。因此，那些精于书画艺术的艺术家，对纸张的选择和要求极为严格。近年来，随着艺术家对作品质量的不断追求，产地定制的书画纸日益流行。艺术家们认识到，只有从选料和制作的源头开始进行精细的定制，才能获得真正满足创作需求的优质纸张。市场上的书画用纸品种繁多，如宣纸、连四纸、玉扣纸、绵纸等，这些纸张的制作材料主要涵盖了麻、皮和竹等自然纤维资源。这些传统材料经过精心加工，赋予了每种纸张独特的质感和特性。

在艺术品拍卖市场上，特定种类的纸张由于其独特的历史背景、传统工艺制作方式以及艺术性的高度，成为收藏家和艺术家们极为青睐的对象。特别是那些经历了时间沉淀的古老纸张，不仅因其在书画创作中的优越使用性受到推崇，而且因其携带的历史价值和艺术性成为拍卖市场上的宠儿。

从使用性能上来说，老纸相比新纸在书画创作中展现出更为卓越的特性。老纸通常具有更佳的柔韧性和吸墨性，这是由于纸张中的植物纤维和天然胶随时间逐渐降解，使得纸张的质地变得更加柔润，而非新纸那般的脆硬。这种特性使得老纸在书写和绘画时能够更好地展现出墨色的层次感和深浅变化，从而使作品更加生动和富有表现力。

其次，老纸的艺术性也是其受到青睐的重要原因。一些特种再加工纸，如"蜡笺""粉笺""粉蜡笺""洒金"及"描金粉蜡笺"等，因其独特的制作工艺和装饰美感，在艺术品拍卖市场上尤为受欢迎。特别是那些历史上由皇家定制的古纸，其价值更是不言而喻。例如，清乾隆年间红地金彩绘龙纹宫纸，不仅展现了精湛的手工艺技术，还反映了当时皇家对文化艺术的高度重视和推崇，使得这类纸张成为收藏界的珍品。

除此之外，对于那些追求纸张原始美感和历史感的书画家来说，传统工艺制作的老纸能够提供一种独特的艺术体验。老纸上的每一处痕迹都见证了时间的流逝，使得使用老纸创作的艺术作品更加具有时代的印记和文化的深度。这种独特的文化韵味是现代工业化生产的纸张无法比拟的。

因此，艺术品拍卖市场上，那些传统工艺制作、具有一定年代的老纸成为拍卖的热点。它们不仅因其在艺术创作中的实用性能而被青睐，更因其承载的丰富的历史文化价值和独特的艺术性而成为收藏家追逐的对象。这些老纸的拍卖不仅是对物质价值的认可，更是对中国传统文化和艺术的深度理解和尊重。

（4）砚台

砚台作为中国文房四宝之一，不仅是书写和绘画中不可或缺的工具，更是中国传统文化中一个重要的艺术载体。自古以来，砚台的发展历经了由简到繁、由实用向艺术转变的过程，其材质、形制、装饰及收藏价值的演变，深刻反映了中国文化的审美变迁和社会历史的发展。

最初，砚台的功能定位于磨制矿物颜料的工具，用以描画陶器等日用品的纹饰。这种最原始的砚台，无外形装饰，仅仅满足基本的使用需求。然而，随着书写文化的兴起和发展，特别是战国时期以后，人们开始追求砚台的美观和实用性，并逐步发展出有特定形制和装饰的砚台。西汉时期，砚台的形制和装饰开始多样化，如三足砚等，其装饰风格既反映了当时的审美趣味，也体现了工匠对材质和工艺的深入探索。到了唐代，砚台的制作已经成为一门重要的艺术，四大名砚的概念初现，砚材的选择也更加多样化，砚台形状上的创新如箕形砚、龟形砚等，展现了唐代砚台艺术的独特风采。

至宋代，砚台的收藏与品鉴成为文人墨客间的一种时尚，同时也是一种文化象征。这一时期的砚台不仅在形制上追求创新，在材质和制作技术上也有很大的进步，如端砚、洮河砚等名砚，因其杰出的制作工艺和使用性能，成为文人雅集中讨论的焦点。砚台的收藏与研究，促进了相关专著的编纂，如《西清砚谱》《砚史》等著作的问世，不仅丰富了砚台艺术的理论基础，也推动了砚文化的深入发展。

明清时期，砚台文化达到了鼎盛，砚台形式更加多样，材质广泛，砚铭增多。这个时期的砚台，不仅是书写和绘画的工具，更成为展现文人风骨和审美情趣的艺术品。砚台上的雕刻、书法、绘画等元素的融合，使得砚台成为一种集多种艺术于一体的复合艺术形式，极大地丰富了中国传统文化的艺术表现力。

然而，随着现代书写绘画工具的普及，传统砚台的实用性逐渐减弱，更多地被赋予了艺术性和收藏性的价值，其选材之丰富与研制工艺之精细，早已超越了实用范畴，升华为中国文化中的一种独特艺术。在众多砚台材料中，砚石的选用尤为讲究，它不仅关乎砚台的使用性能，更加体现了文人的审美趣味与文化追求。砚石的命名，既反映了砚石的来源地，也揭示了其自身的物理特征与艺术价值，成为理解中国砚文化的一把钥匙。

中国四大名砚，即端砚、歙砚、澄泥砚、洮河砚，是砚石种类中的佼佼者，各具特色，各有千秋。端砚与歙砚皆以产地命名，源于广东端州（今肇庆端州区）与安徽歙县，分别代表了中国南北两大砚石产区的顶尖水平。端砚以其细腻如玉的质地与清澈润泽的水痕著称，而歙砚则以坚硬细致、沉稳典雅见长，均为历代文人墨客所珍视。洮河砚，以产自甘肃洮河一带的石料制成，其色泽光润，质地坚实而细腻，尤以其独特的"洮砂"纹理而著称，为洮砚增添了几分自然之美。澄泥砚则以其特殊的材料——经过精心澄清的细泥制成，具有良好的吸水性与润墨性，是泥砚中的佳品。

除四大名砚之外，中国砚台还有众多以产地命名的砚石，如淄砚、尼山砚、松花砚等，这些砚石各自展现出了产地特色与地质环境的独特风貌。如淄砚产自山东淄博，尼山砚则源自孔子故乡的尼山，而松花砚则来自东北松花江畔，它们的命名不仅便于识别和传承，更加富有地域文化的内涵。红丝砚、金星砚这类以石料纹理或质地命名的砚石，则展示了砚石美学的另一面。红丝砚以其内部细如丝发的红色纹理闻名，金星砚则因石面有如点点繁星般的金色斑点而得名[①]，这些砚石不仅在使用上具有独特的效果，其自身更是一件件自然与人工智慧共同创造的艺术品。

在艺术品拍卖市场中，砚台的受欢迎程度与其收藏价值的高低，往往由多种因素共

---

① 李刚，王时麒. 山东临朐红丝砚石的岩石化学特征及成因研究 [J]. 宝石和宝石学杂志，2015, 17(2): 17-24.

同决定，其中制作材料、形制、尺寸以及其他附加因素最为关键。制作材料是评估砚台价值的首要标准。以"老坑端砚"为例，其特殊的制作材料——老坑石，因其独特的物理特性与视觉效果而备受推崇。老坑石因产自广东省端溪的古老矿坑而得名，其结构之致密、纹理之细腻，使得砚台具备出色的下墨与发墨能力，深受书画家喜爱。此外，老坑石的稀缺性，尤其在 2003 年之后的"纯库存加工"状态，更使其成为收藏界的珍品。

砚石的观赏性也是其价值的重要组成部分。端砚老坑石以其冰裂纹、天青、石眼等自然美态而闻名，这些独特的视觉效果不仅让砚台成为书房中的艺术品，更反映了制砚匠人对美的追求与创造。

此外，砚石的开采难度与稀缺程度也是决定其市场价值的关键因素。端砚老坑石的开采条件极为艰苦，需在旱季排干水后才能进行，其中良品更是凤毛麟角，因此，尺寸较大的老坑端砚尤为珍贵。端砚老坑石料开采于水面之下，所以又称"水岩"。开采的时候需要在旱季时将洞内积水全部排出，然后才能半蹲持火把进入坑道进行开采，数万斤中也不过出一两方好的砚石。在明清时期，老坑受皇家掌控，所以它还有个名字叫"皇岩"。

砚台的形制与尺寸，同样是影响其收藏价值的重要因素。在古代，砚台的形制多样，但以简约的"板砚"最受推崇，其简洁的外形既体现了中华文化的审美观，也符合文人对于俭朴生活的追求。而砚台的尺寸，尤其是那些尺寸较大的老坑端砚，由于开采与制作难度极高，因此价值非凡。

中国古代哲学蕴含的智慧，如《易经》中的"君子终日乾乾，与时偕行"，为后世提供了行事与创作的指导原则，强调了顺应自然规律和时代变化的重要性。这一理念在传统工艺，特别是砚台制作中得到了充分体现。制砚工匠在选材和创作时，不仅仅追求石料的质地与美观，更注重利用石料自身的形态与特点，将天然存在的高低、纹理乃至瑕疵巧妙地融入设计之中，体现了一种"随形"制作的艺术理念。这种做法不仅适用于砚台制作，同样也见于玉石等其他材质的雕刻艺术品中，展示了古代工匠对自然美的理解与尊重。好的砚石往往被做成方形，而不进行雕工，这种形制的砚称为"板砚"，而板砚价格往往比"随形砚"要高。砚石料在开采的时候不可能做到每一块都正正方方，整整齐齐，随形砚的出现，则体现了制砚工艺的灵活性与创造力。工匠们根据石料的自然形态，巧妙设计砚台的形状与装饰，使每一件砚台都成为独一无二的艺术品。

砚台价值的另一重要影响因素在于其制作者的技艺与名声，以及是否曾被历史上的名人所收藏。一件由制砚大师亲手制作的砚台，其价值不仅体现在石料本身的稀有与精美，更加上了制作者的个人品牌价值。如"吴昌硕铭瞿子冶画竹代铭砚"及"乾隆松花石御铭砚"，这些作品不仅因其艺术和工艺价值而被珍视，更因为承载着名人的文化印记和历史情感，成为连接过去与现在的文化桥梁。这些名人铭记的砚台，无疑在文化与历史价值上具有无法估量的重要性。

砚台的收藏价值由其制作材料的稀有性、工艺的精细度、制作者的名声以及历史收藏背景等多重因素共同决定。这些因素相互作用，共同构成了砚台作为艺术品和文化遗产的独特价值。在当代，这些传统工艺品不仅仅是实用工具的象征，更是中国悠久文化和艺术传统的见证，对于理解中国传统文化和审美有着重要的意义。

（三）艺术品的供给与需求

1. 供给方（卖家）

在构建艺术品市场的机制中，供应侧的形成至关重要。市场的初步形成依赖于有意出售所拥有商品的个体，这一点在艺术品拍卖领域尤为明显。艺术品拍卖市场的特殊性在于其交易的对象往往具有不可复制性和独特的历史价值，这决定了市场供应侧的复杂性与多样性。

拍卖企业在艺术品市场中扮演着极为关键的角色，其主要职能不是作为商品的所有者，而是作为买卖双方的中介或代理人。这种模式确保了拍卖企业的中立性，使其能专注于促进交易的顺利进行，同时最大化艺术品的市场价值。在实践中，拍卖企业的一项核心任务是发现并吸引物主即卖家参与市场，通过专业的评估、宣传和拍卖服务，使藏品得以公开竞价，寻找到价值认可的买家。

向艺术品市场供货的个体或实体主要包括以下几类：

（1）艺术家本人供应拍品

在艺术品拍卖市场中，直接由在世艺术家供应的艺术品构成了一个独特而重要的细分市场。这种供应方式不仅丰富了市场的多样性，而且在艺术品的价值认知和价格形成机制上发挥了重要作用。

90年代初，随着中国艺术品拍卖市场的兴起，市场对在世艺术家作品的价值认识逐渐增强。相比之下，欧美和日本的艺术品市场早已形成了对在世艺术家作品的广泛认可和高度评价，其中艺术家如毕加索的作品生前就已经形成了庞大的市场，并通过画廊等渠道进入拍卖市场，取得了显著的成交价格。中国艺术家陈逸飞和丁绍光在美国市场的成功，以及吴冠中在香港以及东南亚市场的热销，进一步证明了在世艺术家作品的市场潜力。

在世艺术家直接供应艺术品对拍品供应具有以下几项优势：

确保作品的创新与原创性。在世艺术家供应的艺术品不仅是其最新的艺术创作成果，而且代表了艺术家当前的创作思维和技术探索的前沿。这种原创性和创新性是艺术品市场不断发展和进步的关键动力。在世艺术家的直接供应，使得艺术品市场能够实时反映当代艺术的最新趋势和风格，为收藏家和投资者提供独一无二、前所未有的艺术作品。此外，这些作品常常涉及新的材料、新的技术和新的表现手法，不仅扩展了艺术的边界，也为艺术品市场带来了新的视觉体验和审美价值。原创性和创新性的作品更易于在市场上形成独特的价值定位，吸引广泛的关注和高度的评价，从而推动艺术品市场的活力和多样性。

高品质保证与真实性。直接由在世艺术家供应的艺术品，其真实性和品质有着最直接的保证。艺术家的直接参与不仅意味着作品来源的透明和可靠，而且保证了艺术品自身的高质量和完整性。在世艺术家供应的作品往往经过艺术家本人的精心打磨和审核，每一件作品都是艺术家创作理念和技艺水平的直接体现。[①] 这种从创作者手中直接到达

---

① 艺术家向二级市场直接供应产品对艺术品创新性、原创性的促进作用以及对艺术品质量和市场价格稳定性具有一定的正面影响。艺术家的直接参与显著提升了艺术品的原创性和创新性，为艺术品市场注入了新鲜血液。同时，这种供应方式在确保艺术品真实性和高品质的同时，还对艺术品的市场价值形成和稳定产生了显著的积极影响。

市场的短链条，减少了作品在流通过程中可能出现的损伤、伪造和误解的风险，极大地增强了收藏家和投资者对艺术品真实性和完整性的信心。此外，艺术家直接供应的艺术品，其背后的创作故事、艺术家个人经历和创作动机等都为作品增添了额外的文化价值和情感深度，这些都是评价艺术品价值时不可或缺的因素。

市场价格的正面影响。在世艺术家直接供应的艺术品对于市场价格形成机制具有显著的优势。首先，这种供应方式能够有效地控制艺术品的稀缺性和独特性，从而在供需关系中形成对价格有利的推动力。艺术家根据市场反馈调整供应量和创作方向，使得每一件作品都能在市场上找到其价值的最佳体现。其次，艺术家的直接参与加强了艺术品与创作者之间的联系，增加了艺术品的故事性和情感价值，这些非物质的价值往往能够在市场上转化为经济价值，推动作品价格的上涨。此外，艺术家的名声、市场定位及其作品在专业展览中的表现等因素，都直接影响着艺术品的市场价格。在世艺术家的直接供应，使得这些因素更加透明和可控。

然而，由艺术家直接向拍卖市场供应拍品也会产生弊端，具体表现如下：

市场供应的不确定性。在世艺术家直接供应艺术品给拍卖市场带来的第一个潜在弊端是供应的不确定性。艺术创作是一个高度个性化和情感化的过程，受到艺术家个人情绪、健康状况、创作灵感以及外部环境等多种因素的影响。这种不确定性意味着艺术品的供应量和供应时间难以预测，可能导致市场供应的波动，进而影响到拍卖市场的稳定性。例如，某位艺术家如果因健康问题暂停创作，那么其作品的市场供应将会中断，对于特定依赖该艺术家作品的拍卖企业或收藏家来说，这种供应的不稳定可能会造成市场缺口，影响整个艺术品市场的供需平衡。此外，艺术创作的周期性和不确定性也可能导致艺术品质量的波动，影响作品的市场表现和价值评估。

作品价格的波动性。直接由在世艺术家供应的艺术品另一个潜在弊端是作品价格的波动性。艺术品的价格不仅受到艺术家个人声誉、作品稀缺性、艺术价值等因素的影响，还可能受到市场炒作、媒体曝光度、收藏家偏好变化等非艺术因素的显著影响。这种价格波动对于投资者而言构成了较高的风险。在一些情况下，艺术家个人的行为或公开声明也可能对市场价格产生即时影响，如艺术家突然宣布减少创作量或停止创作，可能会导致其作品短期内价格暴涨，但这种上涨往往不具有持续性，长期来看可能会对艺术家的市场声誉和作品价格稳定性造成负面影响。

作品多样性与市场饱和风险。在世艺术家直接供应艺术品的第三个弊端是可能导致作品风格和主题的单一化，增加市场饱和的风险。艺术家在面对市场需求和商业成功的诱惑时，可能倾向于重复创作在市场上受欢迎的作品，减少风格和主题的探索和创新。这种短期内可能带来经济利益，但长期来看，会降低艺术品市场的多样性和创新性，减少收藏家和投资者的兴趣和参与度。同时，当市场上充斥着风格相似的作品时，可能导致供过于求，作品价格下降，最终影响整个艺术品市场的健康发展。此外，市场饱和还可能导致艺术价值与商业价值之间的错位，损害艺术创作的真正价值和意义。

（2）作为拍品来源的收藏者

在艺术品拍卖领域，历史悠久的收藏传统和文化积淀为当代拍卖市场提供了丰富而珍贵的物资来源。过去的收藏家，通过他们的洞察力、热情和对艺术的深刻理解，汇聚了大量的艺术品和文物，这些收藏品如今成为拍卖市场的主要供应方。这一转变不仅是市场机制的自然发展，也反映了艺术品流通领域中价值发现和价值实现的重要途径。

随着时间的推移，一些显赫的收藏成为拍卖市场上的亮点，如1998年美国苏富比拍卖的英国温莎公爵遗物专场，及1997年拍卖的甘兹夫妇珍藏的毕加索作品，这些事件不仅展示了个别收藏家的收藏深度和广度，而且凸显了他们在艺术品和文物保护、传承中的重要作用。这些拍卖活动的成功，不仅是对收藏家审美眼光和收藏成就的认可，更是对艺术品市场发展和文化传承价值的肯定。

收藏家向拍卖市场供应的艺术品通常具有较高的质量和真实性，这一点得益于两个方面：首先，许多收藏家能够直接从艺术家本人或其直接后代处获得作品，这一流传途径确保了作品的真实性和来源的可靠性；其次，经验丰富的收藏家通过长期的比较、筛选和淘汰，精心挑选并保留下来的作品往往具有更高的艺术价值和市场潜力。这种由收藏家直接或间接提供的拍品，不仅丰富了艺术品拍卖的种类和层次，也为拍卖市场带来了更为专业和精致的选择。

国内外拍卖市场的发展历程显示，随着市场的成熟和参与者的增多，收藏家及其家族成为拍卖市场重要的物资供应源。他们的参与，不仅为市场带来了高质量和高价值的拍品，也推动了拍卖市场的多元化发展。例如，张学良的定远斋收藏和王世襄的收藏专场，这些拍卖不仅展现了收藏家个人的收藏品位和历史视角，也为公众提供了欣赏和学习的机会，促进了艺术文化的传播和交流。

此外，民间收藏机构和出版社等机构的参与，通过将藏品投入拍卖市场，为自身的发展筹集资金，这种模式不仅实现了藏品的价值转化，也为艺术品市场注入了新的活力，促进了艺术与文化事业的发展。

在艺术品拍卖市场中，艺术基金会、遗产继承者以及博物馆也构成了收藏者的三个重要类别，每个类别在艺术品的供应、流通以及文化传承方面扮演着独特而重要的角色。

艺术基金会通常由个人、家族或企业等设立，旨在支持艺术家和艺术项目，促进艺术文化的发展。这些基金会往往拥有丰富的艺术品收藏，包括现代和当代艺术作品、历史文物等。艺术基金会的收藏往往具有明确的收藏策略和目标，旨在保护、研究和展示艺术作品，同时也通过艺术品的出售或捐赠等方式参与市场活动。艺术基金会供应的艺术品具有较高的学术价值和艺术价值，这些作品通常由知名艺术家创作，或具有重要的历史和文化意义。通过拍卖等渠道，艺术基金会不仅能够为自身筹集资金支持更多艺术项目，也为公众提供了接触和收藏高质量艺术品的机会。

遗产继承是艺术品市场的另一个重要来源。艺术品的遗产继承通常涉及艺术家家族、收藏家后代或其他法定继承人。这类艺术品来源的特点是作品的历史流传相对清晰，且往往包含了一定数量的珍贵艺术品或文物。遗产继承所涉及的艺术品可能包括名家画作、古董文物、稀有手稿等，这些作品不仅具有较高的艺术审美价值，也具备了一定的历史研究价值。通过拍卖等方式进入市场的遗产继承艺术品，为收藏家提供了独特的收藏机会，同时也为公众认识和研究艺术家或历史时期提供了珍贵的实物资料。

博物馆作为收藏艺术品和文物的专业机构，其收藏通常具有很高的文化和学术价值。虽然博物馆的主要职能是收藏、保护和研究艺术品，以及通过展览等形式向公众展示，但在某些情况下，博物馆也会通过拍卖等方式调整自己的收藏结构，或为新的收藏项目筹集资金。博物馆供应的艺术品往往经过严格的鉴定和筛选，具有较高的真实性和权威性。这类艺术品的流通不仅能够为博物馆带来资金支持，也为市场提供了稀缺和高质量的艺术品资源，有助于提升艺术品市场的整体水平和文化价值。

（3）作为拍品来源的投资者

在当代艺术品拍卖市场中，投资者作为拍品来源的角色愈发显著。区别于传统的收藏家，这些投资者多以金融投资的逻辑进入艺术品收藏领域，他们对艺术品的价值增长持有敏锐的感知，以期实现资本的保值增值。这类投资者既包括以个人身份行动的资产丰厚者，也包括具有法人身份的金融企业等机构投资者。投资者在艺术品拍卖拍品供应中扮演的是一种动态调节的角色。他们依据市场趋势和个人的财务策略，不断调整自己的收藏组合。这一过程涉及精准买入和及时卖出，旨在通过艺术品交易实现资金的增值。他们的行为不仅影响了自身的财富状况，也对艺术品市场的供需关系、价格波动以及艺术品的流通方式产生了深远影响。

投资者的参与显著提升了艺术品市场的流动性。这一点从 1982 年伦敦苏富比拍卖梵高的《向日葵》的案例中可见一斑。当东京安田火灾保险公司以 2250 万英镑的价格购得该作品时，不仅展示了投资者在高端艺术品市场中的活跃度，也体现了大额资金流入艺术品市场，增加了艺术品流通的频率和规模。这种流动性的提升为艺术品市场注入了新鲜血液，使得艺术品能够更快地找到匹配其价值的买家，从而加快了艺术品的市场循环，进一步吸引了更多的投资者和收藏家进入市场。

投资者的参与有助于艺术品真实价值的发现。例如，英国银行养老基金会通过苏富比的指导，投资购入并最终出售的艺术品，实现了显著的财务回报，这一过程实质上是对艺术品价值的一次重估和发现。通过专业的市场分析和对艺术品投资价值的准确判断，投资者能够识别出被低估的艺术品，通过公开拍卖等方式，推动这些艺术品的价格向其内在价值靠拢。这种基于深入研究和市场分析的购买行为，不仅为投资者本身带来了经济上的收益，也为市场上的其他参与者提供了价值判断的参考，有助于整个艺术品市场价格体系的合理化和稳定化。

投资者的活跃交易行为促进了拍卖市场的活跃度。1989 年春夏伦敦苏富比拍出的希伯来文明的古志《圣经》和同年秋天在香港苏富比卖出的中国古代瓷器，均是在投资者的推动下实现的高额成交。这些交易案例不仅体现了投资者对艺术品市场趋势的敏锐洞察，也展示了他们对于提高艺术品交易活跃度的贡献。通过投资者的参与，特别是一些重要的、高价值的艺术品交易，能够显著提高市场的关注度，吸引更多的买家和卖家参与到艺术品的买卖中来。这种增加的市场活跃度不仅有助于艺术品价格的健康发展，也促进了艺术品市场整体的繁荣与成熟。

在当代艺术品拍卖市场的繁荣背后，投资者的大量参与无疑为这一领域注入了资本与活力，推动了艺术品流通与价值发现的进程。然而，这种以财务收益为主要动力的参与方式，也引发了一系列对市场稳定性、艺术品内在价值认识以及市场公平性等方面的挑战。尽管投资者的活跃交易增加了市场的流动性，促进了价值的快速发现，但其带来的市场波动风险、艺术价值与投资价值之间的潜在冲突，以及市场入门门槛的不断提高等问题，都对艺术品市场的健康发展构成了威胁。这些劣势不仅影响了艺术品的真正收藏与欣赏，也对艺术市场的长期可持续性提出了挑战，需要市场参与者、监管机构和艺术界共同面对并寻求解决方案。

投资者以理财投资的角度进入艺术品市场，其对艺术品价值的追求往往伴随着对高回报的期望，这可能导致艺术品市场价格的过度波动。以 1982 年伦敦苏富比拍卖梵高的《向日葵》为例，该作品由东京安田火灾保险公司以 2250 万英镑成交，这一高额交易不仅展示了市场对艺术品的高度评价，也反映了市场在特定时期内的热炒现象。这种由投资需求驱动的价格波动，可能超出艺术品内在价值的合理范围，引发市场的非理性泡沫。当市场泡沫破裂时，艺术品价格的急剧回落不仅给投资者带来损失，也会对整个艺术品市场的稳定造成负面影响。

投资者的参与虽然增加了艺术品市场的流动性和活跃度，但过分强调艺术品的投资价值有时会与其艺术价值产生冲突。例如，英国银行养老基金会在 70 年代末通过苏富比的指导购入的古志《圣经》，虽然在后来的拍卖中实现了高额的投资回报，但这种以投资回报为主要目的的收藏行为可能忽略了艺术品的历史文化价值和艺术创造背景。当市场上的艺术品被视为纯粹的投资工具时，可能会导致艺术创作的商业化倾向加重，削弱艺术品作为文化遗产的传承价值，影响公众对艺术的真正理解和欣赏。

投资者的大规模参与，尤其是资本雄厚的法人投资者，可能会推高艺术品的市场价格，从而提高了市场的入门门槛。1989年春夏伦敦苏富比拍出一部希伯来文明的古志《圣经》，得款200万英镑，这一案例展示了投资者对于稀有艺术品的高额投资能力。这种高投入的市场行为虽然可以在短期内推高某些艺术品的价格，但也可能导致普通收藏爱好者难以参与到艺术品的收藏和投资中来。随着市场入门门槛的提高，艺术品市场可能逐渐向少数资本集中的投资者倾斜，影响市场的多元化发展，限制了艺术品文化价值的普及和传播。

（4）作为拍品来源的经销商

在探讨文物艺术品市场中的经销商角色与特性时，需首先理解其在艺术品流通领域的核心地位。所谓"行家"，本质上是指那些深耕于艺术品、古董和珍稀藏品市场的专业人士和机构，他们不仅拥有丰富的专业知识，而且在市场交易中扮演着至关重要的中介角色。这些经销商主要包括古董店、画廊、艺术品交易所及部分专业化的私人收藏家，与拍卖行的运作模式有着本质的区别。他们的运营模式允许直接购买或收藏艺术品与古董，而非仅仅作为中介。

经销商在艺术品市场的运作中有着复杂且多样的角色，可归纳为以下几类[1]。

① 藏品经销商

这类经销商专注于收购、持有并销售珍贵的艺术品与古董。他们之所以能够在市场中占据一席之地，往往依赖于对艺术品本身价值的深刻理解及对市场需求的敏锐洞察。这些经销商通常持有高价值的藏品库存，既作为销售的对象，也作为投资和保值的手段。

藏品经销商通常拥有对艺术品历史、文化背景、艺术流派、创作技巧等方面的深入了解。这种理解不仅基于广泛的学术研究，也依赖于长期的实践经验和对艺术市场动态的持续观察。他们能够识别出具有潜在价值和增值潜力的艺术品，这些艺术品可能因其稀缺性、艺术家的名声、艺术价值或是历史意义而受到收藏家和投资者的青睐。

成功的藏品经销商不仅擅长于识别艺术品的价值，还能够准确预测市场趋势和收藏家的需求。他们通过分析市场数据、参与艺术展览、与其他艺术界专业人士交流等方式，

---

① 杨蓉.多视角下的中国绘画艺术品价格问题研究 [M].台北：崧烨文化事业有限公司，2018:118.

持续跟踪艺术市场的变化。这使他们能够在合适的时机购买或出售艺术品，从而实现利润最大化。他们通常拥有一系列高价值的艺术品和古董。这些藏品不仅是他们销售和交易的对象，也是一种重要的资产配置和投资手段。通过精心管理这些藏品，经销商能够在保持藏品良好状态的同时，实现其价值的保值和增值。这包括艺术品的妥善保管、修复、保养以及通过展览等方式提升其知名度和艺术价值。

藏品经销商通过购买、持有和销售艺术品，不仅为自己带来经济利益，同时也为艺术品市场的健康发展和艺术文化的传播做出了贡献。他们的活动帮助了许多艺术品找到了合适的收藏家，保证了艺术品的保存和传承。此外，他们在艺术品的投资和价值评估方面的专业知识，为其他投资者提供了重要的参考，促进了整个艺术市场的专业化和国际化。

②　拍卖前置经销商

特指那些与拍卖行有着紧密合作关系的经销商。他们通过自筹资金购买艺术品，然后选择适当的时机，将艺术品送往拍卖行进行公开拍卖。这一模式的优势在于，经销商可以利用拍卖的高溢价潜力，实现藏品价值的最大化。特别是在我国，这一模式成为艺术品市场的重要组成部分。

在艺术品市场中的居间人最接近于"拍卖前置经销商"这一类别。居间人主要扮演着连接买家与卖家的中介角色，他们通过自身的网络和专业知识，协助艺术品、古董或其他藏品在市场中的流通。这包括为艺术品的买卖双方提供信息、协调交易条件以及可能的财务和物流安排等。与"拍卖前置经销商"相似，居间人可能会参与到艺术品的拍卖前置阶段，帮助卖家找到合适的拍卖平台，或是协助买家在拍卖前了解潜在的投资艺术品。他们通过专业的服务为艺术品的流通提供便利，但区别于直接购买并持有艺术品作为自身资产的经销商。[①] 居间人的利润通常来源于交易的成功促成，可能是基于成交价的一定比例作为佣金。

居间人的业务更侧重于促成交易的发生，而不直接涉及艺术品的购买、持有或销售过程。他们利用自己在市场上的信息优势和人脉网络，为艺术品的流通提供必要的中介

---

①　Penttilä J. Curating sales and creating trends: Curatorial approach in recent online art auctions[J]. 2023.

服务。这种服务对于那些寻求高效、专业交易渠道的买家和卖家来说，是极为重要的。居间人通常需要具备相应素质，如了解艺术品和艺术家背景，在与买家沟通前，确保对画廊展出的艺术品及其艺术家有深入的了解。包括艺术家的创作背景、艺术风格、作品的创作灵感来源等。这样能在描述作品时更具说服力。其次，居间人还能够倾听买家需求。先听懂买家的需求和偏好，再根据他们的兴趣推荐作品。询问买家对艺术的偏好、收藏目的（投资、装饰、情感寄托等），以及预算范围，根据这些信息为他们量身推荐合适的艺术作品。居间人善于使用情感连接。艺术品购买往往不仅是财务决策，更是一种情感上的投资。分享艺术家的故事，以及作品背后的意义，帮助买家在情感上与作品建立联系。能够突出艺术品的独特之处也是居间人的能力之一。强调所推荐艺术品的独特性和稀缺性，包括它在艺术史上的地位、创新性技法或者特别的艺术表现等。

此外，居间人还能够提供专业意见和服务，向买家展示专业性，包括艺术市场趋势、投资潜力分析等。同时，提供良好的购买体验，如私人展览预约、艺术咨询服务等，增加买家的信任和满意度，与买家建立长期的关系，分享艺术界的最新动态，邀请他们参加未来的展览活动等，通过艺术家、收藏家或者艺术评论家的推荐来增加作品的吸引力。人们往往会因为信任这些意见领袖的判断而对作品产生兴趣。

当下，利用社交媒体平台展示艺术品，吸引更广泛的潜在买家也成为居间人的能力之一。精心设计的帖子、艺术品故事和背后的创作过程视频可以大大提高作品的吸引力。

艺术品居间人或经纪人通常收取的佣金比例因地区、艺术市场的具体细分、交易额大小以及双方协议的不同而有所差异。在艺术品销售中，佣金比例通常介于10%到50%之间。在较低端的交易中，即较小的交易或是不那么知名的艺术家作品，佣金比例可能会在较低的范围内，大约是销售价格的10%到20%。对于中等价位或较为知名的艺术家的作品，佣金比例可能会在20%到30%之间。对于非常高价值或极为稀缺的艺术品，佣金比例可以达到40%甚至50%。这通常涉及的是对艺术市场有深刻理解，并且能够接触到高端买家和收藏家的顶级经纪人或代理人。重要的是，在进行任何交易前，居间人和卖家之间应该就佣金比例和其他任何费用明确达成书面协议。这有助于避免未来的误会或纠纷，并确保双方的利益都得到保护。此外，佣金比例也可能受到艺术品的售价、销售渠道和市场需求的影响。在一些情况下，如果能够为卖家带来特别高的价格，买家也可能愿意支付更高的佣金。

③ 学术与研究型经销商

这类经销商通常拥有较为丰富的学术背景和研究资源，他们除了从事艺术品的买卖之外，还致力于艺术品的研究、鉴定和展览。他们可能会因对某件艺术品的学术价值的认可而选择保留，这些藏品既丰富了他们的私人或公共展览，也作为研究资料对艺术领域做出贡献。

在这个多层次的市场结构中，经销商的存在不仅促进了艺术品流通的效率，还增加了市场的深度和广度。他们对艺术品的价值有着敏锐的洞察力，能够基于艺术品的历史价值、艺术价值以及其在当代的市场需求，做出精准的投资和收藏决策。

艺术品经销商在库存管理上展现出的两个独特特点，即对"爱不释手"的艺术品的个人收藏，以及作为风险规避策略的"镇店之宝"的保留[①]，反映了他们在商业实践中对艺术价值与商业价值平衡的高度认知。这种平衡体现了经销商在艺术品市场中独特的双重角色：一方面，他们是艺术品的鉴赏者和收藏家，对艺术品的历史背景、艺术风格和技术特征有深入的了解和热爱；另一方面，他们也是精明的商人，能够准确评估艺术品的市场价值，通过买卖、拍卖等方式实现价值增长。

此外，经销商对于艺术品的"底货"（或称为压仓货）的持有，不仅仅是出于个人喜好或是作为学习资料的考虑，更是一种深思熟虑的商业策略。在市场不确定性较高时，这些珍贵的藏品可以作为一种资产保值的手段，同时也能在市场低迷时为经销商提供必要的流动性支持。这种策略的运用，展现了经销商对市场波动的敏感度和应对能力，以及他们在维持艺术品市场稳定与促进艺术文化传承中的重要作用。

在与拍卖行的合作中，经销商的策略同样体现了他们对市场机遇的把握。通过将中

---

① 这类经销商不仅促进了艺术品的买卖，还为艺术领域的学术研究提供了重要的素材和场所，进一步丰富了艺术市场的文化深度和学术价值。参见 Yeazell R.B. Picture Titles: How and why Western paintings acquired their names[M]. Princeton University Press, 2015.

高档次的艺术品送至拍卖，经销商能够借助拍卖行的专业平台和广泛的买家网络，实现藏品价值的最大化。这种模式不仅提高了艺术品的流通效率，也为收藏家和艺术爱好者提供了更多获取珍稀艺术品的机会。

经销商与拍卖行之间的这种互动，进一步丰富了艺术品市场的交易形式和流通渠道，为艺术品的全球化流通提供了更为广阔的平台。同时，这也促进了艺术品市场的透明度和公正性，使得艺术品价值的评估和交易更加符合市场规律和艺术品的内在价值。

由此可见，艺术品经销商在艺术品市场中扮演着不可或缺的角色，他们不仅是艺术品流通的关键中介，更是艺术文化传播和保护的重要力量。通过对艺术品的精心挑选、保养和研究，以及利用复杂的市场策略和广泛的网络资源，经销商促进了艺术品的价值发现和文化价值的普及，对艺术市场的健康发展和艺术文化的持续繁荣作出了不可估量的贡献。

2. 需求方（买家）

艺术品拍卖需求方的主要类别包括收藏家、企业买家、艺术机构、投资者、慈善家或慈善机构以及个人消费者。这些需求方的特点和需求动机呈现出多样性和复杂性。收藏家是艺术品市场的传统需求主体，他们出于对艺术的热爱和欣赏而购买艺术品，同时也希望通过收藏体现个人品位和社会地位。企业买家和艺术机构则更多是出于体现企业文化、公关活动或者学术研究和保护文化传承的目的购买艺术品。这些需求方通常对艺术品的选择有着较为明确和专业的标准。

投资者将艺术品视为一种另类投资品种，追求艺术品的潜在升值空间和流动性。特别是在 80 年代后期和 90 年代初期，国际艺术品市场出现了由于投资需求推动的价格高涨现象。慈善家或慈善机构通过艺术品拍卖活动进行慈善捐赠，这一需求不仅体现了对艺术品的高价值评估，同时也展现了社会责任感。个人消费者的需求则更加多样化，包括家庭装饰陈设、个人兴趣爱好以及送礼等，这部分需求方通常追求艺术品的审美价值，而不一定专注于长期收藏或投资回报。这些不同的需求方共同构成了艺术品市场的复杂生态，各自的需求动机和购买行为也在一定程度上影响着艺术品的市场行情和价值评估。

（1）收藏者

在探讨艺术品市场的需求方向和主体时，不可忽视的是收藏家群体，其构成了艺术品市场的基础和核心。收藏家，出于对艺术深沉的热爱与欣赏，追求艺术品背后的文化价值和历史意义，以此来体现个人的审美品位及社会地位。这种对艺术品的需求不仅仅停留在物质层面，更是一种文化和精神层面的追求。收藏家的存在和活动，对于艺术品市场行情产生了深远的影响，尤其是那些具有较高知名度的收藏家，他们的收藏选择往往能够引领市场趋势，成为艺术品价值评估的重要参考。

企业买家和艺术机构则从不同的角度展现了艺术品需求的多元化。企业通过购买艺术品来装饰办公空间或作为企业文化的一部分，同时，艺术品也常被用于商务馈赠或公关活动中，以此来展现企业的品位和文化追求。另一方面，博物馆、美术馆等艺术机构对艺术品的购买更多出于对艺术历史的研究、文化传承的需要以及公共教育的使命，他们的采购决策通常基于学术价值和文化意义，这些机构通过不断地丰富和完善自己的馆藏，为公众提供了宝贵的文化资源。

在艺术家个体层面，他们对艺术品的收藏和购买行为既包含了商业因素，也蕴含了深厚的学术研究和个人修养需求。艺术家通过收藏原创作品，不仅可以从中汲取灵感和技巧，提升个人的艺术造诣，而且还能够对艺术有更加深入和本质的认识。例如，吴湖帆、程十发、刘海粟等历史上著名的艺术家，他们的收藏不仅反映了个人的艺术追求，也对其艺术创作和学术研究产生了重要影响。这些艺术家通过收藏，无疑为后世留下了宝贵的文化遗产。

在现代艺术品市场中，随着拍卖企业的兴起和发展，收藏行为呈现出新的趋势和特点。新一代的收藏家群体越来越倾向于通过拍卖企业来获取艺术品，这在一定程度上促进了艺术品市场的活跃度和国际化。特别是在中国大陆，随着经济的快速发展，越来越多的房地产商和实业家成为艺术品市场的主要买家，他们通过拍卖获取的艺术品不仅反映了个人的收藏品位，也展示了中国艺术品市场的新兴力量和变化。

（2）投资者

在当代艺术品市场中，投资者的角色逐渐凸显，成为推动艺术品价值认知和市场流动性发展的重要力量。艺术品，作为一种独特的投资载体，因其潜在的升值能力和相对稀缺性，吸引了众多投资者的关注。不同于传统的金融投资产品，艺术品投资融合了文化价值与经济价值，为投资者提供了一种多维度的财富增值途径。特别是在全球经济多变的背景下，艺术品作为一种另类投资品种，以其独特的投资价值和避险功能，受到越来越多投资者的青睐。①

进入 20 世纪 80 年代后期至 90 年代初期，艺术品市场经历了一次显著的价值重估，尤其是在国际范围内，艺术品的价格水平达到了前所未有的高度。这一时期的价格上涨，很大程度上是由日本投资者的积极参与所驱动。日本投资者以其独特的市场策略和对艺术品价值的高度认识，引发了全球艺术品市场的一场浪潮。他们不仅以个人身份参与艺术品投资，更将此纳入企业的投资策略中，通过董事会的决策和艺术顾问的专业指导，进行大规模的艺术品收购。

在这一时期内，数起标志性的艺术品交易成为市场焦点。例如，森下通过高价收购毕加索的作品《母爱》，安田公司竞拍得到了梵高的《向日葵》，以及鹤卷以高达 4890 万美元的价格购买了毕加索的《皮埃雷特的婚礼》等。这些交易不仅体现了艺术品作为投资对象的极高价值，也反映了日本投资者在艺术品市场中的重要影响力。此外，日本纸业大王斋藤英以创纪录的价格拍下梵高的《加歇医生》，这一纪录保持了长达 15 年之久，直至被毕加索的《拿烟斗的男孩》打破，这一系列操作不仅展现了艺术品投资的巨大潜力，也揭示了艺术品市场在全球经济中的重要地位和作用。

随着时间的推移，艺术品作为投资渠道的认知在中国也逐渐增强。尤其是在民营企业中，艺术品投资成为企业文化建设和财富增值的重要手段。例如，保利集团专注于青铜器的收藏，南京天地集团则以收藏书画著称，其中以高达 6900 余万元收藏陆俨少的《杜甫诗意百图册》更是创下了中国艺术品市场的纪录。这些案例不仅反映了中国艺术品市场的活跃度和成熟度，也展现了艺术品投资在中国经济发展中的新趋势和新动力。

（3）慈善家或慈善机构

慈善机构在艺术品市场的作用和影响力逐年上升，成为一个不容忽视的重要力量。

---

① 李振.我国企业购买艺术品会计处理研究 [J].现代财经：天津财经大学学报，2016 (6)：48-55.

艺术品的慈善拍卖，尤其在境内外艺术市场中，不仅是资金募集的渠道，同时也是推广慈善文化和艺术教育的有效手段。这类拍卖活动往往能够吸引大量的慈善家和社会资本的关注，因其所承载的社会责任和文化价值，往往能够促使拍品成交价远高于市场常规水平，显示出慈善拍卖在艺术品市场中独特的价值和地位。

在慈善拍卖的过程中，慈善机构不仅作为拍卖的受益方，还充当着推动艺术与公益相结合的桥梁。通过组织这类活动，慈善机构能够有效地增强公众对慈善事业的认识和支持，同时也为艺术品的流通和价值再认定提供了新的平台。例如，1994 年在台北举行的张学良私人藏品拍卖，不仅彰显了个人对于慈善事业的贡献，也提升了艺术品在公众中的文化价值认识。另一例是 2004 年拍卖的毕加索作品《拿烟斗的男孩》，其成交价高达 1.04 亿美元，部分得益于拍卖的慈善背景，展现了慈善活动在促进艺术品价值提升中的潜力。

除了通过慈善拍卖募集资金外，慈善机构还通过直接购买艺术品来支持艺术教育。艺术教育机构，如学校和博物馆，常常购买艺术品作为教学资源。这些艺术品不仅用于教学中的示范和临摹，更在传授艺术知识和技能的同时，激发学生对艺术的兴趣和热爱，进一步促进了艺术文化的传播和普及。[①] 通过这种方式，慈善机构在艺术教育领域扮演着重要角色，不仅提高了艺术教育的质量，也为艺术品市场注入了新的活力和意义。

慈善机构在艺术品需求方面的作用，体现了艺术市场的多元价值和社会责任。通过慈善拍卖和直接购买艺术品支持艺术教育，慈善机构不仅促进了艺术品的价值实现和文化传承，也加强了公众对慈善事业的认知和参与。这种艺术与慈善的结合，不仅拓宽了艺术市场的社会功能，也为艺术品的流通和价值认定开辟了新的路径，展现了艺术市场在满足经济需求的同时，也能够承担起推动社会进步和文化发展的重要职责。

（4）艺术品个人消费者

在当代艺术品市场的众多参与者中，个人消费者扮演着独特且重要的角色。他们的需求多样，既包括对家庭装饰陈设的追求，也涉及送礼和个人兴趣的满足，这些需求共同构成了艺术品消费的一个重要维度。与传统的收藏家或投资者不同，个人消费

---

① 许路．艺术慈善：市场成熟的标志 [J]．艺术市场，2015 (4): 119-123.

者购买艺术品的动机往往更加注重于艺术品的审美价值和个人情感的体现，而非长期的财务回报。

个人消费者对艺术品的需求，反映了艺术市场的多样性和广泛性。在家庭装饰方面，艺术品不仅仅是空间的点缀，更是展现家庭成员个性和审美取向的重要方式。通过精心挑选与家庭装潢风格相匹配的画作或雕塑，个人消费者能够创造出独具特色的居住环境，提升生活质量。此外，艺术品作为礼物赠送，也体现了送礼人的品位和对接收者的尊重，这在私人和公务活动中均有广泛应用。

在中国的文化背景下，艺术品的消费不仅仅局限于物质层面，更蕴含了深厚的文化和价值观。传统观念认为，收藏、投资和文化价值可以在一个人的艺术品消费过程中并存，甚至随时间和环境的变化而相互转换。这种观念不仅体现了艺术品在中国社会中独特的地位，也反映了个人消费者在艺术品市场中的多重角色。一方面，他们是艺术品的需求方，通过购买艺术品来满足个人的审美需求和情感表达；另一方面，随着个人收藏的积累和艺术鉴赏能力的提升，部分消费者可能转变为供给方，通过出售或赠送艺术品，参与到艺术品的流通和文化传播中。

个人消费者的参与，无疑丰富了艺术品市场的层次和维度。他们的需求促使艺术市场不断调整和创新，以适应更广泛的消费者群体和变化的市场环境。同时，个人消费者通过艺术品的购买和使用，也在无形中推动了艺术文化的普及和艺术教育的发展。通过家庭装饰、礼物赠送等形式，艺术品逐渐走入普通人的日常生活，成为连接个人情感、家庭记忆与文化传承的重要纽带。

三、小结

在探讨艺术品拍卖标的及其市场供求的论述中，我们透彻分析了艺术品的价值构成、其在市场中的流通特点，以及拍卖过程中的多元复杂性。艺术品的价值不仅仅体现在其物质形态上，更深层的价值来源于其稀缺性、文化内涵以及艺术表现力，这些特性共同塑造了艺术品在市场上的独特地位。

首先，艺术品拍卖市场的供求关系具有显著的特点，这不仅因为艺术品自身的独特价值和稀缺性，也因为其背后所蕴含的文化和历史价值。这种独特性和价值使得艺术品成为不仅仅是经济交易的对象，更是文化交流和传承的媒介。艺术品的供求动态也因此受到多种因素的影响，包括艺术品的历史背景、艺术家的知名度、作品的艺术性及其保存状态等。

其次，艺术品的评价和估价过程充满了主观性和不确定性，这要求参与艺术品拍卖的各方具有高度的专业知识和审美能力。艺术品的价值往往不易被量化，其价格很大程度上依赖于市场参与者的主观判断和情感认同。这种情况下，艺术品拍卖过程不仅是一个经济行为，更是一种文化和审美的展示。

再次，艺术品市场的复杂性体现在其流通过程中所涉及的法律、伦理和道德问题上。如何确保艺术品的合法来源、如何保护艺术家的知识产权、如何处理艺术品的仿制品和伪造品等问题，都需要相关法律法规和市场机制的支持和完善。

最后，随着全球化的发展和信息技术的进步，艺术品市场正变得更加开放和国际化。这不仅为艺术品的流通提供了更广阔的平台，也对艺术品市场的规范化管理提出了新的要求。在这一过程中，艺术品拍卖不仅促进了艺术品的物质价值交换，更重要的是推动了全球文化的交流与融合。

综上所述，艺术品拍卖标的及其市场供求的研究揭示了艺术品作为一种特殊商品在市场上的流通规律和文化价值。通过深入分析艺术品市场的特点和艺术品拍卖的过程，我们不仅能更好地理解艺术品的经济和文化价值，也为艺术品市场的健康发展提供了理论支持和实践指导。

第五章

艺术品拍卖衍生问题

一、艺术品价值判断因素与艺术品拍卖

理解艺术品价格形成因素及方式对艺术品拍卖的影响，需要从多个维度进行分析。艺术品的价格不仅反映了作品自身的艺术价值、历史地位和稀缺性，还受到市场需求、艺术家知名度、艺术品的原创性和保持状态以及拍卖前的预展和宣传等因素的影响。这些因素共同作用，形成了艺术品在拍卖市场上的价格。

了解艺术品的价格形成方式对艺术品拍卖至关重要。首先，艺术品价格的形成因素及方式的理解有助于提升艺术品市场的透明度。明确的评估标准和价格形成机制使得买卖双方能够在更公开公正的环境中进行交易，有利于增强买家的信心。第二，对于艺术品价格形成因素的深入理解，可以促使评估人员更准确地评估艺术品的价值，确保艺术品在拍卖中的起拍价和成交价更加符合其真实价值，从而保护艺术家和收藏家的利益。第三，艺术品价格形成机制的多元化有助于吸引更广泛的投资者和收藏家参与艺术品市场，增加市场的流动性和活力。艺术品的多样价值被认可，也为艺术市场带来更多的机会和可能性。

然而，艺术品的价格并非一成不变，且有若干需要从业者注意的因素，譬如在某些情况下，艺术品的价格形成可能受到炒作和投机行为的影响，导致艺术品价格与其实际艺术价值脱节，形成价格泡沫。这种情况下，一旦市场情绪发生变化，价格泡沫破裂可能会对买家造成重大损失。对于那些不被主流市场认可的艺术家或风格，如果艺术品价格仅仅依赖于知名度和市场需求等外部因素，可能导致这部分艺术品难以在市场上获得合理的定价和关注，提高了新兴艺术家和非主流艺术流派的市场门槛。市场需求和投资价值可能成为影响艺术品价格的主导因素，这有可能导致市场对艺术品内在价值和艺术创造的真正意义的忽视。艺术品的商业价值超越其艺术和文化价值，可能会影响艺术创作的纯粹性和多样性。

（一）艺术家层级和知名度

在艺术品市场领域，作品的数量庞大且历史悠久，跨越了无数世代的艺术家和工艺师，创造了数不尽的作品。然而，在这个广阔的领域中，真正具有重大价值的艺术品，往往源自那些在艺术领域达到了高水平成就的杰出人物。在评估艺术价值和潜在的投资价值时，区分艺术家的知名度成为一个关键的标准。在某种意义上，投资于艺术品实质上是对这些知名艺术家作品的投资。譬如，在当前的书画艺术品市场中，依据艺术家的知名度，作品价格被划分为四个不同的级别：大师作品、全国级名家作品、省级名家作品和地市级名家作品，这些级别之间的价格差异显著。大量缺乏艺术价值的作品，通常被归类为礼品级，难以被认定为收藏品。通过对近年来拍卖会成交价格的分析可知，近现代中国书画领域，如张大千、齐白石、吴昌硕、徐悲鸿等大师的作品价值居高不下，而在瓷器领域，清代康熙、雍正、乾隆三朝的作品尤为受到市场的高度关注。

从以上分析可见，艺术品的价值在很大程度上是由艺术家的知名度和作品的艺术水平所决定的。对于从事艺术品拍卖的个体而言，掌握艺术家知名度对作品价值的影响是至关重要的。名人的作品通常价格不菲，而价格相对较低的往往是来自不太知名或是新兴艺术家之手。尽管市场上存在着一些投资者试图通过炒作新兴艺术家的作品来实现价值的提升，但这类策略并非主流市场所广泛认可。

1. 不同层级艺术家特点

艺术家和艺术品的分类通常基于艺术家的知名度、作品的艺术价值和市场需求，以及艺术家在艺术史上的地位。在艺术史与市场的丰富脉络中，艺术家及其作品的分层显得尤为重要，不仅反映了艺术家的技艺、风格和市场地位，也揭示了艺术品投资和收藏的多样性。这些层级大致可以分为以下几种[①]：

大师级艺术家（Master Artists）：指的是那些在艺术史上具有划时代意义的艺术家，他们的作品不仅技艺超群，而且对后世产生了深远的影响。比如，意大利文艺复兴时期的画家、科学家、发明家莱昂纳多·达·芬奇（Leonardo da Vinci，1452—1519），其代表作《蒙娜丽莎》和《最后的晚餐》不仅是世界艺术宝库中的瑰宝，而且在艺术史

---

① 夏朗清，孟庆军.国内绘画艺术品市场投资风险及规避策略 [J].经济研究导刊，2018 (29): 132-135.

上具有划时代的意义。《蒙娜丽莎》的交易价格虽因为未在市场上流通而难以估计，但其无可置疑的艺术价值和历史地位使其成为最受推崇的艺术作品之一。再如，西班牙画家、雕塑家，现代艺术的重要代表人物之一毕加索（Pablo Picasso，1881—1973），以其共同创立的立体主义运动而闻名，代表作有《亚维农的少女》等。毕加索的作品在艺术市场上极为抢手，例如《女子头像》（Dora Maar）在 2015 年以 1.79 亿美元的价格成交。

知名艺术家（Highly Recognized Artists）：这些艺术家在艺术界有较高的知名度和影响力，虽然可能不及大师级艺术家那样在历史上具有革命性的地位，但他们的作品在艺术表现和技术上仍有显著的成就。比如，美国艺术家杰夫·昆斯（Jeff Koons）以其反讽的复制品、雕塑和装置艺术而知名。其作品《气球狗》（Balloon Dog）在 2013 年以 5840 万美元的价格成交，展示了昆斯在当代艺术市场的重要地位。再如，德国画家和雕塑家安塞尔姆·基弗（Anselm Kiefer）以其深刻的历史主题和使用非传统材料而著称。其代表作品《草地上的书》反映了对德国历史的深刻反思。基弗的作品在艺术市场上亦有稳定的需求，其画作《阿图尔诗篇》以约 100 万欧元成交。

较知名艺术家（Moderately Recognized Artists）：这一层级的艺术家具有一定的艺术造诣和市场认可度，他们的作品在某些领域或风格上可能有独到之处，但整体上可能还未能得到广泛的国际认可。比如徐冰，他是一位在国际上有一定知名度的中国当代艺术家，以其在文字、书籍和版画方面的创新工作而著称。代表作品《天书》是一套无法阅读的书籍和印刷品，通过这个项目，徐冰探讨了语言和意义的本质。他的作品在艺术市场上表现稳定，受到多个国家和地区艺术收藏者的关注。这些艺术家通常已经在艺术界有明显的成就，可能包括但不限于重要的个展、在知名的艺术机构展出过作品，或获得艺术界的奖项和认可。他们的作品在艺术市场上已经有一定的流通和销售记录，艺术品的价格也因市场需求和艺术家名声的提升而逐渐增长。

较为知名的艺术家的作品往往被视为有较高的收藏价值和投资潜力，这些作品不仅能够吸引私人收藏家，也可能受到机构收藏家和艺术投资基金的关注。这些界定标准并不固定，随着艺术市场的变化和艺术家职业生涯的发展，某个艺术家或其作品的市场定位也可能发生变化。因此，对中等价位艺术品和较为知名艺术家的定义需要根据当前的艺术市场环境和具体情况灵活理解。

新兴艺术家（Emerging Artists）：新兴艺术家指的是那些在艺术界开始崭露头角，显示出潜力和独特性的艺术家。他们的作品可能正在开始受到市场的关注和收藏者的追捧。[1]比如，何野是一位以极端的个人表演艺术而著名的中国当代艺术家。他的艺术实践常常涉及身体极限的测试，通过这些极具争议的表演探讨社会、个人与自然之间的关系。虽然何野在国际艺术圈的知名度正在逐渐增长，但他的作品已经开始在一些国际展览中展出，受到业内关注。

这些新兴艺术家往往短时间内不太知名，通常处于他们艺术生涯的早期阶段，可能刚从艺术院校毕业或者刚开始尝试将自己的作品公之于众。这些艺术家在艺术市场上的认可度较低，可能还没有在较大的展览中展出过作品，或者他们的作品销售和展示主要局限在地方性或小规模的场合。与知名艺术家相比，不太知名艺术家的作品流通量可能较小，作品销售记录和市场表现相对较少，他们的作品价格也相对较低。这类艺术家的作品可能主要被视为个人喜好的购买，而不是作为具有显著投资价值的收藏品。然而，对于有眼光的收藏家来说，这也可能是发现未来明星艺术家作品的机会。

定义新兴艺术家时，重要的是要认识到艺术市场是多样化且不断变化的。一位目前不太知名的艺术家可能随着时间和作品的认可度提高而成为未来的艺术界明星。这些分类并不是固定不变的，而是根据艺术家的发展、市场的接受程度以及作品的质量和影响力随时间变化的。

2. 艺术家层级和知名度的市场影响

艺术家的知名度往往与其在艺术市场的认知度直接相关。知名艺术家的作品由于其广泛的认可度，往往拥有更高的市场需求。这种需求不仅来自收藏家和投资者的偏好，也受到艺术批评家、历史学家和公众舆论的影响。高知名度艺术家的作品，由于其在艺

---

[1]　尽管新兴艺术家的知名度和市场地位较低，但他们的创新精神和独特性为艺术市场带来了新鲜血液。相较而言，新兴艺术家的作品具有较大的增值潜力，但同时也面临市场认可度低和展示机会有限的挑战。参见王金坪.青年艺术值得收藏吗[J].收藏，2016(1):158-163.

术史上的地位和影响，往往被视为稀缺资源，因此其价值也随之提高。

艺术家的层级和知名度在很大程度上决定了其作品的价格定位。顶级艺术家的作品价格往往高于其他艺术家，这不仅因为其艺术作品的品质，还因为其品牌效应。这种品牌效应能够为其作品带来额外的价值，使得投资者和收藏家愿意为此支付溢价。相反，新兴或未被广泛认知的艺术家，其作品价格可能相对较低，但随着艺术家知名度的提升，其作品价值也有可能随之增长。

艺术家层级和知名度对作品的收藏价值有着直接影响。高层级和知名度的艺术家，其作品不仅被认为是艺术价值的体现，同时也是文化和历史价值的承载物。这种作品往往能够跨越时间的限制，保持或增加其价值，因此被视为更加理想的长期投资和收藏选择。此外，这些作品也更有可能成为博物馆和艺术展览的对象，进一步提升其历史和文化价值。

艺术家的层级和知名度还直接影响到其作品的展览机会。知名艺术家的作品更容易被重要的艺术机构如博物馆、画廊和艺术节所采纳和展出。这些展览不仅能够提升艺术家的公众形象，还能进一步增加其作品的市场需求和价值。相比之下，较不知名的艺术家可能难以获得同样的展示机会，从而影响其作品的市场认可度和价值。

（二）艺术品真伪与价值判断

艺术品的真伪鉴定是艺术市场中的一个核心议题，其不仅关乎艺术品的文化价值和历史地位，而且直接影响到艺术品的经济价值。在艺术市场上，真伪的鉴定成为艺术品能否被拍卖以及其拍卖价值的重要前提。然而，由于代笔、临摹、仿制及故意伪造等现象的普遍存在，艺术品的真假难以一眼辨识，使得市场上鱼目混珠的情况屡见不鲜。这不仅是当代市场的问题，也是古今中外艺术市场长期未能解决的难题。

1. 艺术品真伪鉴定的复杂性

艺术品的真伪鉴定涉及广泛的知识领域，包括艺术史、材料科学、化学分析等。尽管科技的发展为艺术品的鉴定提供了一些科学方法，如放射性碳测定、红外线扫描等，但在某些情况下，这些技术手段仍然无法提供绝对的答案。此外，艺术品的鉴定往往还涉及主观判断，如鉴定专家的个人经验和对艺术家风格的理解，这些因素使得艺术品的真伪鉴定成为一个复杂而多维的过程。

艺术品的市场价值受到多种因素的影响，其中真伪鉴定无疑是其中最为关键的一环。真品因其稀缺性、艺术价值和历史意义通常具有极高的收藏和投资价值。相比之下，仿制品和伪造品虽然在技艺和外观上可能与真品难以区分，但其市场价值远低于真品，甚至在被揭露真相后变得一文不值。在艺术品的市场交易中，真伪鉴定不仅关系到单件艺术品的价值，更对整个艺术市场的信任机制构建起到了关键作用。市场对艺术品真伪鉴定的信任程度直接影响到艺术品交易的活跃度和艺术市场的健康发展。

2. 真伪鉴定的信任机制

艺术市场的信任机制主要依赖于以下几个方面：

（1）鉴定机构的权威性

鉴定机构的权威性在艺术品真伪鉴定过程中起着至关重要的作用。这些机构及其专家团队通常拥有深厚的艺术历史、技术知识和实践经验，使它们能够对艺术品的真伪进行准确评估。权威机构的评估结果，因其专业性和客观性，通常被艺术市场的参与者——包括收藏家、投资者、艺术顾问、拍卖行等——所信赖和依赖。

权威鉴定机构通常具有长期积累的艺术品鉴定经验，这些经验不仅来源于对大量艺术品的实际鉴定工作，也包括对艺术市场动态、艺术品流通历史以及伪造技术发展趋势的深入研究。通过对过去案例的分析和总结，这些机构能够在新的鉴定工作中更准确地识别艺术品的真伪，为市场参与者提供可靠的指引。

随着科学技术的发展，艺术品鉴定已经越来越依赖于科学方法和技术手段。权威鉴定机构通常配备先进的技术设备，如红外光谱分析仪、X射线荧光分析仪等，利用这些设备对艺术品进行物理和化学分析，以揭示艺术品的制作材料、制作技术以及年代等关键信息。这些科学的鉴定方法大大提高了鉴定的准确性和客观性，使得鉴定结果更加可信。

权威鉴定机构及其专家遵守严格的专业道德标准，保证鉴定工作的公正性和客观性。这包括保持独立性，避免利益冲突；保密性，尊重客户的隐私；诚实性，确保鉴定结果的真实性。这些道德标准为权威鉴定机构赢得了艺术市场参与者的信任和尊重。

国际著名的艺术品鉴定机构如英国的皇家艺术学会（Royal Academy of Arts）、法国的罗浮宫博物馆（Louvre Museum）的研究部门，以及美国的大都会艺术博物馆（Metropolitan Museum of Art）的保护与研究实验室等机构凭借其在艺术品鉴定领域的权威地位，为全球艺术品的真伪鉴定提供了标杆。它们不仅在技术和方法上处于领先地位，更以其专业的道德标准和公信力，在艺术界内外树立了卓越的声誉。

（2）科技在鉴定中的应用

科技在艺术品真伪鉴定中的应用，已经成为提高鉴定准确性和客观性的重要手段。随着科学技术的不断进步，一系列高端技术设备和方法被广泛应用于艺术品的鉴定过程中，从而使得鉴定工作不再仅依赖于专家的主观经验，而是能够提供更为客观、可靠的科学依据。常用的鉴定科技手段主要包括红外光谱分析（Infrared Spectra Analysis）、X射线荧光分析（X-ray Fluorescence Analysis, XRF）、高分辨率成像技术和核磁共振分析等[1]。

红外光谱分析是一种常用于艺术品鉴定的技术，它能够揭示出藏于艺术品表面下的绘画层或文字信息。通过分析艺术品材料对红外光的吸收特性，专家可以识别出使用的材料种类，甚至是绘画下的隐藏图层，这对于确定艺术品的年代、原作者的创作方法以及是否经过后期修改都有重要价值。例如，在对文艺复兴时期的绘画进行红外光谱分析时，研究人员能够发现原始草图和修改痕迹，这些信息对于鉴定画作的真伪至关重要。

X射线荧光分析技术在艺术品鉴定中的应用主要是用于分析艺术品所用材料的元素组成。这种技术可以非破坏性地确定画作中所用颜料的化学成分，进而推断出作品的创作年代以及可能的地理来源。由于不同时期和地区的艺术家使用的材料具有特定的成分特征，X射线荧光分析提供了一种有效的方式来辅助鉴定艺术品的真伪。例如，如果一幅声称产自15世纪的画作中含有19世纪才被发明的化学颜料，那么这幅作品很可能是伪造的。

高分辨率成像技术，包括数字显微镜和3D扫描等，能够提供艺术品表面以及内部结构的详细图像。这些技术能够揭示细微的制作技巧、使用的材料以及年代特征，对于

---

① 李玉瑛.有价就有假：探讨华人古董艺术品市场中的赝品文化[J].人文及社会科学集刊,2019, 31(2): 187-224.

判断艺术品的真伪和条件评估提供了宝贵的信息。高分辨率图像还可以用于记录艺术品的当前状态，为未来的保护和修复提供参考。

核磁共振分析技术在艺术品鉴定中的应用较新，但展现出巨大的潜力。它可以用于分析艺术品中有机材料的分子结构，如油画中的油脂、木制品中的木质素等。通过核磁共振分析，可以更精确地确定艺术品制作所用的具体材料，甚至是材料的来源，从而对艺术品的年代和真伪做出更为科学的判断。

（3）市场监管与法律框架

市场监管与法律框架在维持艺术品市场的诚信和秩序中起到了不可替代的作用。健全的监管体系和明确的法律规定不仅可以防范和减少艺术品伪造行为的发生，还能够保护消费者和投资者的合法权益，从而为艺术市场的健康发展提供必要的法律和制度保障。

艺术品市场因其高价值和专业性特点，成为伪造和仿制活动的高发区。有效的市场监管可以减少这些行为，通过监督艺术品的生产、流通到销售的每一个环节，确保市场的公平竞争和艺术品的真实性。消费者和投资者往往缺乏鉴别艺术品真伪的专业知识和技能。建立健全的市场监管机制可以保护他们免受伪造艺术品的欺诈，确保其投资的安全。明确的法律规定和监管机制有助于维护艺术品市场的秩序，促进艺术品交易的透明度和公正性，为艺术品的正常流通和交易提供良好的环境。

通过立法明确艺术品交易的法律框架，包括艺术品的定义、交易过程中的权利和义务、伪造艺术品的法律后果等。这些规定为艺术品交易提供了基本的法律遵循，增强了市场的规范性和预测性。对于制作、销售伪造艺术品的行为，法律应当规定严格的处罚措施，包括但不限于罚款、没收非法所得、刑事责任等。这些处罚措施可以起到威慑效果，减少市场上的欺诈行为。建立专门的艺术品监管机构，负责艺术品市场的日常监督和管理工作。这些机构可以对艺术品的鉴定机构进行认证、监督艺术品的交易过程，以及处理艺术品交易中的纠纷等。例如，欧盟就有针对艺术品市场的严格规定，要求艺术品交易必须遵守反洗钱法律，所有交易过程需有透明的记录和身份验证。在美国，联邦调查局（FBI）设有艺术品犯罪团队，专门打击艺术品盗窃、伪造等犯罪行为。这些措施大大提升了艺术品市场的整体信任度，为艺术品的真实性和市场的健康发展提供了保障。

3. 真伪鉴定对艺术品投资与收藏的影响

艺术品作为一种独特的投资品，其价值在很大程度上取决于其真实性。因此，真伪鉴定成为艺术品投资决策中的一个关键因素。真品艺术品因其稀缺性和不可复制性，在市场上具有较高的保值增值潜力。而一旦投资的艺术品被证实为伪造品或临摹作品，不仅投资价值荡然无存，还可能面临法律风险和声誉损失。

对于艺术品收藏者而言，收藏的目的不仅仅是经济投资，更多的是对艺术价值的认可和文化传承的热情。因此，确保收藏品的真实性成为收藏过程中的首要任务。通过专业的鉴定机构和科学的鉴定方法来验证艺术品的真伪，不仅可以确保收藏品的艺术价值和历史价值，还可以在一定程度上减少艺术市场中的不确定性，为艺术品的长期保值提供保障。

（三）艺术品是否为精品或代表作

艺术品市场是一个复杂而多元的领域，其中艺术品是否被视为精品对其市场价格有着决定性的影响。艺术家的作品往往质量参差不齐，从数量庞大的创作中鉴别出真正的精品，是艺术鉴赏和艺术市场评估的核心任务。在此将从艺术创作的质量、精品的定义、市场对精品的评价以及拍卖企业在征集艺术品时的鉴别策略等方面，探讨艺术品是否为精品对其市场价格的影响。

艺术家，尤其是中国书画家，一生中可能会创作数千甚至数万件作品。其中，大量的作品可能是程式化的创作，只有少数作品是艺术家倾注了心血和创造力的精品。这种质量上的差异，直接影响了艺术品的艺术价值和市场评估。

精品在艺术品市场中通常指那些技艺上乘、创意独特、表现力强烈的作品，往往是艺术家的代表作。精品不仅体现了艺术家的高超技艺，更是其艺术探索和个人风格的集中体现。因此，精品的艺术价值和市场价格远高于其他普通作品。艺术市场对精品的评价高于非精品，这种评价不仅反映在市场价格上，还体现在艺术品的收藏和投资价值上。如文中所述，傅抱石的《丽人行》以及朵云轩藏本《山水十二幅册页》等精品作品，其拍卖价格远超一般作品，正是因为市场对其独特艺术价值的认可。

拍卖企业在征集名家作品时，面临着如何正确区分精品与非精品的挑战。正确的区分依赖于拍卖企业及其专业人员对艺术家特性和艺术市场动态的深入研究。因此，拍卖企业需要培养一支具有高度鉴赏力的专业团队，通过不断的观察、学习和比较，提高对艺术品质量的判断能力。

艺术品是否被视为精品，对其市场价格有着显著的影响。精品由于其稀缺性、艺术价值和投资潜力，通常在艺术市场上享有更高的价格和更广泛的认可。拍卖企业和艺术市场参与者通过深入研究和专业鉴赏，可以更准确地识别精品艺术品，从而在艺术市场中做出更为明智的决策。

（四）艺术作品存世量

艺术品的价值和价格受多种因素影响，其中存世量无疑是重要的考量因素之一。通常情况下，艺术品的稀缺性是其价值高低的关键决定因素之一。这一点在艺术品，尤其是文物类艺术品的市场中表现得尤为明显。

从经济学的角度来看，艺术品的市场价值在很大程度上遵循供求关系的基本原则。当一件艺术品的供给量（即存世量）较低，而需求量相对较高时，其价格往往会上升。这种现象在艺术品市场中尤为常见，尤其是那些历史悠久、文化价值深厚、技艺精湛的艺术作品，由于其不可再生和不可替代的特性，使得这些艺术品成为市场上的稀缺资源。

艺术品的稀缺性通常与其历史价值、文化意义和艺术成就直接相关。例如，中国古代瓷器和青铜器因其独特的文化背景和高超的工艺水平，在全球范围内的存量极为有限，这使得它们在拍卖市场上能够以高价成交。其中，如明代宣德年间的青铜器和清代乾隆年间的官窑瓷器，因其精美的工艺和历史上的重要地位，存世量的减少使得每当这类艺术品出现在市场上时，都会引起收藏家和投资者的极大关注，从而推高其价格。比如明代宣德年间制造的青铜器因其精湛的铸造技艺和历史文化价值，在全球范围内极为罕见。这些青铜器的存世量极少，使得它们成为艺术品收藏和投资的热点，拍卖价格常常高达数百万甚至数千万美元。再如清代乾隆年间的官窑瓷器以其精美的工艺和艺术表现而闻名。尽管在当时官窑瓷器的生产数量相对较多，但经过数百年的流传与损耗，真正能够保存至今的乾隆官窑瓷器已经相当稀少。这些瓷器不仅代表了中国古代瓷器制造技术的顶峰，也蕴含了丰富的历史和文化价值，因此在现代的艺术品市场上极具收藏价值。每当这些稀有的瓷器出现在拍卖市场上，其价格往往会因其稀缺性而达到非常高的水平，有的甚至成为拍卖市场上的明星作品，吸引全球收藏家的竞相追逐。

然而，并非所有情况下存世量的减少都会导致艺术品价格的上升。对于某些艺术家的作品，如果其存世作品过少，可能导致市场规模不足，难以吸引足够的收藏家和投资者关注，从而影响其作品的市场流通性和价格表现。这种情况下，作品的稀缺性并未转化为高价值。虽然存世量的减少通常会提升艺术品的价值，但是过于稀少的作品可能会因市场规模限制而影响其价格表现。艺术市场的健康发展需要一定规模的市场体量和流通性。如果某位艺术家的作品过于稀少，可能会导致其作品难以形成有效的市场流通，影响作品的市场认可度和价格稳定性。因此，从艺术品投资和收藏的角度出发，寻找存世量与市场规模之间的平衡点，是评估艺术品市场价值的一个重要方面。

综上所述，艺术品的存世量对其市场价格有着显著的影响。稀缺性是提升艺术品市场价值的重要因素，但这种稀缺性与市场规模之间需要达到一定的平衡。艺术品收藏和投资不仅需要考虑作品本身的艺术价值和历史地位，还需要综合考量市场的供求关系、存世量以及流通性等多种因素。在艺术品市场的复杂多变中，对这些因素的深入了解和准确把握，是艺术品投资成功的关键。

（五）艺术品的保存状态

在艺术品收藏与投资领域，艺术品的保存状态和品相被视为评估其价值的重要标准之一。艺术品的"真、精、新"评价准则，尤其其中的"新"，高度强调了艺术品的保存状况对其市场价值的影响。艺术品的保存状态直接关系到其艺术价值和市场价格。一件艺术品，无论其历史渊源多么深厚，艺术成就多么高超，如果保存状况差，品相不佳，其市场评价和价格无疑会受到负面影响。[①] 以下三个方面是评估艺术品保存状态时的主要考虑因素：

首先是完整性。艺术品的完整性是判断其价值的首要条件。例如，一组书法作品或绘画作品，如果能够以原有的完整形式存在，其艺术价值和市场价值均远高于缺损或分

---

① 虽然艺术品的稀缺性能显著提升其价值，但适当的市场规模和流通性对于维持艺术品价格的稳定和健康发展同样重要。

散的情况。在实际收藏和交易中，完整的艺术作品集能够更好地展现艺术家的创作意图和艺术风格，因而更受市场欢迎。

第二是无瑕疵。艺术品的无瑕疵状态同样对其市场价格有重要影响。修补痕迹或缺损，尤其是对于那些本身具有较高艺术价值的瓷器、雕刻等，会大幅降低其市场评价。收藏家和投资者往往倾向于寻找那些保存状态良好、未经修补的原始艺术品，这类艺术品被认为具有更高的收藏价值和投资潜力。

第三是无污损。对于书画类艺术品而言，无污损的保存状态尤为重要。霉变、水渍、撕裂等损伤不仅影响艺术品的美观，也可能导致无法复原的永久性损害。良好的保存条件能够有效避免这些损害，保持艺术品的原貌，从而维护其艺术价值和市场价值。

再次以明代宣德炉为例，该品类作为中国古代铜器中的精品，以其精湛的工艺和历史价值闻名。一件完好无损、无修补痕迹的宣德炉，在市场上的价值远超那些有缺损或修复过的同类艺术品。其保存状态的优劣直接影响到其拍卖价格，完好如新的宣德炉往往能在艺术品拍卖中以高价成交。

再如清代书画作品因其艺术成就和历史价值而备受收藏家青睐，然而，由于书画作品极易受到环境因素的影响，如温湿度波动、光照强度等，因此它们的保存状态尤为关键。一幅保存状态良好、无任何污损和修复痕迹的清代书画，其艺术魅力和历史价值得以完整展现，使其在市场上的估价和成交价显著高于那些保存状态较差的作品。例如，清代著名画家郑板桥的书画作品，因其独特的艺术风格和深远的文化意义而广受欢迎。一幅完好如新、未经修补的郑板桥原作，在拍卖市场上可能以数倍于有瑕疵作品的价格成交。

瓷器作为中国传统艺术的重要组成部分，其保存状态对市场价格的影响尤为显著。一个鲜有公开露面、保存完好无损的宋代哥窑瓷碗，其稀缺性和完美无瑕的品相使其成为瓷器收藏中的极品，能够在国际拍卖市场上拍出天价。相反，即使是历史价值相同的瓷器，一旦有缺口、裂纹或修复痕迹，其市场价格便会大打折扣。

艺术品的保存状态不仅影响其市场价格，还深刻影响着艺术品的鉴赏价值和投资潜力。良好的品相能够更真实、完整地传递艺术家的创作意图和艺术风格，增强艺术品的视觉效果和文化内涵，从而吸引更多的收藏家和投资者。因此，艺术品的保存工作显得尤为重要，艺术品的收藏和保养策略直接关系到其长期价值的保持和增长。

　　总之，艺术品的保存状态和品相对其市场价格有着决定性的影响。艺术品的完整性、无瑕疵和无污损不仅是评价其艺术价值的基本标准，也是决定其市场评价和价格高低的关键因素。在艺术品收藏和投资中，重视并妥善处理艺术品的保存问题，不仅能够维护艺术品的物理状态和艺术价值，还能够在市场上获得更好的经济回报。因此，对于收藏家和投资者而言，选择保存状态良好的艺术品，投资于艺术品的长期保养和维护，是保证艺术品价值最大化的重要策略。

（六）艺术品传承和收藏状况

　　艺术品作为文化传承的重要载体，不仅仅承载着艺术价值和历史意义，还蕴含着深厚的精神寓意。藏家之间对于艺术品的收藏和传承，不只是对美的追求，更是一种文化和价值观的传递。在艺术品的市场交易中，有序传承的艺术品往往因其完整的历史链条和丰富的文化内涵而成为市场上的稀缺资源，从而显著提升其市场价格。

　　艺术品的传承有序不仅是对艺术品物理保存状态的维护，更是对艺术品文化价值和历史背景的传递。艺术品在传承过程中，每一次的流转和收藏都会为其增添新的故事和背景，使得艺术品本身的价值不断丰富和提升。例如，著名的艺术品或古董在经过历史名人或艺术大师之手时，其价值会因此而大幅增加。这些艺术品的传承记录，包括题跋、印章、著录等，成为评估其艺术价值和市场价格的重要依据。

　　有序传承的艺术品，其历史渊源清晰，通过题跋、印章和著录等可以有效确认其真伪与品质。这种传承记录的完整性，大大减少了市场交易中的不确定性，提高了收藏家和投资者对艺术品真实性的信心，从而增强了其市场吸引力和价格。此外，艺术品在传承过程中的每一次所有权转换，都是其文化价值积累的过程。著名藏家或艺术大师对艺术品的评价和赏析，不仅丰富了艺术品的故事，也增加了其文化深度和历史厚度。这种增加的文化价值，是艺术品在市场上脱颖而出、价格倍增的重要因素。有序传承的艺术品，因其真实性高、文化价值大，往往成为收藏家和投资者争相追逐的对象。这种艺术品不仅可以满足收藏家对美的追求，还具有很高的投资保值潜力。在艺术品市场上，这类作品往往能以远高于市场平均水平的价格成交，成为拍卖中的明星作品。

艺术品的有序传承为其增添了独特的价值，这种价值在艺术品市场中得到了充分的认可和重视。市场上的收藏家和投资者越来越重视艺术品的传承背景和历史故事，将其视为评估艺术品价值的重要因素之一。这不仅反映了人们对艺术和文化传承的尊重，也显示了市场对于有着丰富传承记录艺术品的高度认可和追求。艺术品的收藏和传承有序性是评价其市场价值的重要维度之一。艺术品的传承记录不仅是其历史和文化价值的重要体现，也是市场评价其价值的关键依据。在艺术品市场中，那些拥有清晰、丰富传承记录的艺术品往往更受市场欢迎，其价格也更为显著。因此，对于藏家和投资者而言，深入了解和重视艺术品的传承背景，不仅能够帮助他们更准确地评估艺术品的价值，也能够在艺术品收藏和投资中获得更好的收益。

从上述探讨中可以明显看出艺术品市场价格的不确定。值得注意的是，现实中兼具上述优质特征的艺术品只能通过相对比较来界定，而非依靠固定模式来寻求理想中完美无瑕的艺术价值。因此，对艺术品价值的评估应是对其整体特质的综合把握，而非过分侧重于单一维度，以免陷入片面性的误区。在实际操作中，了解历史拍卖结果及市场上画廊、文物商店的交易价格变化是必要的，这有助于避免主观臆断和盲目性，通过对过去与现时价格的比较、固有价格与偶发价格的权衡，可以更加全面地反映艺术品的价值，确保评估结果更加客观和贴近实际情况。艺术品作为特殊的商品，其价格缺乏固定标准，往往在特定条件下由买卖双方的意愿决定。因此，拍卖企业在处理与委托人及竞买人的关系时，应当考虑到长期合作的重要性，并在具体操作中保持灵活性和实效性。正确的市场估价不仅要基于对艺术品不同价位区间——特高价位、高价位、中价位以及低价位的准确把握，还需要随着市场波动做出相应的调整，以确保估价策略符合市场实际情况，避免因价位划分的混淆而导致评估错误。

（七）艺术品估价与拍卖企业诚信

在艺术品市场的运作过程中，对艺术品进行准确鉴定和确保其质量是推荐真品和精品给受众的基础。然而，由于制造艺术品伪作的动机复杂多变，以及随着赝品数量的增加、伪造技术的进步和造假手段科技含量的提升，市场上面临着识别真伪的巨大挑战。目前尚未有一种科学方法能够无损且准确无误地鉴别所有赝品。虽然化学分析或光学检测等技术在某些情况下能够提供帮助，但这些方法不能完全保证鉴定结果的绝对准确性和可靠性。

从客观性的角度来看，艺术品的鉴定结果通常归结为真伪二分，然而，对于"真"与"伪"的认定往往高度依赖于鉴定者和买家的主观判断。例如，一些在博物馆收藏多年被认为是真迹的艺术品，仍旧存在着长期的争议。在艺术品拍卖市场中，真伪的鉴定不仅关系到艺术品本身的价值和买家的利益，更影响到拍卖企业的声誉和形象。

因此，对于拍卖企业来说，确保拍品的真实性和质量是其核心职责之一。尽管通过销售赝品可能在短期内获得一定利益，但最终会导致企业信誉的损失、市场地位的下降，甚至可能面临法律诉讼和持续的纠纷。因此，严格把关艺术品的鉴定、坚守信誉、避免销售赝品是拍卖企业长期发展的必由之路。在这一背景下，拍卖企业和鉴定机构必须不断探索和采用更加科学、可靠的鉴定方法，加强专业人才的培养和技术的研发投入，以提高鉴定的准确性和可信度。同时，建立和维护一个透明、诚信的市场环境，为艺术品的真实交易提供保障，是整个艺术市场健康发展的关键。

1. 主观上不拍伪品

拍卖企业在其职业责任中应持续维护一项核心准则，即在主观判断上坚决不拍卖伪造艺术品。在审核拍品质量时，企业的标准应旨在确保不将伪造品纳入拍卖范围，基于此原则，应彻底执行拍品的质量审查工作。在必要时，对拍品实施专业鉴定，并根据鉴定结果做出相应的行动，若鉴定结果显示拍品不符合拍卖要求，则应考虑变更或解除相关拍卖合同。拍卖企业的首要任务不应仅仅是追求拍品的销售收益，而应将拍品的质量视为最重要的考量因素。这一质量导向的原则不仅有助于从根本上审慎处理拍品的真伪问题，也避免了因过分注重短期利益而忽略长远发展的风险。通过坚持这种以质量为核心的职业责任，拍卖企业能够在更广阔的范围内确保其服务的专业性和可靠性，从而避免因小失大的局面发生。

2. 建立科学的鉴定机制

拍卖公司建立科学的鉴定机制是确保艺术品真实性和质量的关键步骤，有效的鉴定机制应涵盖以下几个方面：

（1）构建专家团队

构建一个由领域内专家组成的鉴定团队，包括艺术史学者、资深收藏家、前博物馆工作人员等，确保团队具备广泛而深入的专业知识和实际经验。团队成员应覆盖不同艺术领域和时期，以便对各类艺术品进行全面准确的鉴定。与此同时，拍卖企业还应当培养自有专业人才，从传统鉴定法、科学鉴定法等各个方面强化人才素养。

以中国传统艺术品为例，鉴定经验和直觉的运用极为重要，这种以人的感知为基础的鉴定方法被广泛称为"眼学"。该方法强调通过视觉观察、触摸体验以及听觉辨别等感官方式来判定艺术品的真伪。例如，在绘画艺术品的鉴定中，鉴定专家依据作品的风格、气韵、线条特征以及笔墨运用等元素进行综合分析，从而洞察作品的真实性。而在瓷器鉴定过程中，所谓的"一看、二摸、三听"方法，则是通过对瓷器的质地、装饰图案以及因年代久远而形成的特有旧气进行感知，来判断其真伪。

这种基于个人经验和直觉的鉴定方式，虽然看似简单，却对鉴定人员提出了极高的专业要求。它不仅需要鉴定人员具备丰富的艺术品知识和对艺术史的深入理解，还要求其通过长期的学习、实践和不断的物品观察来积累经验。此外，艺术品鉴定的传统学习路径通常涉及从师学艺、师徒传承以及大量的实物考察，这一过程是漫长而系统的，往往需要耗费数十年的时间来培养出真正的鉴定专家。

拍卖企业在培养艺术品鉴定人员时，需充分认识到这一传统鉴定方法的重要性和复杂性。除了提供专业知识的教育和理论学习之外，还应鼓励鉴定人员进行大量的实践活动，如参观博物馆、艺术展览以及私人收藏等，以实物为依托，通过耳濡目染和潜移默化的过程，逐步提高其对艺术品真伪鉴别的能力。这一培养过程不仅是对鉴定人员专业技能的提升，也是对中国传统艺术鉴定智慧的传承和发展。因此，拍卖企业应该重视并尊重这些规律，通过系统的培训和长期的实践积累，致力于培养出具有深厚专业素养和高度责任感的艺术品鉴定家。

（2）应用科技手段

积极利用科技手段辅助鉴定工作，包括红外光谱、X射线荧光分析、放射性碳定年等先进技术，以非破坏性方式对艺术品的材料、制作工艺、历史年代等进行科学检测。

这些技术在前文已详细阐述，它们可以提供客观的数据支持，增强鉴定的准确性和可靠性。除使用科学仪器进行检测之外，仪器与材料考证、信息档案等证据相结合才能得出更加精准的结果。

考证法作为艺术品鉴定中的一种重要方法，其核心在于通过深入的历史考证和学术研究，以确定某一类艺术品的产生时间、流行终止时期、创作区域、使用的材料和工艺，以及艺术风格等关键信息，从而对艺术品的真伪进行判断。这种方法依赖于对艺术品历史背景的系统性了解和对相关艺术材料的深入认知，通过将待鉴定艺术品的特征与已知的历史事实和材料特性进行比较分析，以实现对艺术品真伪的甄别。

在考证艺术品的过程中，鉴定专家需要对相应时期的艺术创作习惯、使用的材料种类、工艺技术以及艺术风格进行全面的考察。例如，对于绘画艺术品而言，画作所用的绘画材料（如绢、纸等）、颜料成分以及绘画技巧等都是鉴定的重要依据。此外，艺术家的个人创作习惯，包括其作品的尺寸偏好、题材选择以及特定时期的创作特点，都是考证过程中的关键因素。以傅抱石在重庆金刚坡时期的创作为例，通过详细的历史考证和对傅抱石创作习惯的深入了解，鉴定专家发现市场上出现的所谓金刚坡时期的大幅画作与傅抱石在该时期的实际创作条件存在明显矛盾。据了解，傅抱石在该时期主要使用的是四川夹江纸，这种纸质较为粗糙且尺寸较小，而且考虑到艺术家当时的居住环境和创作空间限制，大幅的作品创作几乎是不可能的。因此，通过这一系列的考证分析，专家最终判断这批作品为赝品。

考证法在艺术品鉴定中的应用，不仅要求鉴定人员具备丰富的历史知识和艺术理论基础，还需要其能够灵活运用多学科知识进行综合分析。通过科学的考证方法，可以更有效地揭示艺术品的历史真相，为艺术品的真伪鉴定提供更为坚实的学术支撑，进而维护艺术市场的健康发展和艺术文化遗产的真实性。

（3）档案信息比较

信息比较法在艺术品鉴定过程中扮演着至关重要的角色，其基本策略在于通过广泛地收集与艺术家及其作品相关的详尽资料，包括但不限于签名、印章使用、题款风格、作品尺寸、材质特性以及其他独特标识，进而在此基础上建立一个综合的数据信息库。

此信息库作为一个比较参照系统，允许鉴定人员通过精准的信息对照，识别出艺术品中的不一致之处，如题款的误用或印章的不当使用等，从而有效地揭示赝品。

此外，艺术品档案的建立与完善也是信息比较法中不可或缺的一环。这涉及对艺术品的历史流传、之前的交易记录、专家的评鉴意见等信息的全面收集和系统整理。这些档案资料不仅在鉴定工作中发挥着重要作用，为鉴定人员提供了丰富的背景信息和参考依据，而且对于艺术品的进一步研究和评估，乃至艺术史的深入探讨也具有极大的价值。实践中，信息比较法的应用案例广泛而多样。例如，通过对某位艺术家历史上使用的印章进行系统比对，可以辨别出某一作品中印章使用的真伪；通过比较作品的题款风格与艺术家其他已知真迹的题款，可以判定题款的真实性。这种方法要求鉴定人员不仅具有丰富的艺术知识和敏锐的观察力，还需要能够有效地管理和利用大量的数据信息。

信息比较法通过建立全面而详尽的艺术品信息数据库，为艺术品的真伪鉴定提供了一种科学、系统的方法论。它依赖于对艺术品及其创作者相关信息的深入收集与分析，通过精确的信息对比，揭示作品中可能存在的矛盾和不一致之处，从而辅助鉴定人员做出准确的判断。

（4）透明公正的鉴定流程

在艺术品拍卖行业中，确立一个透明和公正的鉴定流程是保障艺术品真实性、维护市场秩序以及增强消费者信心的关键因素。一个标准化的鉴定流程不仅对拍卖公司内部的操作规范至关重要，而且对外部的消费者和市场参与者来说也是一个信任的基石。

首先，拍卖公司需要制定一套标准化的鉴定流程，包括艺术品的初步接收、历史背景调查、物理和化学检测、专家审查以及最终鉴定结果的生成等环节。这一流程应当涵盖从艺术品入库到最终鉴定完成的所有关键步骤，每一步的操作标准和评估准则都需要明确规定，以确保鉴定的科学性和准确性。

拍卖公司应该通过各种途径和渠道，如公司网站、公开报告、客户服务等方式，向公众透露鉴定流程的关键信息和步骤。这包括艺术品鉴定的基本原则、使用的技术手段、参与鉴定的专家团队信息以及鉴定标准等。透明化的鉴定流程能够让消费者和市场参与者了解艺术品鉴定的专业性和严谨性，增强他们对鉴定结果的信任。

拍卖公司必须确保在执行鉴定流程时公平公正，避免任何形式的偏见和不公行为。这要求鉴定人员和专家团队保持客观中立的态度，对所有艺术品进行无歧视的鉴定。同时，拍卖公司应建立有效的监督和评估机制，对鉴定过程进行监控，确保鉴定工作的公正性。

拍卖公司在保证艺术品所有权人隐私的前提下，应对外公布鉴定结果的摘要或关键信息。对于特定艺术品的鉴定结果，如有可能，可提供简要的鉴定报告或专家意见摘要。这一做法不仅有助于消费者和市场参与者更好地理解艺术品的价值和真实性，也是拍卖公司透明度和公信力的体现。

（5）遵守伦理道德

在艺术品拍卖行业中，遵守伦理道德标准是确保鉴定工作公正性、客观性的基石。伦理道德的遵守不仅涉及个体鉴定人员的职业操守，还关系到拍卖企业的整体信誉和行业的健康发展。

鉴定人员在进行艺术品鉴定时，必须保持专业的中立态度，客观地分析和评估艺术品的真伪与价值。这要求鉴定人员避免任何可能影响判断公正性的个人偏好、情感因素或利益关系。例如，鉴定人员应避免对自己或亲友有利益关联的艺术品进行鉴定，以免出现利益冲突，影响鉴定结果的公正性。拍卖企业应制定明确的政策，规避潜在的利益冲突情形。这包括要求鉴定人员在鉴定前声明自己是否与拍卖品存在直接或间接的利益关系，并在发现利益冲突时主动回避。同时，企业还应对外透明化这些政策和规则，增加公众对拍卖过程公正性的信心。

为了提高鉴定人员的专业水平和伦理意识，拍卖企业应定期组织专业知识和伦理道德的培训。这包括艺术品鉴定的基本技能、最新的伪造技术动态以及伦理道德规范等内容。通过不断的学习和自我提升，鉴定人员能够更好地适应艺术品市场的变化，同时坚守职业道德标准。拍卖企业应积极参与打击艺术品伪造和非法交易的行动，通过建立反伪造的机制，如与警方、文物保护机构等合作，共享艺术品伪造信息，加强市场监管。此外，企业还可以利用科技手段，如区块链技术记录艺术品的真实来源和流转历史，以提高艺术品的透明度和可追溯性。

无论是依赖于经验积累的传统鉴定方法，还是基于技术分析的科学鉴定方式，都不可避免地存在各自的局限性。仅有当这两种方法被综合运用时，才可能对艺术品的真伪进行一种科学、多维度及全面的审查。历史悠久的文物艺术品鉴定，长期以来一直采用传统的鉴定技术。然而，随着伪造技艺的日益精进，传统鉴定手段显然已难以满足当前市场对于鉴定准确性的高要求。在现代科学技术持续进步的背景下，将传统鉴定经验与科学鉴定所提供的客观数据相融合，成为实现文物艺术品真伪鉴别的关键策略。

为此，拍卖企业应当构建一个科学的鉴定体系和规范化的鉴定流程，以确保鉴定过程的客观性和准确性，避免在主观判断上出现偏差，从而拍卖伪造品。这要求拍卖企业不仅需要累积和利用丰富的艺术品鉴定经验，更需引入现代科技手段，如化学成分分析、红外线和 X 射线成像、放射性碳定年等，以科学技术支撑鉴定结论的客观性和可靠性。综合应用传统与科学鉴定方法，不仅能够提升对文物艺术品真伪的鉴别能力，还能进一步探索并验证艺术品的历史、文化和技术价值，从而在深化艺术品鉴赏和研究的同时，也为拍卖市场提供更为准确和可靠的鉴定服务。因此，拍卖企业在建立鉴定机制时，需坚持以科学方法为基础、传统经验为辅的原则，通过标准化的鉴定程序，确保鉴定工作的专业性、客观性和公正性，进而在艺术品拍卖市场中树立起正直和负责的企业形象。

3. 履行瑕疵知情与告知义务

拍卖企业在其职业责任范围内，应当如实向潜在买家披露拍品的具体状况，包括任何已知的缺陷或瑕疵。通过展览、拍卖目录及提供审查拍品和相关拍卖资料的机会，拍卖企业应向竞买人明确指出拍品的瑕疵情况，使竞买人基于充分信息作出是否参与竞买的决策。例如，对于存在争议的拍品，应在目录中明确标注"存疑"；对于作者不明的作品，应标明"佚名"；而对于有损坏或修复的拍品，则应以书面形式明确告知。如果拍卖企业有意隐瞒拍品的缺陷，将需承担由此引发的瑕疵担保责任。

鉴于艺术品鉴定的复杂性和拍卖活动的特殊性，《拍卖法》对于拍卖人和委托人在无法保证拍卖物品的真伪或品质时不承担瑕疵担保责任的情形作出了规定。此法律规定的目的在于：一是向竞买人提示拍品存在潜在缺陷，促使其谨慎竞买；二是保护拍卖企业免受因非故意行为而可能遭受的法律制裁；三是预防部分买家以赝品为由，对正品高价交易提出撤销。然而，重要的是，该免责规定不得被拍卖企业用作逃避鉴定责任或明知故犯地拍卖伪造品的借口，以免侵害买家权益。

因此，拍卖企业在处理艺术品拍卖过程中应严格履行瑕疵知情和告知义务，确保拍卖过程的透明度和公正性。同时，企业还需采取有效措施，包括建立科学的鉴定机制和完善的拍卖流程，以防止伪造艺术品流入市场，从而保障买家的合法利益。

二、艺术家直接参与二级市场交易现象及相关问题

艺术家选择在拍卖行等二级市场直接交易作品，而不是传统的通过画廊等一级市场销售，这种做法在当下的艺术品市场中愈发常见。但此类现象对艺术家、艺术市场、艺术品收藏和投资者而言，又是有利有弊的。

（一）二级市场直接参与对艺术家影响的正负效应

首先，艺术家在二级市场直接交易作品获取更高收益的可能性，英国艺术家大卫·霍克尼（David Hockney）的《泳池与两个人像》[*Portrait of an Artist (Pool with Two Figures)*]在 2018 年的拍卖中以 9030 万美元成交，成为当时在世艺术家作品的最高拍卖纪录。霍克尼是一位非常享有盛誉的艺术家，他的作品在一级市场上就已经相当受欢迎，但通过二级市场的这次拍卖，他的作品价值得到了更高层次的认可。这不仅为霍克尼本人带来了巨大的收益，也提升了他在全球艺术市场中的地位。

这两个案例说明，艺术家的作品一旦在市场上获得较高的认可，通过拍卖等二级市场的方式直接交易，确实有可能实现远高于一级市场的收益。然而，这种成功往往建立在艺术家已经获得一定声誉和市场认可的基础上，对于新兴艺术家而言，通过二级市场实现高额收益可能还需面临更多的挑战和不确定性。譬如，从市场认知度和声誉建立方面考量，新兴艺术家往往缺乏足够的市场认知度和艺术界内的声誉。在一级市场中，画廊通常会通过展览、出版物和媒体宣传等手段来帮助艺术家建立这些关键的市场地位。而在二级市场，特别是拍卖行的环境下，艺术家的作品需要有足够的知名度和追随者来吸引投标者的兴趣。因此，即使艺术家的作品能够进入拍卖，其成交价格和市场接受程度仍然具有很大的不确定性。对于新兴艺术家的作品，买家可能更加谨慎，不愿意支付

高价。

此外，作品价格的稳定性和预测性也是需要关注的议题。在二级市场上，艺术品的价格受市场情绪和投资者需求的影响较大，可能会出现剧烈波动。新兴艺术家的作品，由于缺乏长期的市场数据和成交记录，其价格的稳定性和预测性较低。艺术家如果过早地将作品送入二级市场，可能会因市场波动而导致作品被低估，甚至影响到艺术家未来作品的市场定位和价值。

长期而言，艺术家的职业发展需要构建稳定的收藏家基础和艺术界的广泛认可。过早地依赖二级市场可能会损害艺术家与画廊和其他艺术机构的关系，影响到艺术家获取展览机会和艺术批评的支持。艺术家的市场策略和职业路径选择在很大程度上会影响其长期的艺术价值和市场地位。依靠拍卖行等二级市场可能会带来短期的收益，但对于建立持久的艺术价值和职业发展可能存在风险。

虽然二级市场为新兴艺术家提供了一个实现作品高额收益的潜在渠道，但成功的关键在于艺术家能否在保持艺术创作的独立性和质量的同时，智慧地导航市场，建立和维护与画廊、收藏家和艺术界的良好关系。在艺术家的职业早期阶段，谨慎评估何时和如何参与二级市场是非常重要的。[①]

（二）对艺术品市场结构影响显著

艺术家选择在二级市场如拍卖行直接交易作品，对艺术品市场结构的影响是显著的，具体表现在以下几个方面：

首先，艺术家直接参与二级市场会使市场透明度提高，这对消费者而言利大于弊。艺术品在拍卖市场上的交易增加了价格和成交记录的透明度。传统上，艺术品一级市场（即画廊和艺术家直销）的价格往往是不透明的，交易条件和成交价常常对外界保密。

---

① 艺术家直接参与二级市场的行为以美国艺术家杰夫·昆斯为典型，国外研究成果亦较为丰富。在Altman J. "Brokering Aboriginal art: A critical perspective on marketing, institutions, and the state"等研究中，对二级市场成功的双重性与高拍卖价格如何提升和复杂化当代艺术家的职业生涯进行了详尽阐释。作者认为，二级市场作为一把双刃剑，可以提供意外之财，也对艺术真实性和职业自主权构成挑战。通过定性分析，作者讨论了早期职业艺术家如何通过进入二级市场获得显著的经济收益，但也警告市场波动可能会破坏其作品的长期价值和认知。虽然二级市场为艺术家提供了有利可图的途径，但需要仔细"导航"以避免陷入陷阱。

相比之下，拍卖市场的交易信息公开，每一次拍卖的成交价格都会被记录和公布，这使得艺术品的价值评估更加依赖市场机制而非单个销售方的定价。这种透明度的提高有助于形成更加公平和可预测的市场环境。收藏家和投资者可以根据公开的市场信息做出更加理性的购买和投资决策。同时，艺术家和画廊也能够更好地理解市场趋势和作品价值，据此调整策略。

第二，此类现象可以引导市场参与者多样化。当艺术家直接将作品带到拍卖市场，这种做法吸引了更多个体艺术家和新兴收藏家加入艺术市场。二级市场的门槛相对较低，尤其是对于那些没有画廊代表的艺术家而言，拍卖行提供了一个展示和销售作品的平台。同时，拍卖行举行的公开拍卖吸引了各种背景和经验的买家参与，从高端艺术收藏家到新入门的爱好者。市场的参与者变得更加多样化，有助于推动艺术品市场的健康发展。多样化的市场参与者促进了不同风格、时期和价位艺术品的流通，增加了市场的活力和包容性。

第三，艺术品市场各个层级竞争加剧。艺术家直接在拍卖市场销售作品，对传统画廊造成了直接的竞争压力。画廊在艺术市场中的传统角色包括代理艺术家、组织展览、促成艺术品销售等。然而，随着越来越多艺术家和买家选择通过拍卖市场进行交易，画廊必须寻找新的方式来维持其市场地位和盈利模式。这种竞争促使画廊探索更加多元和创新的销售和合作模式。例如，画廊可能会更加积极地参与艺术博览会、线上销售平台或与拍卖行合作等。此外，为了吸引和保留艺术家，画廊也可能提供更多增值服务，如市场推广、艺术品运输和保险等。

（三）扩大艺术品市场消费者选择权

在艺术品市场中，二级市场的拍卖交易对于降低投资门槛、扩大艺术品投资的可及性起到了显著作用。这不仅使得艺术品投资不再是高净值人群的专属领域，也为更广泛的公众提供了参与艺术品投资的机会。著名街头艺术家班克斯（Banksy）的作品《女孩与气球》（Girl with Balloon）是近年来艺术市场上的一个热点。2018年，在伦敦的一次拍卖中，这幅作品以104.2万英镑成交。成交的瞬间，画框内置的碎纸机启动，将画作部分切割。这一事件虽然震惊艺术界，但也进一步提升了作品及艺术家的知名度。班克斯的作品因其强烈的社会评论性和独特的创作手法而广受欢迎。此次事件后，班克斯的作品复制品和衍生品的销售激增，这些更加经济实惠的选项为广大公众提供了拥有或投资班克斯作品的机会，显著降低了投资门槛。

另一个经典案例是比伯（Beeple）的数字艺术作品《每天：前5000天》。2021年，数字艺术家比伯（本名迈克·温克曼 Mike Winkelmann）的作品《每天：前5000天》（*Everydays: The First 5000 Days*）在佳士得的一场拍卖中以6930万美元的价格成交。这是一个由5000张数字图像组成的拼贴作品，标志着加密艺术（crypto art）和非同质化代币（NFT）进入主流艺术市场的重要时刻。比伯的这次拍卖不仅为数字艺术家树立了一个前所未有的高价纪录，也引发了对于NFT艺术投资的广泛兴趣。随后，许多艺术家和创作者开始通过NFT发布自己的数字艺术作品，为普通公众提供了以相对较低的价格投资艺术品的途径。与传统艺术品相比，NFT艺术品的投资门槛显著降低，使得更多人能够参与到艺术品的收藏和投资中来。

（四）拍卖价格的公开特性与交易者决策

在艺术品市场，价格的快速变化和市场动态的不确定性是两个重要的特点。这些特点尤其在二级市场交易中表现得淋漓尽致，其中一些高调的拍卖事件更是凸显了市场的这种特性。以下是两个真实发生过的艺术品交易案例，它们体现了市场情绪如何影响艺术品的价格和收藏家投资者的决策。

美国表现主义画家琴斯·贝克特（Jean-Michel Basquiat）的作品在艺术市场上极具收藏价值。2017年，贝克特一幅名为《无题》(1982年作)的画作在佳士得拍卖行以1.105亿美元的价格成交，成为当时最高价的美国艺术家作品。这幅作品之所以能够达到如此高的价格，部分原因在于市场对贝克特作品的极高需求以及对其艺术价值的普遍认可。贝克特作品的这一拍卖纪录反映了艺术市场情绪的波动性及其对价格的影响。在这次拍卖前，贝克特的作品已经在艺术市场上表现出强劲的上涨势头，这次拍卖进一步激发了市场对其作品的热情，导致了最终的高成交价。此外，这也显示了艺术品市场在特定时期对某些艺术家或作品的偏好可以急剧改变，影响投资者和收藏家的决策。

艺术品市场的结构和参与者行为随着艺术家直接在拍卖等二级市场交易作品的现象

而发生了变化。这一变化不仅影响了艺术家和画廊的传统关系，也为艺术品的收藏和投资者带来了新的机遇和挑战。收藏家和投资者现在面临着一个更加多元和动态的市场，这要求他们采用更加灵活和多样化的收藏和投资策略。

2019 年，美国艺术家杰夫·昆斯（Jeff Koons）的不锈钢雕塑《兔子》在纽约的一次拍卖中以 9100 万美元的价格成交，成为当时由在世艺术家创作的作品中最贵的一件。昆斯以其对消费文化的讽刺和独特的艺术风格著称，而《兔子》的拍卖纪录不仅反映了昆斯在当代艺术界的地位，也显示了艺术品市场对于标志性和具有辨识度作品的高度评价。《兔子》的拍卖纪录促使收藏家和投资者重新评估昆斯及其作品的价值，同时也引发了对其他当代艺术家作品潜在价值的关注。这一事件表明，收藏家和投资者需要不断关注市场趋势和重要拍卖的结果，以便调整自己的收藏和投资策略，寻找未来可能价值上升的艺术家和作品。

2020 年，著名音乐家鲍勃·迪伦（Bob Dylan）的《The Times They Are A-Changin'》的手写歌词在一次拍卖中以近 220 万美元的价格成交。这一拍卖项目不仅因迪伦在音乐史上的地位而引起关注，而且体现了音乐纪念品在艺术品和收藏品市场中的价值。迪伦手写歌词的拍卖成功，展示了音乐和流行文化纪念品作为投资和收藏对象的潜力。这提示收藏家和投资者拓宽他们的视野，考虑跨越传统绘画和雕塑的艺术形式，探索音乐、文学、电影等领域的珍稀物品。随着市场的发展，多样化的收藏策略能够帮助投资者捕捉到更广泛领域中的投资机会。

（五）凸显艺术品研究和鉴定的重要性

在艺术品市场，尤其是随着艺术家更频繁地直接参与二级市场的交易，对于收藏家和投资者来说，研究和鉴定的重要性显著增加，同时也出现了对艺术作品和艺术家价值进行重新评估的机会。以下两个真实案例可以深入阐述这些变化对市场及其参与者的影响：

让·米歇尔·巴斯奎特（Jean-Michel Basquiat）的作品价格飙升是一个典型的艺术市场现象，展示了如何通过专业鉴定和市场重新评估，一个艺术家的作品可以从相对较低的价位上升到数百万甚至数亿美元的水平。他是 80 年代早期的美国艺术家，最初在艺术界的地位并不显赫。然而，随着时间的推移，他的作品在艺术界和收藏家中的声望逐渐提升。巴斯奎特的作品开始频繁出现在二级市场的拍卖中，其作品的价值和售价也随之显著上升。到了 2017 年，他的一幅作品在拍卖中以 1.105 亿美元的价格成交，成为当时最贵的美国艺术家创作的艺术品。巴斯奎特的案例展示了艺术家直接参与二级市场可能如何导致对其作品价值的重估，这个过程涉及多个方面，包括艺术历史研究、市场趋势分析以及收藏家、投资者和艺术评论家的共同作用。

相关市场从业者对巴斯奎特作品的专业鉴定起始于确认其真实性，这包括了艺术风格分析、材料和技术测试等方面。同时，艺术史家和研究者通过深入研究巴斯奎特的生平、创作背景和艺术语境，增强了市场对他作品的认识和评价。通过专家的研究，巴斯奎特的作品被重新评估为表现了 80 年代纽约艺术场景的重要文献，反映了种族、身份、权力和抵抗等重要主题。这些研究结果提升了作品在艺术史上的地位，进而影响了其市场价值。

随着时间的推移，收藏家和投资者的兴趣趋向于那些能够代表特定历史时期或文化运动的艺术家和作品。巴斯奎特的作品，作为 80 年代新表现主义运动的关键作品之一，吸引了大量关注。巴斯奎特作品在重要的国际拍卖中频频出现并取得高价，以及在主要美术馆和艺术展览中的展出，都极大地提升了其公众知名度和艺术价值的认可，从而推动了价格的上升。

随着巴斯奎特作品的知名度和艺术价值的提升，一些具有影响力的收藏家开始收购其作品，这不仅为作品提供了"背书"，也吸引了更多收藏家和投资者的关注。艺术评论家通过对巴斯奎特作品的分析和评价，为公众提供了理解其作品深层意义的视角。媒体对这些评价的广泛报道进一步提升了巴斯奎特在艺术界和公众中的地位。

可以看出，在艺术品市场中，随着艺术家直接在二级市场的参与增加，收藏家和投资者面临着新的挑战和机遇。一方面，加强了对艺术品进行研究和鉴定的需求，另一方面也为市场提供了重新评估艺术作品和艺术家价值的机会。因此，深入的市场知识和专业的鉴定能力成为收藏家和投资者成功的关键。

三、文物艺术品拍卖人审定义务问题

在当前社会中，拍卖行业面临的一个主要批评焦点集中于拍品瑕疵免责的问题，这一现象客观上揭示了对该领域进行深入科学研究的紧迫性。法学界对此问题的讨论呈现出不完整、缺乏深度和客观性的特点，未能全面深入地影响社会舆论和公众的认识，这种状况对拍卖业的发展及其社会影响产生了不利影响。

目前，业界和社会对《拍卖法》第 61 条的质疑和修法要求逐步增加。然而，对该条款的法理基础和法学依据尚未有完整的阐释；针对该法条在中国实施二十多年的实践，缺乏专门的调查和分析；同时，对国内拍品免责条款的法规体系及其与国际法规的对比，也未进行系统、多维的研究和论证。在没有这些科学论证的情况下，要想妥善解决当前问题会面临诸多困难。

因此，深入考量我国拍卖企业的基本生存条件及其在社会现实中的权利和责任显得尤为重要。这不仅是为了避免修法过程中的极端情况，防止对行业造成严重影响，而且对于拍卖行业来说，积极协调各方面力量，完成深入的论证工作，以主动争取在未来可能的修法讨论中获得发言权和参与权，是非常必要的。

（一）对委托人的审慎义务

审慎义务（duty of care）或称谨慎责任、注意义务，在侵权法中是要求一个人在做出一件预料会损害其他人的作为时，必须遵从标准而合理的谨慎之法律责任。它是构成一个疏忽作为的原则之一。

在艺术品交易领域，拍卖行及其专家须依据《瑞士债务法》第 398 条第 2 款展现高度审慎。此法规要求这些专业人士在进行艺术鉴定时应尽显责任心。鉴定专家的审慎水平，无论是内部人士还是外聘顾问，主要通过评估其在明确或暗示的客户同意下的行为表现来界定。[①] 举例而言，双方或许约定专家仅需审查指定档案资料而无须进行深入的科学分析，或者专家的调查范围可能仅限于依据某艺术家作品目录的特定条目，而不扩展至潜在相关的其他作品。一旦建立了委托关系，委托人得以期待拍卖方的诚信及其专

---

① 戴永盛. 瑞士债务法 [M]. 北京：中国政法大学出版社，2016:179.

业判断。

该领域内审慎义务的评估标准之所以高于常规水平，原因有二：首先，与其他专业人士相同，拍卖方被期待利用其"卓越的判断力"，展现出逻辑且合理的决策能力。其次，尽管拍卖方可能面临责任追究，审慎义务评估标准仍然强调专家应超越行业最低水平，依其声称的特殊知识与技能行事。若专家未能充分运用其专业知识或技能，或者在必要的基本知识方面存在不足，均可视为违反了其审慎义务。此类违约情形下，拍卖方将丧失对其服务费用的索赔权利。[①]

特别地，某些艺术品的鉴定可能超出拍卖行现有知识范畴，如作品缺失创作者信息或拍卖行缺乏鉴赏该时期作品的能力。在此情形下，拍卖行可求助于外部专家意见或拒绝接受委托。总体而言，除非专家基于当前科学水平且经过彻底检查后仍无法确定真伪，否则不能以个人技能、经验或知识不足为由免责。拍卖行也不能以内部原因主张免责。[②]

在执行审慎义务方面存在国际标准差异，例如瑞士、美国等国家遵循的是"合理拍卖标准"，而英国采用了独有的拍卖行为规范。

1. 拍卖人审慎标准的合理性分析

在缺乏审慎义务约定的情形下，该义务依据客观准则确定，即在相似环境中，拥有专业知识者应展现的谨慎水平。责任的具体评估需针对案例细节，融合艺术鉴定的复杂性、合理的鉴定期限及艺术作品的价值等多重因素进行判断。专家的声望如引发委托方的合理预期并基于此支付酬劳，则其承担的审慎责任相应提升。一些法理学家认为，对艺术家或特定时期艺术品的著名专家，委托方可能对这类具备独特技能与知识的鉴定者寄予超越常规鉴定者的期待，这意味着这些专家可能需承担一般情况下可豁免的疏忽责任。

---

① 在学术领域，对于违反审慎义务的过失行为的分类，一些研究者提出了四种不同的情境。首先，某些专业人士可能未能掌握其专业领域内所必需的知识基础。其次，某些专业人士可能仅依赖于未经充分验证的信念，而非基于坚实的知识体系。第三，一些专业人士可能未能持续更新和提升其专业知识，导致知识结构的滞后。最后，某些专业人士可能未能恰当地应用其知识，未能达到专业实践所要求的标准。参见 Karlen,Peter H. "Fakes,forgeries and expert opinions." Journal of Arts Management and Law Vol.16,No.3, 1986:9-10.

② Chappuis,Christine, "Authentication of works of art:responsibility of the expert and qualification of the contract in Swiss law".Art Law vol.19,2007:56.

审慎义务的核心在于评估专家在鉴定过程中是否尽到充分认真，即是否遗漏了关键要素或信息，而不仅是鉴定意见的准确性。此原则也适用于拍卖前进行的艺术品鉴定与估价。即当拍卖人在鉴定与估价过程中考量特定事实、应用鉴定技术或采纳特定策略时，其应承担的审慎义务便可预期。

此规则同样适用于拍卖行误鉴定艺术品的情况。若拍卖行能证明其鉴定过程符合同等条件下其他拍卖行的预期谨慎水平，并且这种水平至拍卖当天为业界普遍接受，则即便鉴定结论出错，也不足以令拍卖行承担不利后果。反之，若拍卖行未能履行职责，则须承担违反委托代理义务的责任，等同于违反代理合同。法院将基于案件细节判断拍卖行在鉴定过程是否忽略了关键因素或指标，这些遗漏足以触发对鉴定准确性的质疑。综上所述，明确审慎义务在确定拍卖人责任中占有核心地位。因此，声称或实际拥有高级专业知识的主要拍卖行，应负起与其专业知识相称的审慎义务。

拍卖行面临的挑战在于，它们往往需要处理大量的艺术品，这使得对每件作品进行深入研究变得复杂且有时不切实际。同时，依据代理协议及双方认可的商业准则，委托方需向拍卖方保障所提供财产信息的准确性，包括与鉴定相关的全部细节。然而，面对错误鉴定的情况，委托方及买家对其艺术品的真实性与价值的了解往往有限，他们依赖于拍卖方或鉴定专家的专业判断以对委托物品进行鉴定和定价。基于审慎义务的标准，拍卖方在艺术品拍卖前需向委托方提供一定的审查准则，这要求拍卖方不应仅依赖委托方所提供的信息，而应根据拍卖行自身的审核标准对委托方的合理预期进行核实。

在"瑞拉诉苏富比"一案中[①]，关于出售 74 枚罕见美国硬币，纽约上诉法院驳回了原告主张苏富比在未进行实物检查的情况下评估硬币价值构成疏忽的说法，原因是原告未能证明未进行实物鉴定会降低估价或导致其他损失。此外，法院认为苏富比在委托人表示不希望某些硬币专家参与鉴定后，并未违反对委托人或行业标准的责任，鉴于代理合同赋予苏富比绝对酌情权决定咨询对象，因此没有忽略委托人指示而违反其责任。反之，委托方需证明拍卖方在准备及销售过程中的不审慎行为造成了损害。拍卖方承担的特定义务是在拍卖中尽可能获得最优价格，并不保证拍卖结果。这涉及拍卖方设定合理

---

① Reale V.Sotheby's,Inc.,278 A.D.2d 119,718 N.Y.S.2d 37,2000 WL1868592,2000 N.Y.Slip Op.11338.

预估价格区间，旨在激发竞买者热情并鼓励高价竞标，该预估区间反映了作品可能的销售价格范围，而非确切的销售价格。①

在纽约州上诉法院的"克里斯塔丽娜诉佳士得"案件裁决中，法院认定拍卖方承担有"隐性的最大努力义务"，以促成委托物品的销售②。特别指出，佳士得在本案中未能就被委托的绘画作品吸引力、设定保留价格及估价区间提供恰当建议。在拍卖前，佳士得通过促销活动推广拍卖和委托作品，尽管如此，它预期作品的成交价将低于之前与委托人协商一致的估价范围，并建议作品通过公开拍卖销售。公开拍卖的固有风险在于，市场对拍品的接受程度与否可能受到信息公开程度的影响，从而对作品市场价值产生不利影响。

案例中几乎所有被委托的绘画均未售出，最终由拍卖行购入。两名佳士得专家负责销售准备工作，其间一位专家曾就作品的吸引力及达到预期估价的可能性表达过关切。尽管存在这些担忧，但这并未促使佳士得专家在拍卖目录印制前建议通过私下交易出售或撤回作品。因此，从此裁决可见，拍卖行应承担通知委托人有关销售方式、保留价格与估价设置及其他相关事项的义务，遵循"依据行业标准及所需特殊技能的审慎原则"，以恰当方式推销委托物品。

从根本上讲，当拍卖方对委托物品做出误判时，所有旨在促进拍卖成功的后续努力均可能付诸东流。错误鉴定的结果是，拍品未能充分展现其价值潜力，原因在于其真实价值未被准确识别。进一步地，如果精确的鉴定能够使拍卖品被安置于能够吸引潜在感兴趣买家的拍卖场合，或是被介绍给潜在的买家，那么错过这类机会可能构成了对于促进委托人财产销售义务的违背。因此，当委托人和拍卖方签订委托合同时，委托人有理由期待拍卖方对其财产进行评估和鉴定，同时考虑到所有合理的、同行业专家通常会考虑的因素。在发生鉴定错误的情况下，是否达到了该标准，需要具体情况具体分析。虽然案例法可能提供某些指导，但它并不会为拍卖方的审慎义务设定一个明确的标准。

---

① 在拍卖领域，价格估计通常被定义为对拍品可能的交易价格区间的一个预测。然而，这种估计并不旨在预测拍品最终的成交价格。价格估计提供了一个参考框架，以展示拍品在市场上可能的交易价值，但并不保证该价格与实际成交价相符。

② Cristallina S.A.V.Christie Manson&Woods,International Inc.,117 A.D.2d 284,502 N.Y.S.165(1st Dept.1986).

2. 基于拍卖行分级的审慎标准

在英国《1982年货物与服务法》第13条下,服务合同暗含一项条款,即"服务提供者需展现合理的谨慎和技能"。对拍卖领域而言,这意味着拍卖方对其所持有物品的责任,既包括对物品可能发生的损失或损害负责,也需对物品的属性进行准确描述。在法律上,拍卖方描述物品的义务既是合同法的一部分,也属侵权法范畴,要求"为确保物品能以适当价格售出,服务提供者必须谨慎地描述其持有的物品"。即,拍卖方有责任对委托物品的特性和价值做出准确评估。

拍卖方在描述物品时,必须遵循委托方的明示或暗示指示,除非合同中允许拍卖方自行做出描述。通常,在标准的委托合同或拍卖行规则中,会提前说明物品的鉴定和拍卖目录描述由拍卖方自行决定。缺乏此类条款时,拍卖方的不当描述可能会迫使委托方对购买者承担责任,此情况下,拍卖方需对委托方的损失进行赔偿。

另外,拍卖方若未能将物品描述为其最佳状态,可能会直接导致委托方蒙受损失。即便拍卖方在委托合同中已规定有权自行描述待拍物品,仍需细心描述,确保准确展现物品潜力,吸引合适的竞买者和最佳价格。否则,拍卖方因疏忽可能需承担责任。

当物品评估错误时,拍卖方在描述和价值评估方面都存在过失。通常,错误的鉴定涉及艺术品的属性,如作者、创作日期、起源等,拍卖方可能会以不适当的价格范围提供并售出被误判的艺术品。这可能吸引了不同类型的收藏家或艺术经销商。那些真正重视并愿意支付艺术品或古董的买家不太可能对描述不符或价格不当的物品出价。因此,尽管拍卖方有权进行艺术品鉴定,却可能因未能准确展现艺术品的最佳特点而需承担违反审慎义务的责任。

拍卖方的审慎标准"依据其是否为普通或专业拍卖行而有所不同"。通过类比医疗事故案例中不同资质医生的责任区别,判例法根据拍卖行的实际技能和知识水平,明确了拍卖方的具体义务。[①]

(1)一般执业拍卖行的审慎义务标准

在"拉克斯莫·梅诉麦森哲·梅拍卖行"一案中,对《1982年供应商品与服务法》

---

① Mackay,James,Halsbury's laws of England,vol.2(3):Auction,4th ed.Butterworths Lexis Nexis,2003:255.

第 13 条所隐含的条款在误评估艺术品案例中的适用性进行了深入分析。该案件围绕两幅表现猎狐场景的油画展开，原告拉克斯莫·梅夫妇最初将这两幅画委托给了当地的麦森哲·梅拍卖行来组织拍卖。这家拍卖行向一名艺术顾问展示了这些作品，并得出每幅作品价值 30 至 50 英镑的评估。在拍卖行的推荐下，艺术顾问以每幅 50 英镑的价格将画作送至佳士得拍卖。在佳士得进行了快速而免费的审查之后，该机构认为评估和鉴定结果是合理的，并在拍卖目录中复述了艺术顾问的评价和观点。1985 年 10 月 10 日，这批画作被以 840 英镑的价格售出，但在短短五个月后，它们在苏富比的拍卖中以更高的价格再次被拍卖。苏富比将这些作品直接标记为乔治·斯塔布斯（George Stubbs）的创作，而没有使用如"据鉴定认为是乔治·斯塔布斯作品"等模糊的表述。同时，拍卖目录中的估价被标为每幅 18000 至 24000 英镑。最终由艺术品交易商以 88000 英镑的总价拍得这两件艺术品。[①]

1986 年 9 月 2 日，苏富比的拍卖结束后，拉克斯莫·梅夫妇因认为拍卖行在对其委托的艺术品进行评估和鉴定时未履行适当的审慎义务而对其提起诉讼。拍卖行辩称，应以通常拍卖行而非专业拍卖行的标准来衡量其行为。初审法官裁定拍卖行在评估上的疏忽，并作出了有利于原告的判断，指出拍卖行未能妥善"辨认及通报这两幅猎狐犬油画的可能价值"。因此，拍卖行因未能识别作品的价值潜力及进行进一步调查，而被认为负有极轻的责任。对此判决，原告方不满并提出上诉。

1986 年 9 月 2 日，苏富比拍卖后，拉克斯莫·梅夫妇对拍卖人提起了诉讼，主张其在对委托作品进行鉴定和评估时，违背了审慎义务。拍卖人认为，拉克斯莫·梅夫妇应该按照一般执业拍卖人而不是专业拍卖人的审慎义务标准来判断。初审法官认为，被告的估价存在过失，并对原告作出判决，认为拍卖人未能"认识和告知这两幅猎狐犬油画的潜在价值"。因此，基于未能认识到绘画的潜力，并进一步对作品进行必要的研究，拍卖人承担的责任十分轻微。原告不服，表示上诉。

上诉审判庭对初审裁定做出了颠覆性的改判，并确立了一项至今广受关注的核心法理。上诉法院裁决指出，在出售猎狐犬油画的估价方面，拍卖行需提出经过深思熟虑的

---

① Luxmoore-May and another Messenger-May Baverstock(a firm),Court of Appeal,Civil Division,19901 All ER 1067,19901 WLR 1009 CA 1989.

见解，并给出恰当的咨询。然而，法院对于艺术品的误判并未认为应负有责任，而是指出审慎义务的界定容许代理展示多元化意见，包括错误观点，仅在完全未给出任何意见时才构成对审慎义务的真正违反。

高等法院的审议重点是拍卖行因未能识别油画可能出自乔治·斯塔布斯之手而可能承担的责任。理论上，若揭示了画作的这一潜在特质，拍卖行通常会采取进一步调查措施。为判定拍卖行是否有可能识别出油画作者为乔治·斯塔布斯，高等法院对拍卖行在进行艺术品鉴定时是否尽到了应有的审慎义务以及该义务是否符合法律要求进行了评估。在此评估过程中，并未对鉴定结果的准确性进行审查，因为鉴定本质上是意见和判断的表达，这种表达通常是具有争议性的。正如法官所强调，那两幅画是否确实为乔治·斯塔布斯所绘的问题无须做出回答，鉴定本身就是一个未解之谜。反之，高等法院关注的焦点在于，拍卖行是否因疏忽未通过顾问识别出画作可能出自乔治·斯塔布斯之手。

高等法院在审理中首先肯定了拍卖商所主张其作为一名普通执业拍卖人的资格，据此界定了委托人可以合理期待的审慎义务的范围。接下来，法院指出，在佳士得估价柜台展出作品时，拍卖商的顾问理应邀请佳士得的专家进行审视，因为这些专家更有可能识别出该画实为乔治·斯塔布斯之作。高等法院进一步认为，一般不会预期地方性拍卖商能提供额外的艺术专业知识，特别是当这种知识仅由其艺术顾问个人持有时。一审法官要求拍卖商承担的审慎义务标准被认为不合理得高。鉴于佳士得提供广泛的无偿评估意见，期望佳士得对每件展示的艺术品给出经专家鉴定的见解，对拍卖商而言，同样被视为一个不合理的高标准。尽管没有直接判决指出，佳士得在提供此类免费评估时不承担任何责任，但若未对请求评估者提供免费评估则可能构成责任。

因此，普通执业拍卖商的审慎义务标准应基于其所提供的专业知识程度来界定。此外，拍卖商的审慎义务水平也应考虑到是否有专业团体支持其观点。在本案中，法院发现证据不足以证明"合格评估师能够识别出两幅猎狐犬油画为乔治·斯塔布斯的作品"，因为即便在专业拍卖界，也存在广泛的意见分歧。

虽然判决结果对地方拍卖商是有利的，但这一案例仍然在拍卖界引起了不小的波动，因为它暗示，在特定情况下，错误的鉴定可能会被视为违反合理审慎义务的行为。然而，该判决未明确指出在何种情况下，地方拍卖商可能会因鉴定失误而承担责任。

此案引发的学术讨论揭示了其复杂性及特殊性，如詹姆士·麦基认为该案为一个特殊情况，并非具有广泛的普遍性。一方面，有学者指出，地方拍卖行的鉴定服务与大型拍卖行提供的免费鉴定服务之间存在本质区别，后者主要目的是吸引潜在客户，而非承担可能导致法律责任的鉴定工作；另一方面，根据拍卖实践，拍卖商通常不会向委托人披露专家或顾问在鉴定过程中提供的意见，但在本案中，被告拍卖商却作出了这种披露。从法律角度看，专家顾问在此情形下作为拍卖商的代理，而非委托人的代理，因而对于专家顾问的过失，拍卖商并不承担替代责任。

这一判决也可能反映了一种趋势，即鼓励拥有可能具有巨大价值的艺术品或古董的当事人，更倾向于寻求专业拍卖行的服务，而非仅依赖于一般执业拍卖商。这不仅是出于对艺术品价值鉴定的精准性考虑，也体现了对法律风险管理的考量，特别是在面对可能具有重大价值的艺术品或古董时。此类情况下，专业拍卖行的专业知识和市场经验被认为更能为委托人带来价值，同时减少因误判而可能引发的法律纠纷。

（2）专业拍卖行的审慎义务标准

在讨论佳士得拍卖行提供的免费检查服务时，通常认为这种场外估值行为并不构成正式的委托关系。这种情况下，拍卖人所承担的审慎义务必须根据具备专业技能的行业标准来判定，其中关键是拍卖人的职业行为得到了询价者的信赖。此类职业行为的一个共同特点是，它们在受询者信任的基础上进行。

在不将服务中的善意赠予和拍卖人善意执行考虑在内的情况下，除非拍卖人在咨询者咨询完具有特殊技能的专业人士后，随意地全面否定其得出的结论，否则即使拍卖人是基于真诚的意图提供口头或书面信息，也可能因给信息寻求方造成经济损失而承担过失的虚假陈述责任。在这种场外估值的背景下，设定的审慎义务标准可能需要比提供正规服务时更为灵活，以免给提供估值的拍卖人带来过重的责任负担。

而当存在正式的委托合同时，拍卖行对委托人承担明确的合同义务。任何违背这一义务的行为，无论是地方拍卖行还是国际拍卖行，都应当根据一个通用的标准进行评价，即拍卖行是否提供了意见，以及这一意见是否与同一时间在国际拍卖行工作的其他估值专家，在考虑相同情况下能够获得的资料，所做出的合理、称职的意见相符。根据拉克斯莫·梅案例的判决，委托人可以期待国际拍卖行履行更高级别的审慎义务。然而，在实践中，这种审慎义务的标准可能存在识别上的难度，尤其是在不同案件的具体情况下。

在柯勒律治（Coleridge）诉苏富比案中，原告就"柯勒律治金项链"（Coleridge Collar）的错误估价对苏富比提起诉讼，引发了对国际拍卖行审慎义务标准的深入探讨。苏富比最初鉴定该金项链为17世纪末的作品，并建议以3.5万英镑的价格私下出售。然而，此后在佳士得的拍卖中，该项链被重新估价为20万至30万英镑，并以26万英镑成交。这一显著的价值差距使得原告柯勒律治爵士主张苏富比在鉴定和售价建议上犯有错误，认为项链实际上更早，属于1576年前的制品。[①]

法院在审理此案时并没有将佳士得拍卖行的鉴定与估价标准作为判断苏富比是否履行审慎义务的预期标准。而是要求柯勒律治爵士证明苏富比将项链鉴定为17世纪后期的行为是错误的，并根据"优势证据原则"证明任何一位处于顾问专家位置上的善良评估师都会认为该项链是或可能是1576年之前制造的。

通过专家证据，法院最终认定苏富比的鉴定结论没有违反审慎义务。不过，法院进一步审查了苏富比对该项链私人出售价格的估计是否合适。经调查，一位合格的拍卖人表示，在拍卖最低估价为2.5万的前提下，若她被要求给出私人售价，会提出至少是最低拍卖估价两倍的价格，即5万英镑。法院据此认为，苏富比应报出的售价假设数字为5万英镑，因此，柯勒律治爵士有权获得因估价过低而导致的1.5万英镑赔偿。

这一案件表明，在判断国际拍卖行是否履行了审慎义务时，法院采取了一种综合考量的方法，即比较专家间的意见是否一致，并在此基础上评估拍卖行的行为是否符合合格专家在相同情况下的标准行为。这一标准旨在确保拍卖行在进行鉴定和估价时，能够符合业内的专业期望，同时兼顾到各方的利益。

（二）对竞买人及买受人的告知义务

告知义务在艺术品拍卖领域扮演着至关重要的角色，特别是在确定拍卖人与委托人之间的诚信和信任基础上。这种义务不仅仅是一个合同内的要求，也可能是合同形

---

① 　Coleridge V.Sotheby's,〔2012〕EWHC 370(Ch)Official Transcript,2012 WL608706.paras.53,57.

成前的一种预期行为，深植于诚实信用原则之中。瑞士法学家吕克·泰维诺斯（Luc Thévenoz）在其研究中强调了告知义务在艺术品拍卖行业中的重要性和适用性，认为该义务有助于确保交易的透明度和公正性。[①]

根据瑞士联邦法院的规则，任何在其领域内掌握特殊技能或信息的人，一旦决定提供建议，该建议必须是真实可靠的。这意味着，如果被询问的信息对于信息请求者来说是显而易见的，那么提供信息的一方有责任避免隐瞒或提供虚假信息。在没有形成任何合同关系的情况下，如果拍卖人在知道某些信息对请求者至关重要的情况下，仍然提供了错误的信息，或者拒绝提供基本信息，那么请求者有权要求拍卖人承担侵权责任。

告知义务的范围与各方的知识水平、专业化程度以及获取信息的能力密切相关。在艺术品交易中，这种义务确保了交易的各方在进行决策时能够访问到准确且全面的信息。对于拍卖人而言，他们不仅需要在评估和销售艺术品时进行充分的研究和鉴定，还需要向委托人提供所有相关的信息，包括但不限于艺术品的真实性、价值以及任何可能影响其价值的因素。

告知义务要求拍卖人在处理艺术品拍卖时，必须如实向买受人告知关于艺术品的潜在分析方法、销售成本、预期的鉴定程度等信息。即便这些信息可能不利于成交，例如艺术品可能是伪造的，或者其来源有瑕疵可能贬损其价值，拍卖人也有责任向买受人透露在鉴定过程中遇到的任何疑问。

在特定情况下，拍卖人不需要告知买受人那些买受人已经知道或应当知道的事实。这一点减轻了拍卖人的责任，但在大多数情况下，鉴于拍卖人与买受人之间专业知识与信息获取能力的不平等，拍卖人的告知义务显得尤为重要。买受人在做出重大决策时，通常依赖于拍卖人提供的专业知识和信息。

拍卖人在进行错误鉴定的背景下，需要向买受人明确说明所进行的鉴定的深度和采用的分析方法，确保买受人对其代理行为的一般性分析有所了解。如果拍卖人对已做出的鉴定结论存在疑问，不论这些疑问涉及艺术品的作者、年代、出处还是价值，都应准确地告知买受人。

[①]　Thévenoz,Luc, "The responsibility of the expert in art objects according to Swiss law" ,Art Law vol.1,1999:36.

由于委托人提供的艺术品信息可能包含对作品的疑问或对其价值的不了解，这可能导致潜在的利益冲突。拍卖人的利益在于保持鉴定专家的声誉和获取利润，而买受人则期望其财产被彻底鉴定，并希望了解关于其财产鉴定的任何疑问或线索。有时，拍卖人可能声称对委托财产一无所知，实际上可能是将自己的利益置于委托人利益之上。

因此，买受人可以向拍卖人要求的信息包括但不限于：艺术品的潜在分析方法和所采用的鉴定手段；销售成本和预期的鉴定程度；在鉴定过程中发现的任何可能影响艺术品价值的疑问或信息；拍卖人对艺术品鉴定结论的信心程度以及存在的疑问；任何可能影响买受人决策的其他相关信息。

在"汤姆森诉佳士得·曼森伍兹有限公司"案中，英国法院探讨了拍卖人对买受人和委托人的忠诚义务问题，特别是在鉴定艺术品方面的告知义务。争议焦点集中在一对瓮的年代鉴定上，佳士得拍卖行在其拍卖目录中将这对瓮标注为 18 世纪的作品。然而，买受人汤姆森在购买后通过科学分析发现，这对瓮实际上是 19 世纪中叶的，因而价值大打折扣。汤姆森随后起诉佳士得，指责其未能透露关于瓮年代的鉴定疑问，尤其是佳士得对瓮的年代鉴定持怀疑态度且在拍卖目录中对瓮的描述进行了夸大。

佳士得通过其特殊客户服务组与汤姆森取得了联系，本应作为技术专家提供咨询，却在明知汤姆森缺乏专业知识的情况下，未透露其对这对瓮时代方面的疑虑。审判法院经过审理后，认为佳士得的鉴定过程与其应有的专业标准相差甚远，但认定了瓮有可能是路易十五时期的作品，反映了佳士得的鉴定并未违反其义务。然而，法院也认为佳士得未能如实告知汤姆森关于瓮年代的疑虑，尤其是作为特殊客户和佳士得作为国际拍卖行的地位，应对汤姆森承担告知义务。[①]

佳士得对此判决提出上诉，上诉法院则对专业人士的告知义务范围做了限定，指出责任范围并未扩展到显而易见或不切实际风险的信息。上诉法院认为，专业人士应承担的告知义务取决于信息接收方的特定特征和经验。在本案中，上诉法院发现汤姆森除了对瓮的时代和价值估计外没有提出更多信息需求，且不能自动假定作为特殊客户的汤姆森就应享有超越一般客户的服务。鉴于佳士得对其鉴定结论持有高度确信，并认为任何

---

① 　Thomson V.Christie Manson&Woods Ltd. and others[24]PNLR42(QB),para.70,〔2005〕EWCA Civ.555,〔2005〕PNLR 38(CA).

怀疑都是不切实际的，上诉法院最终裁定佳士得不必对未透露的怀疑承担责任。

在艺术品拍卖领域，拍卖人的告知义务是一个复杂而微妙的概念，既关乎法律规定也触及道德标准，特别是在处理艺术品的鉴定和销售过程中。告知义务的核心在于拍卖人必须如实向买受人揭示关于艺术品的重要信息，包括但不限于鉴定过程中发现的任何疑问或潜在问题。这种义务的存在，一方面保护了买受人的利益，确保其能够基于充分信息做出购买决策；另一方面，也促进了市场的透明度和公平性。

告知义务的范围和深度通常受到多种因素的影响，如双方的专业知识水平、市场惯例、具体交易的性质等。在某些情况下，拍卖人可能因未能充分披露艺术品的相关信息而面临法律责任，这一点在上述案件中得到了明显体现。审判过程中，法院审查了拍卖人的告知义务范围，特别是佳士得作为国际知名拍卖行，在专业鉴定方面的责任。法院指出，即便是专业领域内的专家，也可能存在鉴定意见的分歧。因此，拍卖人在鉴定过程中发现的任何可能影响艺术品价值的信息，都应当在可能的情况下向买受人披露。法院进一步指出，拍卖行通过其特殊客户服务组与买受人联系，有机会也有责任在发送拍卖目录或拍卖前向她透露其对瓷年代的疑虑。

尽管上诉法院最终认为佳士得没有义务告知任何被认为是不切实际的怀疑，但此案例强调了拍卖人在艺术品交易中的告知义务重要性。特别是在艺术品鉴定领域，由于其固有的不确定性，专业人士提供的咨询性信息必须基于充分、准确的分析，以确保买受人能够在完全了解艺术品潜在价值和风险的基础上做出决策。

从更广泛的角度来看，告知义务不仅限于艺术品的年代或真实性问题，还包括艺术品的来源、之前的所有权历史、可能影响其价值的任何损害或修复情况等。此外，拍卖人还应当告知买受人关于艺术品交易过程中可能产生的额外费用，如佣金、运输和保险费用等。

总的来说，拍卖人的告知义务是基于对买受人负责的原则，确保交易的公开透明和公平正义。尽管法律和市场惯例为拍卖人的行为提供了指导，但在实践中，如何平衡专业鉴定的主观性与告知义务的要求，仍然是一个需要拍卖人谨慎考虑的问题。此外，随着艺术市场的全球化和信息技术的发展，拍卖人在履行告知义务时所面临的挑战和责任也在不断增加，这要求拍卖行不仅要不断提高自身的专业能力，也需要建立和维护与客户之间的信任关系。

经过深入的分析，我们可以观察到，在文物艺术品鉴定与拍卖领域，众多国家的法律体系和裁判实践普遍将拍卖专家所负有的职责细分为审慎责任与真实告知责任两大类。尽管不同法域采取了各异的立法与裁决途径，它们终究汇聚于相同的目的地。

论及审慎责任，可以看到，如瑞士与美国等国的法律和裁判案例，并没有将重点放在艺术品鉴定的绝对准确性上，而是强调了鉴定过程的严格性。这一点体现在，关注的焦点是拍卖专家在进行鉴定时的客观行为表现，即在相同条件下，具有相似专业水平的拍卖专家应能得出一致的结论。英国法律对于鉴定活动的后续利益也同样不加以追求，而是提出了一个观点，即不同水平的拍卖专家应承担不同级别的审慎责任。具体来说，一般性拍卖行的责任界限取决于其所具备的专业知识水平，而专业拍卖行的责任则依赖于对拍卖专家的合理预期水平。将这些国家关于审慎责任的规定综合起来看，我们可以得出，审慎责任实际上是一种积极的、既包含主观又融合客观的责任。其目的在于阐释拍卖专家在鉴定活动中能够达到的水平；同时，这种责任还体现在行为层面而非结果层面。无论是瑞士、美国还是英国的法律，都已经认识到鉴定本身具有高度的主观性。因此，通过设定鉴定责任来要求拍卖专家实现准确无误的鉴定结果是极其困难的，更多的是强调拍卖专家在行为上是否达到了审慎的标准。

就真实告知责任而言，国际上各个国家的规定大致相同，核心在于当拍卖专家在鉴定或处理过程中发现任何问题时，应当及时地向相关当事人进行通报。在此层面上，笔者认为真实告知责任是对审慎责任的有效补充。审慎责任展现了拍卖专家在鉴定过程中的能力边界，而真实告知责任则指引了在拍卖专家能力范围之外时的应对措施——即通过及时通知当事人来最大程度地降低潜在风险。

四、小结

在本章的讨论中，我们对艺术品拍卖中的衍生问题进行了全面而深入的分析。首先，我们认识到艺术品的价值判断不仅仅依赖于其本身的艺术、历史和文化价值，也深受市场需求、艺术家知名度、艺术品的原创性和保持状态以及拍卖前的预展和宣传等多种因素的影响。这些因素的综合作用形成了艺术品在拍卖市场上的价格，并影响了艺术品市场的透明度和公平性。

进一步地，我们探讨了艺术品真伪鉴定的复杂性和挑战，强调了建立科学的鉴定机制和培养专业人才的重要性。通过分析不同层级艺术家的市场影响，我们揭示了知名度如何成为艺术品价格的关键因素，同时也指出了市场对新兴艺术家作品的需求可能影响其价值认定。

艺术品的存世量和保存状态被证明是决定其市场价值的重要因素。稀缺性和良好的保存状态不仅能增强艺术品的艺术价值和历史意义，也直接提升其市场价格。此外，艺术品的传承和收藏状况对其市场价值同样具有显著影响，有序的传承能够增加艺术品的文化深度和历史价值，从而提高其在市场上的吸引力和价格。

最后，我们强调了艺术品估价与拍卖企业诚信之间的紧密关系。拍卖企业在维护市场诚信、确保艺术品真实性和质量方面承担着重要责任。通过主观上不拍卖伪品、建立科学的鉴定机制，并坚守信誉，拍卖企业能够为艺术品的真实交易提供保障，促进艺术市场的健康发展。

综上所述，艺术品拍卖中的衍生问题是多维度和复杂的，需要拍卖企业、鉴定专家、收藏家和投资者之间的密切合作和相互信任。通过提高透明度、确保质量和维护诚信，我们可以共同推动艺术市场向更公平、更专业的方向发展。

结　语

　　在艺术与社会、经济发展紧密相连的演进过程中，艺术品市场经历了从原始的、基于交换的交易方式到现代数字化和全球化交易的巨大转变。进入 21 世纪，互联网技术的发展彻底改变了艺术品市场的交易方式。在线拍卖、数字画廊的出现使得艺术品交易突破了时间和空间的限制，更多的人可以参与到艺术品的买卖中来。数字证书和区块链技术的应用也使得艺术品的鉴定和交易变得更加透明和安全。全球化的经济背景下，艺术品市场的国际化趋势日益加强。亚洲，特别是中国的艺术品市场迅速崛起，成为世界艺术品市场不可忽视的力量。同时，跨国的艺术博览会、国际艺术品交易平台的建立，使得全球艺术品市场更加紧密地联系在一起。

　　艺术市场的源头在于艺术家，他们通过创作来表达个人的视觉、情感和思想。艺术家不仅是创作的主体，也是艺术市场价值链的起点。他们的创新和作品质量直接影响着艺术品的市场表现。在这个生态系统中，艺术家既是供应方，也经常是自己艺术道路的探索者，他们的成长与变化，反过来又影响着艺术市场的趋势和需求。而收藏家，无论是个人还是机构，都是艺术品价值链中不可或缺的一环。他们对艺术品的需求和认可，直接影响着艺术品的市场价值。收藏家的偏好和选择，往往能够引领市场的趋势，对艺术家的职业发展产生深远影响。他们的投资与收藏行为，不仅基于对艺术品审美价值的认同，更体现了对艺术家个人发展的支持。

从艺术品市场交易主体来看，画廊作为艺术家与收藏家之间的桥梁，扮演着艺术品流通的关键角色。它们不仅为艺术家提供展示和销售平台，还负责市场推广、客户关系维护等工作，有效地将艺术品介绍给潜在的收藏者。画廊的专业策展和市场运作能力，对于提升艺术家的市场知名度和艺术品的市场价值具有重要作用。

拍卖行在艺术品市场中扮演着另一个关键角色，它们通过公开拍卖的方式，为艺术品的价格设定和市场价值评估提供了一个公平透明的平台。拍卖行的活动不仅增加了艺术品流通的速度和广度，也为市场提供了价值标准，引导收藏家对艺术品进行投资。

一个健康的艺术市场生态系统需要所有参与者之间的良性互动。艺术家的创新需要得到市场的认可和支持；收藏家的投资决策需要画廊和拍卖行提供的专业服务和市场信息；而画廊和拍卖行的成功，又依赖于他们能够发掘和推广有潜力的艺术家以及满足收藏家的需求。在这一系统中，每个角色都是其他角色成功的条件。随着数字技术的发展和全球化趋势的加深，艺术市场生态系统将面临新的挑战和机遇。数字艺术、在线展览和交易平台的兴起，为艺术品的推广和流通提供了新的途径。同时，全球化也使得艺术市场的边界口益模糊，为艺术家和收藏家提供了更广阔的舞台和机遇。在这个变革中，如何保持艺术市场生态系统的平衡和健康发展，将是我们未来需要共同探讨和解决的问题。

与此同时，在艺术品市场的探索旅程中，我们不可避免地面对一系列复杂的挑战。这些挑战既是对市场参与者的考验，也是推动市场进步与创新的催化剂。然而，正如历史上的每一次革新所展示的那样，每个挑战都携带着机遇。

首先，艺术品的真伪鉴定一直是艺术市场中的一大挑战。随着高仿艺术品技术的日益成熟，即便是最有经验的专家也可能面临鉴定上的困难。这不仅关乎个别艺术品的价值，更关系到整个艺术市场的信任机制。为了应对这一挑战，技术创新，特别是区块链技术的引入，提供了一种全新的解决思路。通过在区块链上记录每件艺术品从创作到交易的每一个环节，我们可以建立一个不可篡改、易于追溯的艺术品真实性证明系统，大大减少伪作的流通。

其次，艺术品市场长期以来一直被认为是一个信息不对称、缺乏透明度的市场。这种情况不仅使得新入市场的收藏家和投资者难以做出明智的决策，也为不正当交易提供了可乘之机。为了提升市场透明度，数字化工具和平台的应用开始发挥越来越重要的作用。在线艺术品数据库、数字化展览和虚拟拍卖，都在努力提供更多的市场信息，让市场的每个参与者都能够更加公平地访问和分析信息。

同时，随着艺术品作为一种投资类别的兴起，艺术品的金融化引发了市场的热烈讨论。艺术品金融化为艺术市场带来了新的资本，推动了市场的活跃度。然而，它也带来了市场泡沫、价格操纵等风险。在这一背景下，如何平衡艺术品的文化价值与投资价值，成为一个需要深思的问题。一方面，金融科技的发展，如艺术品投资基金、艺术品担保贷款等新兴金融产品，为艺术品的流通和投资提供了新渠道。另一方面，市场监管和艺术品评估标准的建立，也成为确保艺术市场健康发展的重要因素。

面对上述挑战，技术创新扮演着极其重要的角色。区块链技术在提升真伪鉴定能力和市场透明度方面展现出巨大潜力，而人工智能和大数据分析则有助于更准确地评估艺术品价值，预测市场趋势。此外，数字化艺术平台不仅使艺术品的展示和交易更加便捷，也为艺术家提供了更广阔的舞台。

随着科技进步和全球化的不断深入，艺术品市场呈现出前所未有的活力和多样性。数字化转型已成为艺术品市场不可逆转的趋势。在线平台不仅改变了艺术品的展示和销售方式，也为艺术家提供了更广阔的展示空间，为收藏家和投资者带来了前所未有的便捷。预计未来，随着技术的进一步发展和用户习惯的逐渐改变，线上艺术品交易将占据市场的主导地位。这包括虚拟艺术展览、在线拍卖以及利用区块链技术进行的艺术品买卖。在线平台的增长不仅使艺术品的流通更加高效，也将使艺术市场更加透明和公平。

随着全球经济的波动，越来越多的投资者开始将目光投向艺术品市场，寻求多元化的投资组合。艺术品具有独特的价值保存功能，并能在某些情况下带来可观的投资回报。预计未来，艺术品作为一种投资工具将进一步普及。与此同时，金融科技的发展将使艺术品投资变得更加便捷和智能，如通过艺术品投资基金、艺术品共享所有权等方式，降低个人投资者进入市场的门槛。

艺术品市场的全球化是一个不可逆转的趋势。随着互联网和物流技术的发展，艺术品的流通已不再受地理位置的限制。从亚洲到美洲，从欧洲到非洲，艺术品市场正变得日益紧密。预计未来，全球化将进一步深化艺术品市场的交流和合作。一方面，来自不同文化背景的艺术家将获得更多的国际曝光机会；另一方面，全球收藏家和投资者将拥有更广泛的选择范围。此外，全球化还将促进艺术品评估和交易标准的统一，提高市场的整体效率和透明度。未来的艺术品市场将是一个更加开放、高效和多元化的市场。技术创新将不断推动市场的变革，而全球化则将使市场的边界进一步模糊。对于艺术家而言，这是一个充满机遇的时代；对于收藏家和投资者而言，这是一个需要不断学习和适应的新时代。

展望未来，我们对艺术品市场的发展持乐观态度。随着技术的进步和全球化的深入，艺术品市场将变得更加开放和活跃。数字化和技术创新将为艺术品的创作、展示和交易带来新的机遇，同时也为市场参与者提供更多的便利和选择。我们期待在未来，艺术品市场不仅能够继续为艺术家提供展示才华的平台，也能为收藏家和投资者带来更多的欣赏乐趣和投资回报。在这一过程中，市场的各方参与者需要共同努力，不断探索和创新，以推动艺术品市场的健康、可持续发展。

参考文献

一、中文专著

[1] 中国拍卖行业协会 . 拍卖通论 . 3 版 [M]. 北京：中国财政经济出版社，2006.

[2] 刘双舟 . 中国拍卖制度研究 [M]. 北京：中国财政经济出版社，2009.

[3] 刘宁元 . 拍卖法原理与实务 [M]. 上海：上海人民出版社，1998.

[4] 郭继生 . 艺术史与艺术批评 [M]. 台湾：书林出版有限公司，1990.

[5] 杨蓉 . 多视角下的中国绘画艺术品价格问题研究 [M]. 台北：崧烨文化事业有限公司 ,2018.

[6] 王端廷 . 王端廷自选集 [M]. 太原：北岳文艺出版社，2015.

[7] 黄文叡 . 艺术市场与投资解码 [M]. 天津：艺术家出版社，2008.

[8] 中国大百科全书编委会 . 中国大百科全书：美术卷 [M]. 北京：中国大百科全书出版社 ,2014.

[9] 吕澎 . 中国当代美术史 [M]. 北京：中国美术学院出版社 ,2013.

[10] 孙礼海，赵杰 . 拍卖法全书 [M]. 北京：中国商业出版社，1997.

[11] 王世襄 . 髹饰录解说 [M]. 北京：生活·读书·新知三联书店，2013.

[12] 王世襄 . 自珍集：俪松居长物志 [M]. 北京：生活·读书·新知三联书店，2020.

[13] 林日葵. 艺术品典当与拍卖 [M]. 杭州：浙江工商大学出版社, 2009.

[14] 范干平. 拍卖实务 [M]. 北京：中国劳动社会保障出版社, 2021.

[15] 李万康. 艺术市场学概论 [M]. 上海：复旦大学出版社，2005.

[16] 汤定娜. 国际市场营销学 [M]. 合肥：华中科技大学出版社有限责任公司, 2020.

[17] 罗兵. 国际艺术品贸易 [M]. 北京：中国传媒大学出版社, 2009.

[18] 张启彬，赵映，李晓娟. 现当代艺术与批评 [M]. 合肥：华中科技大学出版社有限责任公司, 2022.

[19] 戴永盛. 瑞士债务法 [M]. 北京：中国政法大学出版社, 2016.

[20] 陶宇. 艺术品市场概论 [M]. 北京：中国建筑工业出版社, 2005.

[21] 西沐. 中国艺术品市场概论：上卷 [M]. 北京：中国书店, 2010.

[22] 西沐. 中国艺术品市场概论：下卷 [M]. 北京：中国书店, 2010.

[23] 赵松龄. 宝石鉴定 [M]. 台北：台北艺术图书公司, 1993.

[24] 周林. 艺术法实用手册 [M]. 香港：国际文化出版公司, 1998.

[25] 郑鑫尧. 世界拍卖史 [M]. 上海：上海财经大学出版社, 2010.

[26] 季涛. 当代北京拍卖史话 [M]. 北京：当代中国出版社, 2009.

[27] 郑臻. 艺术品拍卖人的审定义务研究 [M]. 北京：中国人民大学出版社, 2020.

[28] 祝君波. 艺术品拍卖与投资实战教程 [M]. 上海：上海人民美术出版社, 2006.

[29] 陈自强. 违约责任与契约解消 [M]. 台北：元照出版有限公司, 2018.

二、中文译著

[1] 维嘉·克利斯纳. 拍卖理论 [M]. 罗德明译. 北京：中国人民大学出版社, 2010.

[2] 罗伯特·约翰森. 拍卖机制的经济学原理与实践 [M]. 张晓明译. 北京：现代经济出版社, 2012.

[3] 格罗赛. 艺术的起源 [M]. 蔡慕巧译. 上海：商务印书馆，1984.

[4] 贡布里希. 艺术发展史 [M]. 范景中译. 天津：天津人民美术出版社，1998.

[5] 柯伦柏. 拍卖：理论与实践 [M]. 钟鸿钧译. 北京：中国人民大学出版社,

2006.

[6] 内奥米·罗森布拉姆. 世界摄影史 [M]. 北京：中国摄影出版社,2012.

[7] 帕梅拉·罗伯茨. 百年彩色摄影 [M]. 杭州：浙江摄影出版社,2011.

[8] 唐·汤普森. 疯狂经济学 [M]. 谭平译. 海口：南海出版公司,2013.

[9] 约翰·凯利. 艺术有什么用 [M]. 刘洪涛,谢江南译. 南京：译林出版社,2007.

[10] 詹姆斯·古德温. 国际艺术品市场 [M]. 敬一中，赖靖博，裴志杰译. 北京：中国铁道出版社,2010.

[11] 理查德·H·泰勒. 赢者的诅咒：经济生活中的悖论与反常现象 [M]. 陈宇峰译. 北京：中国人民大学出版社,2013.

[12] 宫津大辅. 工薪族当代艺术收藏之道 [M]. 宋晨希译. 北京：金城出版社出版,2014.

[13] 谷崎润一郎. 阴翳礼赞 [M]. 陈德文译. 上海：上海译文出版社,2016.

三、中文期刊论文

[1] 黄隽. 中国艺术品市场的理论体系研究 [J]. 美术研究,2021(02),80—85.

[2] 刘晓丹. 中国的画廊业缺位了吗？[J]. 东方艺术,2008（01）,122—127.

[3] 胡柳. 中国当代艺术博览会研究 [J]. 艺术百家,2013,29(A02):47—49.

[4] 张宇彣,沈郁雯. 探讨艺术策展策略——以台北国际艺术博览会为例 [J]. 图文传播艺术学报,2022:260—271.

[5] 曾青未. 追续权制度的基础. 理念与规则——基于著作权要素分配理论的考察 [J]. 苏州大学学报（哲学社会科学版）,2024,45(2).

[6] 黄隽,李越欣,夏晓华. 艺术品的金融属性：投资收益与资产配置 [J]. 经济理论与经济管理,2017(4):60—71.

[7] 刘双舟. 零佣金不是公益拍卖的最佳模式 [J]. 中国拍卖,2017（1）:45—45.

[8] 李宝良,郭其友. 拍卖市场设计的理论发展与新拍卖形式的创新 [J]. 外国经济与管理,2020,42(11).

[9] 李三希,王泰茗.拍卖理论研究述评 [J].中国科学基金,2021,35(1):2—3.

[10] 吴光平.论买受人之瑕疵修补请求权 [J].南台财经法学,2022 (9):97—136.

[11] 李刚,王时麒.山东临朐红丝砚石的岩石化学特征及成因研究 [J].宝石和宝石学杂志,2015,17(2):17—24.

[12] 李振.我国企业购买艺术品会计处理研究 [J].现代财经:天津财经大学学报,2016 (6):48—55.

[13] 许路.艺术慈善:市场成熟的标志 [J].艺术市场,2015 (4):119—123.

[14] 夏朗清,孟庆军.国内绘画艺术品市场投资风险及规避策略 [J].经济研究导刊,2018 (29):132—135.

[15] 王金坪.青年艺术值得收藏吗 [J].收藏,2016 (1):158—163.

[16] 李玉瑛.有价就有假:探讨华人古董艺术品市场中的赝品文化 [J].人文及社会科学集刊,2019,31(2):187—224.

四、法律法规

《中华人民共和国民法典》

《中华人民共和国拍卖法》

《中华人民共和国文物保护法》

《中华人民共和国文物保护法实施条例》

《国务院关于加强文化遗产保护的通知》

《中华人民共和国知识产权海关保护条例》

五、部门规章及行业标准

[1] 《美术品进出口管理暂行规定》

[2] 《文物认定管理暂行办法》

[3] 《文物进出境审核管理办法》

[4] 《文物藏品定级标准》

［5］《国家文物局关于改进文物拍卖标的审核备案工作的通知》

［6］《拍卖企业的等级评估与等级划分》（GB/T 27968—2011）

［7］《网络拍卖规程》（GB/T 32674—2016）

［8］《文物艺术品拍卖规程》（SB/T 10538—2017）

［9］《拍卖术语》（SB/T 10641—2018）

六、外文资料

[1]Stokes-Casey J.Art Race Violence:A Collaborative Response[J].Visual Arts Research,2020,46(2):48—67.

[2]Bolz A.A Regulatory Framework for the Art Market[J].Authenticity Forgeries and the Role of Art Experts.Switzerland:Springer,2022:107—253.

[3]Kharchenkova S.，Velthuis O.How to become a judgment device:valuation practices and the role of auctions in the emerging Chinese art market[J].Socio-Economic Review,2018,16(3):459—477.

[4]Renneboog L.，Spaenjers.C.Buying beauty:On Prices and Returns in the Art Market[J].Management Science .2013:59(1),36—53.

[5]Jora O.D.,Ap ă v ă loaei M.A.,Iacob M.Cultural heritage markets:are traders traitors? Winners and losers from cross-border shifts of historical artefacts[J].Management & Marketing,2018,13(2):897—912.

[6]McCannon B.C.,Minuci E.Shill bidding and trust[J].Journal of Behavioral and Experimental Finance,2020,26:100279.

[7]Adam M.T.P.,Eidels A.,Lux E.,et al.Bidding behavior in Dutch auctions:Insights from a structured literature review[J].International Journal of Electronic Commerce,2017,21(3):363—397.

[8]Higgs H.，Worthington A.Financial Returns and Price Determinants in the Australian Art Market,1973—2003[J].The Economic Record,vol.81,2005:113—123.

[9]Naboureh K.,Makui A.,Sajadi S.J.,et al.Online Hybrid Dutch Auction with both private and common value components and counteracting overpayments[J].Electronic Commerce Research and Applications,2023,59:101247.

[10]Friedman D.The double auction market institution:A survey[M].The double auction market.Routledge,2018:3—26.

[11]Koutroumpis P.,Cave M.Auction design and auction outcomes[J].Journal of Regulatory Economics,2018,53:275—297.

[12]Harold J.Dangerous Art:on moral criticisms of artwork[M].Oxford University Press,2020.

[13]Liu Y.,Wang F.,Liu K.,et al.Deep convolution auto-encoder thermography for artwork defect detection[J].Quantitative Infrared Thermography Journal,2023:1—17.

[14]Julian Stallabrass.Contemporary Art:A Very Short Introduction[M].Oxford University Press,2006:35.

[15]Terry Barrett.Criticizing Art:Understanding the Contemporary[M].McGraw-Hill Education,2011.08.

[16]Yeazell R.B.Picture Titles:How and why Western paintings acquired their names[M].Princeton University Press,2015.

[17]Altman J.Brokering Aboriginal art: A critical perspective on marketing,institutions,and the state[M].Geelong,Vic.:Bowater School of Management and Marketing,Centre for Leisure Management Research,Deakin University,2018.